U0737109

新闻发布与舆情应对

主　编　叶润平　袁金明

参　编　叶润平　袁金明　高　成

　　　　张明伟　李海燕　许云超

　　　　梁红玉　梅　伟　徐　琳

　　　　钱　芳　俞振宇　方立军

合肥工业大学出版社

图书在版编目(CIP)数据

新闻发布与舆情应对/叶润平,袁金明主编. —合肥:合肥工业大学出版社,
2016.4

ISBN 978 - 7 - 5650 - 2718 - 5

I.①新… Ⅱ.①叶…②袁… Ⅲ.①新闻工作—舆论—教材 Ⅳ.①G210

中国版本图书馆 CIP 数据核字(2016)第 075683 号

新闻发布与舆情应对

叶润平　袁金明　主编			责任编辑　郭娟娟		
出　版	合肥工业大学出版社		版　次	2016 年 4 月第 1 版	
地　址	合肥市屯溪路 193 号		印　次	2016 年 4 月第 1 次印刷	
邮　编	230009		开　本	710 毫米×1010 毫米　1/16	
电　话	人文编辑部:0551 - 62903205		印　张	18.25	
	市场营销部:0551 - 62903198		字　数	268 千字	
网　址	www.hfutpress.com.cn		印　刷	合肥学苑印务有限公司	
E-mail	hfutpress@163.com		发　行	全国新华书店	

ISBN 978 - 7 - 5650 - 2718 - 5　　　　　　定价:46.00 元

如果有影响阅读的印装质量问题,请与出版社市场营销部联系调换。

目　录

第一编　新闻发布

第二编　舆情应对

第一编　新闻发布

导言　传媒发达时代的政府形象设计与塑造

　　传媒的高度发达，使人类社会步入信息积聚和信息交往的时代，它在改变每个人社会生存方式的同时，也对政府公共关系管理提出了新的挑战。面对海量信息和公众对信息的自我把控，政府形象设计和塑造成为其行政能力的重要组成，直接影响着政府工作成效，它是政府提高行政能力的现实需要，也是政府赢得公众的客观要求。传媒高度发达时代的政府必须学会与媒体打交道。

一、传媒发达时代的政府形象

　　传媒发达时代的政府形象指社会公众在经验的基础上，通过传媒了解政府运行过程中显示出的精神状况和行为特征，形成对政府的总体印象并做出相关评价。它既是政府相关表现的客观真实体现，又反映了社会公众对政府的主观评价，体现了社会公众对政府的认可度和信任度。

　　政府形象是一种特殊的社会资源，是构成政府影响力的基本要素之一。政府形象体现着政府与公众之间双向互动的心理关系，是决定政府的目标、意图、倾向能否为公众所接受或在多大程度上接受的一项重要因素，直接影响着公众的心理、行为或行为倾向。所以，政府形象的好坏对政府的目标、意图能否顺利实现，起举足轻重的作用。它还是政府廉洁从政、民主决策、科学管理、政府领导者素质、机关工作人员行为操守等因素的印象总和，是政府理念、行为、效果等方面的集中综合表现，对政府影响力起着非常重要的作用。

二、传媒发达时代的政府形象设计与塑造的意义

传媒发达时代的政府，面对海量信息，必须与公众进行民主的、透明的、常态化的信息交往，及时准确地进行信息沟通，树立良好的政府形象。良好的政府形象是政府的重要资源和无形财富，是政府有效实施管理的重要前提，它能够降低政府运行资本，提高工作效率，增强政府工作的权威性，增强民众对政府的认同感，从而促进经济发展和社会进步。

（一）提高政府公信力

政府公信力是政府赢得公众信任的能力和得到公众支持的程度。它既体现了公众对政府的基本评价，也是政府借助传媒实施公关管理的直接反映。政府公信力是政府在为公众服务的过程中所形成的公众信任度，直接决定着政府的行政效能。

传媒发达时代的政府通过媒体设计与塑造良好的政府形象。良好政府形象能够增强公众对政府的信任与认同，将政府视为自己的可以依靠的主心骨、可以倾诉的依存对象、可以依托的力量源泉。当政府遇到困难和危机时，公众就会与政府紧密地团结在一起，贡献自己的智慧和才华，为政府出谋划策，共度时艰。

（二）增强政府控制力

政府控制力是政府在以人为本、依法行政过程中，对经济社会发展的宏观驾驭能力，面对社会不同群体的利益诉求的中观协调能力和对社会事务的微观执行能力。

传媒发达时代的政府通过对社会生活中的矛盾、冲突、失序等负面问题的解决、缓和、规范，努力形成有利于政府决策和政令实施的公众关系和社会氛围，树立良好的政府形象。政府还可以充分运用好新闻传媒，将政府在宏观驾驭、中观协调和微观执行的能力，通过具体问题的解决，实现政府控制力传播效果的正向积累，使公众对政府有更多的积极评价和行动支持，促进政府形象和政府效能的提升。

（三）强化政府影响力

政府影响力是建立在公众信任政府的基础上所产生的政府对社会各阶层

的影响作用。它是政府公信力的进一步延伸。政府对公众的影响力是政府公共关系管理的核心所在。

政府是社会生活的领导者和组织者，肩负着各项社会事务的管理责任，履行着维护社会经济发展秩序的重任。传媒发达时代的政府通过传媒设计与塑造良好政府形象，实现公众利益的媒体守望与维护政府形象的一致，使政府的形象得到公众的认可和赞誉，强化政府的影响力。

三、传媒发达时代的政府形象设计与塑造

自从2008年贵州瓮安"6·28"事件之后，我国各级政府注意到传媒发达时代的政府形象设计与塑造。惨痛的教训告诉人们，如果不有效地进行信息交流和信息沟通，民众的利益需求实现不了有效的表达，政府与民众之间的隔阂就会增多，如果不及时处理，就会日益增大，往往一些小的矛盾会演变成大的群体性事件，就会给社会带来严重的不良影响。"6·28"事件警醒人们，传媒发达时代的政府形象设计与塑造，应该成为我国各级政府必须加以足够重视的课题。

（一）以责任塑造形象

政府承担着管理各项社会事务的责任，必须要以公众利益为上，将公众利益作为政府管理的落脚点和出发点。政府官员必须要有积极负责的工作态度，要善于在新闻传播中，反映政府及其组成部门在决策和推进工作中应具备的责任意识、责任制度和责任追究，将政府主动履责的新闻事实借助媒体主动显现，给公众呈现一个口碑佳、信誉好、敢担当的政府形象，以赢得公众的拥护和支持。

（二）公开信息应对公众关注

一个负责任的政府，只有做到信息公开，实现信息渠道畅通，切实保证公众的知情权，才能取信于民，才会在舆论上赢得主动。

当出现不可避免的公共危机时，最能考验政府应对公众关注的能力和智慧。此时，政府必须借助媒体，用事实说话，说真话、说实话，在让媒体传播事实的基础上，进行必要的舆论引导，形成正确的舆论氛围，让公众理性

地对待公共危机，再进行有理有利的思想引导，实现政府形象的加法效应。我们要克服两方面的误区：一是先封闭消息再舆论引导的做法；二是企图通过集中控制信息来消除不利舆论的做法，这不符合信息科技高度发展时代的运行规范。

(三) 树立良好社会风尚

政府要借助媒体全方位地输出社会正义形象，凝聚社会正能量，为公众营造健康向上的心理环境。多利用各种载体，宣传社会先进人物，高扬其模范行为和可贵品德，形成常态化的公关机制。政府正义形象的输出和常态化公关机制的形成，对提高政府威信具有较好的推动作用，使政府赢得更多的情感资源，使政府的正义形象与民众的正义情怀融为一体，从而开发和积聚公众追求真善美的美好潜能和善良情感，增加公众对政府的情感认同和心理认同，与政府同呼吸、共命运，实现政令畅通。

(叶润平)

第一章　政府新闻传播与新闻发布

新闻发布作为政府新闻传播的主渠道，越来越受到新闻媒体和社会公众的关注，其效果直接影响政府公共管理的效率和水平。了解政府新闻传播的特点与方式，是开展政府新闻发布工作的重要前提。

第一节　政府新闻传播的特点与方式

现代社会是信息社会，越来越具有"公开透明""民主平等"的特点和发展趋势。政府新闻传播是政府实施公共管理、构建与公众良性关系的主要方式，已经成为政府常态工作机制不可或缺的重要内容。新闻是对事实或信息的报道、传播、记录、介绍，它通过传播得以实现其价值。

一、政府新闻传播的特点

政府新闻传播的主体是政府，受体是社会公众，内容是新闻信息，其载体是作为传播媒介的报刊、广播、电视、通讯社、互联网等。基于这样的认识，政府新闻传播具有以下几个基本特点：

（一）传播主体占有强势地位

政府代表国家行使权力，管理社会事务，保证国家机器的正常运转。正因如此，政府掌握着制定政策、执行法律、管理社会的权力和职能，具有强大的宏观调控力量。政府在新闻传播方面有其他传播主体无法比拟的信息渠道，掌握更多的传播机会和传播手段，并凭借其独特的地位优势拥有对新闻的"证实权"。在信息发布前，其他传播主体所发布的多半是"未经证实"的局部性、片面性或碎片化的信息，所谓的"据信"也只能是"据传"，只有政府才是唯一的权威"信息源"。当然，政府占有传播主体强势地位，不仅要依法依规传播，还要本着"对事实负责、对人民负责"的理念和态度传播新闻。2013年2月28日，习近平总书记在中国共产党第十八届中央委员会第二次全体会议上的重要讲话中指出，为人民服务是我们党的根本宗旨，也是各级政府的根本宗旨。不论政府职能怎么转，为人民服务的宗旨都不能变。要坚持以人为本、执政为民，接地气、通下情，想群众之所想，急群众之所急，解群众之所忧，在服务中实施管理，在管理中实现服务。要加强公务员队伍建设和政风建设，改进工作方式，转变工作作风，改变门难进、脸难看、事难办现象，纠正老爷作风、衙门习气，杜绝吃拿卡要那一套，提高工作效率和服务水平，提高政府公信力和执行力。政府新闻传播要秉持这一要求，着力在提高传播效率与水平上下功夫。

（二）传播受体处于相对被动地位

由于市场竞争的非完全性和市场信息的"不对称"，市场不能有效提供全部有价值的信息服务与信息产品，政府信息成为具有公共产品特性的"稀缺资源"，政府新闻传播就是要实现对政府信息需求的有效供给和配置。一般来说，政府新闻传播包含三类信息，即宣传性信息、指令性信息、解释性信息。除宣传性信息之外，其余两类信息不受选择性信息制约。因此，政府新闻传递的信息往往与社会公众的切身利益或生命安全密切相关，受众出于自我保护的本能，往往会积极、主动地寻求权威信息，以便做出判断来规避风险。相对于政府作为新闻传播主体占有强势地位，政府新闻传播受体则处于相对被动地位。基于政府的权威，其行为一旦做出往往能够获得公民的信赖，而公民基于这种信赖又可能采取相应行动并产生一定利益，一旦这种信赖因政府行为的变更而受到损害，就可以要求政府进行必要的补偿。

（三）传播信息具有较高的权威性

新闻传播主体的权威性直接决定着新闻内容的权威性。政府不仅可以操纵和管控新闻传播的具体过程，而且其本身还是社会信息系统中的重要信息源和传播源。政府履行公共职能，其本身集中体现统治阶级的意志和权威，其管理行为可以具体化为各种政令的制定，其传播行为则具体化为各种政令的发布与解释。各种政令的发布与解释就是为了让社会公众了解并执行政令的规定，并通过对传播过程控制和结果导向影响传播结果。在当前我国社会，群体矛盾呈现出复杂、多变的特征，社会主流价值观念时刻受到来自各个方面的质疑与挑战，普通群众社会信心的塑造一方面来源于对正常社会生活秩序的依赖，另一方面依托于政府信息的权威性与行为的公信力。而近年来发生的多起有针对性的暴力事件不断挑战政府的权威性，同时又因为其造成的巨大社会伤害，严重影响了民众对于政府公信力的支持，值得引起高度重视。

（四）传播内容与过程受到管控

新闻不仅具有较强的公益性，而且也具有很强的政治性。政府新闻传播往往成为政府传播主流意识形态、引导舆论和塑造政府形象的主阵地。在现代政府新闻传播活动过程中，媒介获得了更大限度的信息空间和话语空间。政府将立场和态度融合在新闻传播的过程中，通过展示政府行为和解释政府行为，巧妙地将政府议程渗透在媒介议程中，让渡给媒体部分的传播和解读信息的主导权，并以此影响受众议程。政府在传播新闻信息之前，就对要传播的新闻信息内容进行筛选和过滤，以保证传播的质量和秩序，积极主动地营造有利于自己形象和政策推广的舆论氛围，达到推广公共价值、形成舆论共识的目的。政府新闻传播加强供求信息的分析预测，制定信息管理制度，统一规范信息内容，提高信息发布质量，确保发布供求信息的真实性、准确性、时效性，提高政府信息的权威性。

（五）传播公开性要求高影响大

在经济全球化和信息化的时代，瞬息万变的信息已成为社会经济发展的决定因素。信息社会就是信息和知识将扮演主角的社会。作为最重要的信息资源的政府信息涵盖全社会信息的80%，它既是公众了解政府行为的直接途径，也是公众监督政府行为的重要依据。因而，政府信息应该公开。信息就是资源，公开就是生产力。信息公开是以公民获得政府信息的权利为基础的，而不是以行政权力为基础。现代宪政理念告诉我们，政府是否应当公开信息，是否向民众提供信息，这并不是政府的权力决定的，而是由民众的权利决定，这种权利是民众所享有的宪法规定的基本权利。所以说，民众需要什么信息，政府就要提供什么信息，只有这样，相应的宪法规定的基本权利才能够得以实现。公民个人根据宪法权利和具体的法律规定，自由地获取政府信息，是公民处理与公共权力机关之间关系的一项基本原则。

《中华人民共和国政府信息公开条例》已经于 2008 年 5 月 1 日起施行。条例从基本原则和公开的范围、方式、程序以及监督和保障等方面进行明确规定，是政府信息公开的基本法规，是政府加强自身建设的重要法律制度。政府新闻传播具有传播公开性要求高、影响大的特点。国务院办公厅印发的《2015 年政府信息公开工作要点》强调，各级行政机关要坚持以公开为常态、不公开为例外原则，全面加强政府信息主动公开工作，对涉及公民、法人或其他组织权利和义务的规范性文件，都要按《政府信息公开条例》规定及时予以公开；对出台的重要政策法规要同步进行科学解读，对社会热点问题要第一时间予以回应，方便公众更好地了解和理解政府工作。充分发挥新闻发言人、政府网站、政府公报、政务微博和微信等信息发布平台作用，不断扩大政府信息传播范围，方便公众获取和知晓。《要点》还提出，要强化依申请公开管理，拓展依申请公开的受理渠道，为申请人提供更加便捷的服务。加强考核评议、社会调查、举报办理等信息公开制度机制建设，进一步提高信息公开工作规范化水平，更好地保障人民群众依法获取政府信息。为此，要进一步完善政府信息公开规定的内容，规范政府信息公开的工作机制，规范政府信息发布制度；要加强政府信息公开工作考核制度的建立和完善，并健全责任追究制度。

【典型事例】

2010 年的"368 万天价过路费案"引起全国关注。为了逃掉高速通行费、多挣钱，河南省禹州市一个农民购买两辆大货车后，拿着两套假军车牌照疯狂营运，8 个月的时间里，免费通行高速公路 2361 次，偷逃过路费 368 万余元。2010 年 12 月 21 日，河南省平顶山市中级人民法院以诈骗罪判处时建锋无期徒刑，剥夺政治权利终身，并处罚金 200 万元。后在质疑声中，重审改判有期徒刑两年六个月，并处罚金人民币 1 万元。

收费公路的数量、收费数额及款项去向等相关信息，涉及公民、法人或其他组织的切身利益，需要社会公众广泛知晓或参与。根据政府信息公开条例，交通运输部门理应主动公开披露相关信息，接受社会监督。然而，这些年来，有关收费公路方面的信息，基本上处于"保密"状态，有关部门往往讳莫如深。与正常渠道信息稀缺相对应的，则是大量负面消息、小道消息的蔓延。很多时候，公众甚至是通过落马的交通系统官员案件报道来了解公路收支状况、道路建设成本，等等。此外，高速公路管理部门投资做房地产、搞金融等消息，也让苦于高昂通行费的公众心里郁郁难平。正如有论者所言，指望全国每条公路都像沪嘉高速一样免费通行并不实际，但民众企盼至少要让公路收费收得明白。收费公路信息为何不能公开透明？仅仅是技术原因吗？显然未必，关键还在于这种收费是不是具有足够说服力、执行是不是规范，以及一旦完全透明了，会不会引发更为强烈的民意反弹。也就是说，信息的公开、透明，本来就是对收费行为的约束，当然不会那么顺顺当当。毕竟，有透明则有参与，有参与则有监督，有监督才有实现公平、公正的可能。

其实，致力于信息公开透明的大势早已不可阻挡。其一，信息的公开透明是依法行政的必然。自《政府信息公开条例》施行以来，尽管不断遭遇一些阻力，但很多行政机关实际上已从信息公开中获益，并继续持续推动进一步的公开透明。社会公众广泛的参与，已成为行政机关依法行政的强大推动力。其二，信息公开也是公众参与社会治理的需要。这在"免费午餐"项目中体现得较为明显。在此番财务报告公布之前，网络上关于"免费午餐"亦有许多传言，这种信息的不透明，也在一定程度上对公益事业形成了伤害。因此，"免费午餐"相关信息的公开，不仅仅是对公众善心的交代，更是责任、公信力的体现。这是个案，但管可窥豹。信息公开透明是一种执政理念，更是一种舆论引导方法。事实表明，信息公开透明则舆论平稳；反之，则舆论起波澜。

二、政府新闻传播的方式

新闻在中国古代漫长的历史进程中曾经存留过许许多多各具特色的传播

形态，诸如铎、箫管、消息、布告、露布、邸报等。新闻的语言形式当以通俗易懂的口语为主，讲究组织结构上的言简意赅，追求声音韵调上的朗朗上口、易于记诵，这无疑又是早期新闻工作者通过选取恰当方式以实现新闻传播效果最优化的有益尝试。清代阮元《揅经室三集》卷二《文言说》就说："古人以简策传事者少，以口舌传事者多；以目治事者少，以口耳治事者多"，"是必寡其词，协其音，以文其言，使人易于记忆，无能增改，且无方言俗语杂于其间，始能达意，始能行远"。可见，新闻传播理论和实践在我国已经有了悠久的历史。

传播学是对传播理论与实践的总结和概括，它把人类传播活动分为人际传播、群体传播和大众传播。新闻传播活动也相应地通过这四种传播渠道进行，政府新闻也不例外，其传播方式可以分为以下四种：

（一）人际传播方式

人际传播是指在人们的交往活动中，人们相互之间传递和交换着知识、意见、情感、愿望、观念的过程，从而产生了人与人之间的互相认知、互相吸引、互相作用的社会关系网络。政府新闻的人际传播方式，是指个体之间所进行的新闻传播，如通过口头告知、手机短信、网上传送电子邮件等来传递政府新闻等。当今社会，人际交往越来越密切，大多数人每天花费50%～75%的工作时间，以面对面形式、打电话形式、网络或书面的形式进行沟通；而在沟通中80%是以说话的形式进行的，据此看来，说什么及怎样说，是我们成功沟通的关键。

城市形象传播中的人际传播策略，可以从以下两个方面进行：一是有效设置议程，引导舆论方向。媒介的议程设置功能为人际传播提供了传播的内容和重点，有效利用媒介对人际传播进行引导可以对城市形象传播中的人际传播策略进行影响。例如：珠海电视台在改革开放三十年的时候，制作了大型纪录片《非常道》，节目真实、新颖，具有创新性，让珠海市民第一次感受到珠海三十年的变化。节目播出后产生广泛的影响，市民闲暇聊天都在讨论经济特区的发展，有不少市民还骄傲地给自己的亲人和朋友打电话，叫其收看节目或者购买光碟，高校教师在课堂当作教学片来播放。无形当中，人际传播是对新闻传播的重要补充，增加了传播效果，也增加了居民对城市的认同感。二是培育"舆论领袖"，影响人际传播。在城市形象传播策略中，需要培养意见领袖，影响受众认知。意见领袖是指在人际传播网络中经常为他人提供信息同时又能对他人施加影响的"活跃分子"，在大众传播效果的形成过程中起着重要的中介或过滤作用，由他们将信息扩散给受众，形成信息传递的两级传播。上例中珠海城市形象传播积极调动珠海市民的积极性，在珠海市民中培养意见领袖，通过意见领袖的魅力，将珠海城市形象内涵传播给受众，提高了传播效果。

（二）群体传播方式

群体传播是指群体之间或个体与全体之间所进行的新闻传播，通常以组织传播的形式发生和出现，如新闻发布会、新闻吹风会、记者招待会等。而互联网时代，媒介技术的发展使得人人都能成为传播者，被电子传播媒介挤压的公共空间正在互联网上复兴，群体传播日益活跃，成为越来越重要的信息来源。可以说，人类社会正在从以大众传播为主导的时代向群体传播彰显的时代过渡。微博、QQ、网络论坛、SNS网站、手机群发短信等各种新的传播媒介和传播形式，形成病毒式、指数式、核爆炸式的群体传播，使个人情绪群体化、阶层化乃至社会化，对全社会产生影响。

（三）大众传播方式

大众传播是指通过专门的传播工具向社会公众公开发布政府新闻，如通过报刊、电台、电视、互联网报道政府新闻信息等。大众传播是一种信息传播方式，有以下特征：公开的（受众不为人际交往范围所囿）利用科技发送手段；间接的（在发送者与受众之间存在时间空间距离）传播；单向的（在发送者与受众之间不发生角色互换，网络等新媒体的出现，改变了大众传播的单向性，互动性是网络传播的最显著特征）传播；面向分散群体（受众是匿名的，无阶层和群组之分）的传播。大众传播是指媒体组织采用现代机器设备，通过大批复制并迅速地传播信息，从而影响庞杂的受众的过程。

研究表明，当一个社会的人均收入在1000～3000美元时，这个社会便处在由传统社会向现代社会转型的过渡期，而这个过渡期的一个基本特征就是社会的"碎片化"：传统的社会关系、市场结构及社会观念的整一性——从精神家园到信用体系，从话语方式到消费模式瓦解了，代之以一个一个利益族群和"文化部落"的差异化诉求及社会成分的碎片化分割。因此，就传播的影响力而言，以往依靠某一个（类）媒介的强势覆盖而"号令天下"的时代已经一去不复返了。一方面是传统媒介传播市场的份额在不断收缩，其话语权威和传播效能在不断降低；另一方面则是新兴媒介（如微博、BBS 等）的勃兴与活跃，传播通路的激增、海量信息的堆积以及表达意见的莫衷一是，这便是现阶段传播力量构建所面对的社会语境。面对这样的现实，我们应该明确我们对待"碎片化"的一个基本态度，要非常明确"碎片化"带给大众传播的影响。它是一把双刃剑，可能就目前而言，我们看到的是它带来的负面影响，但是我们不应该只局限于现如今的一个状态，我们要看到它背后潜藏的巨大传播价值。在"碎片化"大语境指导下的大众传播，会打破现如今比较单一的传播局面，往多元化是传播发展的必然要求。而我们的价值取向也会随着社会经济的发展走向多元化，人们将不会再用传统的方式去看待一项事物。为此应运而生的是越来越先进的理念和越来越时尚的传播媒介、传播方式。在这些外部力量的作用下，大众传播的社会功效才会实现最优。

（四）组织传播方式

组织传播是指某个组织凭借组织和系统的力量所进行的有领导、有秩序、有目的的信息传播活动。组织传播是通过信息传递将组织的各部分联接成一个有机整体，以保障组织目标的实现和组织的生存发展，它既是保障组织内部正常运行的信息纽带，又是组织与外部环境互动的信息桥梁。组织传播的功能具体表现为内部协调、指挥管理、决策应变、达成共识、塑造形象等。党委、政府有些制定方针政策的重要会议是需要基层单位贯彻落实的，那么，以组织传播的方式，将会议精神报道出来，就可以使会议发挥更好的社会作用。但是会议报道是大众传播的一种手段，我们不能将会议报道都以组织传播的思维方式进行报道。会议报道要考虑到受众的需要，不能将受众视作是组织系统中的成员对他们发号施令、指手画脚。从实际情况来看，许多会议报道单纯从组织传播的视角，站在会议组织者的角度，不分轻重缓急，不问传播对象和传播效果，将领导人的讲话照本宣科地转发报道出来，出现"指出""强调""进一步强调"等字眼，虽然报道的是领导人的讲话或发言，但并不符合新闻报道的要求。新闻报道工作者从事会议报道不能用组织传播的思维按照领导讲话要点顺序来写，而应该遵循大众传播的规律，从受众角度考虑诸多领导、专家讲话中具有新闻价值的重要观点来进行重点报道。

政府新闻传播的方式依照不同的标准还可以做不同的分类，如按照新闻传播的载体不同，可以分为党报党刊传播、新闻网站传播；按照新闻传播的受众不同，可以分为组织以内的传播如政府会议、政府公告、宣传栏等，组织以外的传播如新闻发布会、媒体见面会、新闻通气会等。

第二节 政府新闻传播中的新闻发布

政府新闻发布就是通过举行新闻发布会、接受记者采访、提供新闻稿件等多种形式发布有关新闻或阐述政府及其部门的立场、观点的活动。我国政府新闻发布工作取得了明显进展。自 2003 年开始推动新闻发布制度建设以来，国务院新闻办、中央各部门、各省（区、市）人民政府三个层次的政府新闻发布制度在全国范围建立起来，并不断向基层和企事业单位延伸。通过多年努力，新闻发言人队伍不断成长壮大，成为推动我国新闻发布工作的骨干力量。

一、政府新闻传播的传播效应

政府新闻发布是政府通过新闻发言人以及其他信息传播途径，向媒体和公众公布有新闻价值的信息，传达政府的立场和态度。政府新闻发布的信息是所有政府信息中能够引起公众共同兴趣和普遍关注的新闻信息。媒体和公众可以通过政府新闻发布全面了解社会发展情况和政府立场、态度，政府也可以通过新闻发布调节社会情绪和公共关系。

政府新闻发布的传播效应可以归纳为以下四个方面：

（一）沟通信息交流

政府新闻发布是政府与公众沟通的信息桥梁。政府新闻发布可以保障公民、法人和其他组织的知情权，方便公众获取政府信息，维护其自身合法权益，监督政府机关依法履行职权。通过新闻发言人，公众可以及时、经常地听到来自政府的声音，了解政府对许多问题的态度和看法以及工作进展情况，做到"上情下达"，从而促进政府与社会公众的沟通。一般的政府新闻可以通过日常的、例行的发布活动，如政府以新闻通稿的方式将当地经济社会发展情况、主要工作部署、未来发展规划以及与群众生活密切相关的教科文卫、衣食住行等方面的工作及时向新闻媒体和社会公众予以通报，用以指导人们的学习、工作和生活。政府的重大活动、重大决策和颁布的重要决定的新闻，则适合采取活动前后或临时性地召开新闻发布会来告知公众，说明某个事件、某个问题政府所持的立场和采取的措施，以引导国内或国际舆论。如2013年12月我国设立东海防空识别区遭到美、日、菲等国家的反对和干扰，污称中国"破坏了亚太地区的稳定"。对此，我国外交部召开新闻发布会，指出了我国设立东海防空识别区具有明确的法理依据和充分的事实根据，也表明了中国政府坚决维护国家海洋权益的坚定立场。通过政府新闻发布这一权威渠道，可以及时堵塞以讹传讹甚至添枝加叶的小道消息，缓解公众的恐慌情绪，也避免某些别有用心的人借机造谣生事，攻击政府正当行为，诋毁政府形象，降低政府威信。

（二）引导社会舆论

新闻舆论工作是党和国家的前途命运所系的工作，舆论导向正确，是党和人民之福；舆论导向错误，是党和人民之祸。社会舆论把握和引导得好，可以对我们开展工作起到重大推动作用，促进社会稳定、人民团结、事业兴旺。所以，牢牢把握正确的舆论导向，是新闻宣传中最重要的责任和义务，也是提高引导社会舆论能力的灵魂和保证。牢牢把握正确的舆论导向，以正确的舆论引导人，是社会主义政府新闻宣传工作的一项重要原则，也是政府新闻宣传工作规律的核心。政府工作的一项重要内容就是要主动引导社会舆论，以掌握话语权，从而避免工作上的被动应对。政府通过传播导向，引起信息的接收者在理想信念和价值观等方面的共鸣，使沟通价值为社会所认同和接受，从而引导和规范人们的行为，形成政府与社会公众"最大公约数"，将各种社会力量汇集到整个社会的共同目标中。当前，我国既处于重要的战略机遇期，又处于社会转型期和改革攻坚期，面对巨大社会变革的社会转型，我国的经济成分和经济利益、社会生活方式、社会组织形式、就业岗位和就业方式等日益呈现多样化趋势。而由此影响到意识形态领域，在人们的价值取向、思维方式、道德标准以及精神消费等方面，形成了一种更为错综复杂的局面。人们在思想上呈现出"独立性、选择性、多变性、差异性"的趋势，以及与市场经济相伴而生的一些思想意识形态的副作用，都会极大地增加舆论引导的复杂性和艰巨性。政府新闻发布活动可以最大限度地抢占话语的主导权和传播的先机权，积极主动地宣传和倡导正面的声音，引导和消除负面的声音，形成健康向上的主流舆论，在全社会形成统一的思想认识，以维护改革发展稳定大局。

【典型事例】

2012年7月21日，北京发生特大自然灾害，信息发布及时透明，舆论引导有效、成功。但是，其间因为实际清查和救援工作的艰难，死亡人数公布稍有迟缓，引发了一阵舆论波澜。为了积极回应民众的关切，北京市政府克服困难，尽快公布了死亡人数及其详细信息，并表达了深深哀悼。舆论很快转向平缓。某媒体人在微博中当即评论道："北京市宣布水灾造成77人死亡，并解释由于很多人死在山区，找寻他们的遗体很困难，延误了公布时间，大体是可信的。舆论反复对死亡人数有可能'造假'的追究，我认为已经形成了强大压力，今天在中国隐瞒死亡人数的风险，已远远超过如实公布的风险。这样的风险希望能真正保障政府在这方面不再做假。"灾害死亡者信息是近年舆论质疑最尖锐的领域，事实上也是政府改善最多的领域，但这种改善得不到舆论信任。提高政府总体公信力是解决各领域具体质疑之本，而最好的突破口恰是政府对灾害的态度和表现。政府必须在提供信息的速度和细节上跟舆论要求赛跑。2013年3月，李克强总理在谈及政务公开时强调指出，当前我国微博的用户数以亿计，有些政府信息不及时公开，社会上就议论纷纷。

与其如此，还不如我们主动及时地公开。在同年 10 月召开的国务院常务会议上，李克强总理又一次强调，重要政策、法规出台后，要通过多种方式做好科学解读，让公众更好地知晓、理解政府经济社会发展政策和改革举措。

（三）协调各方关系

政府新闻发布是保证社会稳定的"减压阀"和"调节器"，是政府协调与各方关系的重要载体和形式。随着市场经济的迅速发展，社会的结构日益多元和复杂化，产生了许多不同的利益群体，他们之间的利益诉求不同，很难对某一项政府出台的政策取得一致的认同感，有的甚至还会产生歧见和不满心理，这种歧见和不满心理如果得不到及时疏通和化解，就会严重影响政府的决策实施，甚至会出现政府与社会公众的矛盾与对抗。政府要使自己的行为和政策得到公众的普遍认同和支持并加以自觉地拥护和配合，从而把政府的决策力变成真正的执行力，就必须进行必要的宣传引导活动，使社会公众的认识与政府趋于一致。政府新闻发布要注意双向互动，一方面要通过新闻发布对政府的施政目的、基本立场和政策预期效果进行宣传和解释，并将实施过程中存在的困难和有可能出现的问题诚恳地提出来，引导社会公众正确理解政府的行为和立场，正确分辨事情的主流和枝节，减少人们对利益摩擦的负面认识，最大限度地取得理解、信任、支持与合作。如通过新闻发布会的形式宣传政府推行旧城改造政策的目的、意义、方案和具体措施办法。另一方面，要体现出随时根据公众的意见反馈来调整政府的政策和行为的诚意，并通过双向互动的方式允许不同的公众意见能够在畅通无阻的表达中逐渐求同存异，使社会矛盾与冲突在政策微调中得到释放和缓解，从而形成和谐稳定的政治局面和良好有序的社会秩序。如通过新闻发布会的形式解释旧城改造中的住房还原措施、拆迁补偿办法和特殊情况的解决办法（如孤寡老人、残疾人住房楼层安排、多子女住房套数与户型安排等等），以协调各方关系，促进和谐稳定。

（四）改善政府形象

所谓政府形象，是指政府的整体素质、综合能力和施政业绩在国内外公众中获得的认知与评价，具体反映为政府在国内外公众中的知晓度和美誉度。

在全媒体时代，信息舆论是实时的、动态的，因而政府形象的维护和管理也是实时的、动态的。政府在加强自身建设的同时，要及时掌握信息舆情，针对不同情况采用不同措施，对政府形象进行有效管理。随着民众素质的提高，民众对政务信息的需求越来越大。与其被动应付，不如主动出击，自觉公布政府的相关信息，让民众能够通过有效渠道了解相关的政务信息。政府必须积极主动地公布相关信息，尤其是在发生网络危机时，通过合理、合法、有效的途径发布信息，让民众了解事实真相，同时，听取群众的意见建议，及时有效地同民众进行沟通。要借用现代媒体尤其是网络公开信息，推进信息及时、快捷公开。只要政府能够主动发布信息，很多虚假谣言就会不攻自破，可以有效地维护政府形象。国务院办公厅颁发《关于进一步加强政府信息公开回应社会关切提升政府公信力的意见》，对贯彻落实信息公开要求、做好政府新闻发布工作进行部署。国务院新闻办公室领导强调，要充分认识加强和改进政府新闻发布工作的重要性和紧迫性，切实解决目前存在的问题，努力把这项工作推进到新的水平，更好地回应社会关切，服务人民群众，服务党和国家工作大局。

【典型事例评析】

自 2001 年"非典"之后，我国的新闻发布制度正式建立。10 多年来，我国的新闻发布制度在历练中逐渐趋于成熟。事实证明，政府在突发性危机事件中信息发布是否及时、透明，很大程度上影响了公民知情权能否得到满足，从而影响着政府公信力。以 2008 年西藏"3·14"事件和 2009 年新疆"7·5"事件前后我国政府对突发性事件的应对为例，可以探究我国新闻发布制度与策略的进步及其原因。

评析结论之一：发布时效性、频率、内容、效果迥异

从发布信息的时效性来看，"3·14"事件发生后西藏自治区负责人被动地接受了记者提问，3 天后即 2008 年 3 月 17 日外交部才正式举行了新闻发布会。2009 年 7 月 5 日晚 8 点新疆发生打砸抢烧事件后，新疆维吾尔自治区主席于次日即 7 月 6 日凌晨发表电视讲话，7 月 6 日 12 时 30 分举行新闻发布会。7 月 6 日，中央人民政府网首先发布信息，标题为《新疆乌鲁木齐打砸抢

烧严重暴力犯罪事件得到控制》，随后被媒体广泛转载，政府官员在突发事件发生的第一时间发表权威信息，其快速的反应和果断处理的态度在很大程度上保障了公民的知情权，并在一定程度上避免了信息虚假夸大传播。

从发布频率来看，对于西藏"3·14"事件，我国政府官方共发布7场新闻发布会，主要集中在17日到20日，即事件发生后的第4到第7天。新疆"7·5"事件发生后，政府信息发布主要集中于第2到第6天，除了第5天外，每天至少发布两次信息，信息发布集中且分布均匀。

从发布内容上来看，相比于"3·14"事件，新疆"7·5"事件发生后，政府在第一时间发布了对该事件定性的信息，即"这起打砸抢烧严重暴力犯罪事件，是一起典型的境外指挥、境内行动，有预谋、有组织的打砸抢烧事件"，这在很大程度上减少了大众对事件性质、原因的无端猜测，降低了大众心理恐慌和社会不安定因素，也有效引导了媒体报道的方向。同时，在2009年7月6日凌晨，新疆维吾尔自治区政府主席白克力发表电视讲话表达了反动势力一定会被消灭的坚定决心，鼓励广大人民珍惜新疆来之不易的稳定局面。

从发布效果上来看，首先，由于中国政府在"3·14"事件后迟迟不肯发布权威可靠的信息，导致媒体对该事件的扩大、夸大报道，公众不可避免产生猜忌、慌乱心理，反而不利于社会安定；其次，政府阻断外国记者来拉萨采访的举动导致许多西方媒体采用虚假手段对事实进行歪曲报道，严重损毁中国的国际形象和国家声誉；再次，这些虚假报道不利于反对藏独暴徒舆论的形成，藏独分子在3月14日之后又接二连三地发动暴力犯罪事件。

新疆"7·5"事件发生后数小时，国务院新闻办公室就邀请外国记者来乌鲁木齐采访。7月7日举办的新闻发布会为外国记者提供了很大便利和协助，国务院新闻办公室工作人员亲自到机场迎接记者来访，提供新闻发布时间表，而且在新疆网络无法正常访问的情况下，积极地向他们提供网络连接的条件。这种做法赢得了西方媒体的一致认可。美国《洛杉矶时报》记者David Pierson 在采访途中表示："采访环境比我想象的要开放得多。"新加坡《联合早报》记者说这是中国政府处理突发事件最迅速、最开放的一次。英国

《泰晤士报》报道，乌鲁木齐暴力事件发生后，官方媒体的报道速度几乎可以说是空前的。中国政府允许外国记者进入乌鲁木齐，这说明中国从2008年的西藏"3·14"事件和汶川地震报道中汲取了经验教训。

评析结论之二：经验教训和制度完善促进新闻发布的不断进步

自西藏"3·14"事件发生后，我国的信息发布先后受到汶川地震、北京奥运会等一系列重大事件的考验。从西藏"3·14"事件后政府新闻发布的效果来看，我国新闻发布策略需要进行长远的调整，信息发布的不及时、不充分、不准确的问题亟待解决。2008年10月17日，《中华人民共和国外国常驻新闻机构和外国记者采访条例》正式颁布实施。条例规定，外国记者来华采访不再必须由中国国内单位接待并陪同，外国记者赴开放地区采访无须再向地方外事部门申请，继续为外国新闻机构和外国记者在华采访提供便利。自此，中国政府汲取了西藏"3·14"事件信息发布的经验教训，并逐步打开了对外媒开放的大门，并且在信息发布制度的完善上也跨越了一大步。

此外，在新的信息环境下，信息发布的来源不只有政府和媒体，手机、互联网用户随时随地都可能成为信息来源，最传统的组织传播和人际传播也对信息传播至关重要。在这种信息环境下，政府和媒体越来越意识到在第一时间发布信息的重要性。

评析结论之三：我国新闻发布模式及其制度性瓶颈

尽管在突发性危机事件的应对中，我国政府的新闻发布制度取得了阶段性的进步，但是我国的新闻发布制度仍然存在一些根本性的问题。

在突发性危机事件中，政府、媒体和社会公众是影响危机决策的三大要素，这三个方面都可以成为信息的传播主体，并以各自不同的方式进行信息传播，即政府主导型危机传播模式、媒体主导型危机传播模式和公众主导型危机传播模式。我国媒体的性质是党和政府的喉舌，因此我国的新闻发布模式为"事件—政府—媒体—大众"。在这样的模式之下，信息通过政府和媒体的层层过滤最终流向大众，在内容上有不同程度上的删减和意义偏差，造成了知情权的不对称性，进一步影响了公民的话语表达权。除此之外，目前为止，我国危机新闻发布仍然存在一些制度性的瓶颈，如制度操作性有限和制度效应递减、新闻发言人责任的不对称性、新闻发言人应对危机事件水平有限等。

从西藏"3·14"事件到新疆"7·5"事件，政府在应对突发性危机事件策略上的进步减少了公众对于公共事务认知的不对称性，同时，对外媒开放程度大大提高，其国际形象和国家公信力有较大改善。但是，由于受到社会制度和历史文化的限制，我国的信息发布还存在一些制度性瓶颈，政府要完全实现"及时、公开、透明、准确"的信息公开还有很长的路要走。

二、政府新闻传播的内容形式

政府新闻发布的内容主要集中在四个方面：一是日常性的、例行性的工作通报，介绍政府有关工作，满足公众的知情需要；二是政府的一些重大决策，包括政府及各部门制定的重要法规规章、重大方针政策、有关法规规章和政策的执行情况及进展，还包括对社会大众关心的热点、焦点问题的对外公布与交流；三是在发生重大自然灾害、事故灾难、公共卫生和社会安全等突发性公共事件时，及时、准确、客观、全面介绍事件情况、政府应对举措和公众防范措施等；四是就国内外关注的重大热点问题阐明政府或相关部门的主张，或针对外界对政府工作所产生的误解、疑虑以及歪曲和谣言，通过及时发布权威信息解疑释惑，澄清事实，驳斥谣言，如外交部针对越南有关"中国在南海兴建灯塔破坏南海局势稳定"的叫嚣召开新闻发布会，讲明我方的法理依据和事实依据，驳斥越方的无理指责。

政府新闻发布的具体形式主要有两大类：

一是正式的新闻发布，包括新闻发布会、记者招待会等。其中，新闻发布会是各级任命或指定的专职或兼职新闻发布人员，在一定时间内就重大决策、政策、事件、活动或当前时局等问题，召集相关媒体记者发布有关新闻或阐述观点和立场，并代表政府回答记者的提问。记者招待会是政府新闻发言人或由政府指定专人安排一个与相关记者面对面交流的场所，接受记者提问并回答相关问题。

二是非正式的信息透露，包括召开新闻通气会、接受媒体集体采访、领导人专访、电话采访、书面采访等等。在新闻通气会上，政府向记者提供新闻背景材料，由新闻发言人或其他指定人员进行简要的新闻通报，可以设记者提问，也可以不设记者提问。领导人专访是政府领导或其组成部门领导事先联系好媒体接受专门采访，有针对性地解释和发布信息。

政府新闻发布的具体形式除了上述两大类主要形式之外，还有很多具体形式，如：提供新闻通稿、新闻素材、新闻线索或采访对象，邀请记者参加政府有关会议、展览或活动，组织专门的新闻采访、采风活动等。各级政府及其组成部门要根据具体情况，集合事件性质和重要程度，选取合适的新闻发布形式，开展政府新闻发布工作。

做好新形势下的新闻发布工作，是加强执政能力建设、提升政府公信力、服务人民群众、做好新闻舆论工作的必然要求。当前政府新闻发布工作仍存在着不敢说、不愿说、不会说等亟须解决的问题。要按照中央要求，贯彻落实好国务院办公厅颁发《关于进一步加强政府信息公开回应社会关切提升政府公信力的意见》，切实加强和改进新闻发布工作。要积极做好政策解读，主动回应社会热点，有效处置突发事件。注重新闻发布的策划，做好新闻发言人的选任和培训，为新闻发言人开展工作创造条件。着力完善新闻发布制度，通过建立健全例行新闻发布制度等，使新闻发布成为一种制度性安排，推动新闻发布工作走法治化、规范化道路。

第三节　政府新闻传播中的组织机制

邓小平曾指出："制度问题带有根本性、全局性、稳定性、长期性。"可见制度和机制是保障政府新闻发布有序进行的保障。如新闻发言人制度的建立，对政府来说是非常重要的。与政府官员直接发布消息相比，它显得中性、客观，不受官员工作岗位的约束，并且具有专业化水准。与纸质或者电子发布相比，它显得更加人性化，因为新闻发言人可以在文字传播基础上增加很多鲜活的内容，拉近政府部门与媒体和公众之间的距离。很显然，新闻发言人制度的建立对于建设透明政府、责任政府和服务型政府具有现实意义。

一、政府新闻发布的制度与安排

政府新闻发言人就政府或本机关责任范围内的重大事件和现实问题，通过举行新闻发布会，或约见新闻记者，提供相关的新闻事实，阐释政府的立场、观点、态度，介绍政府已经采取或将要采取的对策措施，并作为政府或有关机关的代表回答新闻记者的提问。政府新闻发言人制度是政府新闻发布制度的重要组成部分。

（一）新闻发言人制度的起源与发展

新闻发言人，其英文名称是"News Spokesperson"。美国学者格伦·布鲁姆认为：新闻发言人是政府公共关系策略中舆情信息传播的一个重要组成部分，通过发布政府舆情信息，来沟通媒体与公众，尤其是旨在填补大众政府与官僚政府之间的鸿沟，以获得良好的舆论支持，从而逐渐成为政府施政中的一个有效手段。新闻发言人的职责是在一定时间内就某一重大事件或时局的问题，举行新闻发布会，或约见个别记者，发布有关新闻或阐述本部门的观点、立场，并代表有关部门回答记者的提问。相对于新闻发言人，国内学者郎劲松对新闻发言人制度的定义比较有代表性，他认为新闻发言人制度是："由指定的授权代言人，在一定时间内就某一事件或时局问题，代表政府部门或个人举行新闻发布会或约见个别记者，发布有关新闻或阐述政府、本部门的观点立场，并回答提问的一种新闻发布机制。"

现实生活中，新闻发言人制度往往被简化为新闻发言人，作为制度的新闻发言人，是一种常设机制和组织部门。新闻发言人制度的明确含义因各国国情的不同，在解释的侧重点上也有所差别。从法律依据上比较，我国的新闻发言人制度更强调"凝聚人心""执政为民"等政治诉求，但美国的新闻发言人制度则认为"公民的舆情信息自由权"是高于政治诉求的。因此，在中国，新闻发言人制度的实质是一种新闻发布制度，新闻发言人的职责就是在一定时间内就某一重大事件或时局问题，举行新闻发布会或约见个别记者，发布有关新闻或阐述政府、本部门的观点和立场，并代表政府或部门回答提问。发言人背后有一个强大的工作集体，从事材料收集和了解情况等各项工作。同时，新闻发言人也十分注重与其他有关部门的合作和沟通，以保证舆情信息的全面性、准确性和权威性。可见，新闻发言人制度是政府或组织控制新闻传播的手段，也是通过新闻媒介与公众沟通的方式，更是实现公民知情权的重要途径。

19世纪上半叶，新闻发言人制度开始萌芽，19世纪末20世纪初在政府与媒体一起发展的基础上，新闻发言人制度开始在美国出现。迄今为止，新闻发言人制度在西方已经实行了100多年，在我国也历经了20多年的发展历程。它作为一种制度，既是民主政治发展的要求，也是政府公共关系实施的必然结果。随着全球传播时代的到来与网络媒体的快速发展，抢占舆论制高点成为国内外媒体的共同目标，也成为公众参与政治生活的突出体现。世界各国在政治、经济和文化等各个领域内的全面接轨，使得新闻发言人制度成为政治领域一种全球的普遍现象。

1983年初，中央对外宣传领导小组起草了关于设立新闻发言人制度的请示；同年3月，外交部第一次以外交部发言人名义举行了新闻发布会。次年4月，中华全国新闻工作者协会首次向中外记者介绍国务院各部、委和人民团体的新闻发言人，正式宣布我国建立新闻发言人制度。这时的新闻发言人制度是在改革开放的形势下，为了满足对外宣传的需要建立起来的。实践中，基本局限在中央一级人民政府。1988年中央进一步明确要逐步建立和完善新闻发布制度。此后，中国政府的新闻发布工作进入了制度化建设阶段。外经贸部、国家统计局、国务院台湾事务办公室都是较早设立新闻发言人制度的机关。2003年是我国政府新闻发言人制度发展的里程碑。一场突发的"SARS风波"将政府置于舆论的风口浪尖。严重的"非典"疫情使社会上一时谣言四起、人心浮动，急需澄清事实、引导舆论，坚定抗击"非典"的信心，新闻发言人必须走上前台。北京市建立了专门的新闻发布会机制。同年，上海市政府建立新闻发言人制度，随后广东、云南、南京、青岛等省市纷纷建立新闻发言人制度。此后，我国政府新闻发言人制度得到稳健发展。各部委、各地各级政府也仿效制定了自己的新闻发布机制。从2004年起，我国新闻发言人制度全面推开，其显著标志就是中共中央颁布的《关于加强和改进新形势下对外宣传工作意见》，该《意见》明确指出：建立中央对外宣传办公室、国务院各部委及省级三个层次的新闻发布工作机制，明确职责，注重策划，加大对新闻发言人的培训力度，提高新闻发布的效果和权威性，做到经常化和制度化。2004 年的统计数据显示，除外交部例行的新闻发布会外，44个国务院部门组织的新闻发布会就有 270 多次，28 个省市区举行的新闻发布会则达 460 多次。2005 年，中共中央办公厅下发《关于进一步推进政务公开的意见》，将政府新闻发布制度建设列为我国政府政务公开的一项重要内容。为了保障公民、法人和其他组织依法获取政府信息，提高政府工作的透明度，促进依法行政，充分发挥政府信息对人民群众生产、生活和经济社会活动的服务作用。2008 年 5 月 1 日，国务院颁布施行了《中华人民共和国政府信息公开条例》，《条例》明确规定政府信息公开的范畴和方式：行政机关应当将主动公开的政府信息，通过政府公报、政府网站、新闻发布会以及报刊、广播、电视等便于公众知晓的方式公开。行政机关应当及时、准确地公开政府信息。行政机关发现影响或者可能影响社会稳定、扰乱社会管理秩序的虚假或者不完整信息的，应当在其职责范围内发布准确的政府信息予以澄清。行政机关应当建立健全政府信息发布协调机制。行政机关发布政府信息涉及其他行政机关的，应当与有关行政机关进行沟通、确认，保证行政机关发布的政府信息准确一致。

纵观我国新闻发言人制度从产生到不断发展的 20 多年，大致经历了三个阶段：外交部新闻发言人—中央政府及中央各级部委新闻发言人—各省、市、自治区及基层政府、行业等多层次条块式的新闻发言人制度。新闻发言人制度从无到有，从中央到地方，从对外到对内，政府部门从过去的"不说话"到主动"发声"，反射出我国政治传播形态与政务公开制度的变化，对整个社会民主政治制度的发展具有重要意义。目前，我国新闻发言人制度已经从国家部委一级推广到地方区县一级政府部门，政府新闻发布的制度在我国已日臻成熟。作为新闻发布会主角的政府新闻发布人，越来越受到社会公众的关注。

（二）新闻发言人的制度设计

政府新闻发言人是国家、政党、社会团体任命或指定的专职或兼职新闻发布人员，其主要职责是通过新闻发布会、接受记者采访等发布形式，就某些特定的政府新闻信息通过新闻媒体向社会公开发布。新闻发言人制度一般是对新闻发布会的组织部门和人员、召开的时间和内容、涉及的单位以及发布的对象及媒体的参与等方面做出的规定。由政府新闻发言人召开新闻发布会是政府新闻发布的最主要形式之一，可以及时、准确、高效地向媒体和公众介绍政务信息，阐明政府立场、观点和态度，并对新闻媒体和社会公众关心的问题给予答复，建立并维护政府、媒介、公众三者之间的良性互动关系。目前，我国政府新闻发布会主要包括三个层次：国务院新闻办及国务院各部门举行的新闻发布会；省（直辖市、自治区）级政府及组成部门举行的新闻发布会；省（直辖市、自治区）级以下政府举行的新闻发布会。政府新闻发布会的基本类型包括：定期举行的例行性新闻发布会；为配合国家有关重要方针政策出台、发生重大或突发性公共事件等举行的临时性新闻发布会。

（三）新闻发言人的素质要求

新闻发言人代表政府发布新闻，其一言一行展示着政府的形象，必须具备良好的政治素养、职业道德素质和专业素养，具有广博的知识储备和丰富的工作经验，具备透彻了解事件现场情况和较强的分析判断能力，掌握与媒体沟通的艺术，发挥好发言人的应有作用，规范新闻发布内容，主动引导新闻舆论，正确处置舆情信息，保持与新闻媒体的良好互动和融洽关系。

新闻发言人要有顾全大局的政治素养。作为政府新闻发言人，站在公众面前，面对媒体，一字一句、一言一行都应该有大局观，都必须顾全大局，始终以党和国家的大局为重。新闻发言人要对国家的政策、法律、法规有准确的把握和深度的理解，要熟谙传播规律，具备较高的传播素养，才能和媒体实现平等对话。新闻发言人的新闻言论必须代表政府、必须真实可信，两个"必须"一旦缺失，轻则使政府公信力降低，重则使公信力丧失。如果新闻发言人由于个人政治上不成熟、言论上不谨慎、性格上又偏激，只顾逞一时言语之快，说出不适当的言论，将会误导公众，甚至会激化公众对已经存在的问题的不满。如某局副局长在记者招待会上，因记者提出的问题比较尖锐、难以回答，恼怒之下竟然质问记者："你是替党说话还是替老百姓说话？"这一将党与人民群众对立起来的质问，充分反映了这位副局长缺乏基本的政治素养，值得新闻发言人引以为戒。

新闻发言人要有心胸大度的道德操守。新闻发言除拥有良好的气质形象、人文素养和人格魅力，还要做到磊落大度、落落大方，充分展示自信和大气。面对一些重大突发事件中新闻记者提出的尖锐甚或挑衅性问题时，新闻发言人要保持沉着冷静，不能轻易被激怒，更不能在媒体面前失了常态、乱了方寸，也不能打"官腔"糊弄人，不能表现出傲慢无礼或者缺乏自信。正如曾任公安部新闻发言人武和平所说："要在网民骂声中听取净言"，"政府部门发布恶性案件以及重大灾害事故时，往往涉及人员伤亡等情况，这要求我们代表一个部门在发布的时候，要体现这个部门以人为本的情感，体现出对群众利益的关切……同时把事实说清楚，让公众及时了解政府部门的态度和立场，掌握所采取的相关措施，使公众把情感和注意力融入党委、政府对事件处理的决心和信心上，缓释社会紧张的情绪，尽快抚平人们的心灵创伤。"事实证明，这种真诚的关爱非常有必要，可以取得公众的理解与支持。

新闻发言人要有出以公心的职业素养。一些地方政府发言人与媒体沟通时，常常不明白自己站在什么立场上，进而出现出发点有失偏颇、观点表达不公允、信息发布不对称等问题，其言行思维不是表示对公众利益、生命财产的关怀以及对群众情感的抚慰，而是急于为所代表的政府部门表白、争辩，只侧重于讲述事件经过、表达政府对事件的处理成效、表达政府对公众的要求，只顾维护地方、个别集团、行业的利益，无意中将公众的利益抛之脑后，忽略了对事件中遭受伤害的群众表示足够的人性关怀和同情。更让人担忧的是，有的新闻发言人出于私心，对一些信息隐瞒不报、不说、不公开，或说假话、说谎话、捂盖子，不是出以公心的"真公开"，而是欺上瞒下的"伪公开"，这是新闻发言人的大忌。

二、构建政府新闻发言人制度的重要意义

随着新闻传播方式的迅速发展，给政府维护国家安全和社会稳定工作，

以及各项社会管理提出了新要求和新挑战，如何做好新形势下的新闻舆论引导已经成为摆在各级政府面前的一个重要课题，政府新闻发言人制度正是应对这一难题的有效举措。2015年8月，教育部党组印发《关于进一步加强教育新闻发布工作的实施意见》，对教育系统主动做好新闻发布、及时回应社会关切做出全面系统部署。《意见》强调，要将新闻发布与教育改革发展各项工作同步筹划、同步部署、同步推进，坚持正确导向，加强信息发布，注重互动交流，积极营造教育事业科学发展的良好舆论环境。《意见》指出，要主动做好新闻发布。各地各校研究制定重要政策文件、规划方案时，要同步部署发布和解读工作。涉及公众师生切身利益的重大政策出台前要广泛征求意见，出台后要深入解读相关背景、主要内容、落实举措。要积极回应热点难点，有针对性地发布信息、澄清事实、解疑释惑、凝聚共识。要及时应对突发事件，第一时间对外发布，说明情况，表明态度，并采取多种形式持续发布后续进展和调查处理结果。《意见》还强调，要落实责任机制。各地各高校主要负责人是新闻发布工作第一责任人，要把握基调方向，解决突出问题，带头接受采访。业务部门要按照"谁主管、谁负责"的原则，切实承担新闻发布的主体责任。各地各高校要加快建立健全舆情搜集、报告、研判和应对机制，发生舆情的地方和高校是舆情处置的第一责任主体。《意见》要求，要切实加强队伍建设。各地各高校要设立新闻发言人，发言人根据授权发布信息、阐述立场，名单及工作机构联系方式要定期向社会公布。各地各高校要明确专职人员负责新闻发布、舆情监测、新媒体运行等工作。要推动培训常态化，提高教育领导干部媒介素养。广泛动员师生参与典型发掘、新闻策划、采访报道、网络评论，切实发挥高校新闻传播院系、研究机构的智库作用。《意见》明确，要切实加强正面宣传，积极推广各地各校教育改革发展的典型经验和成功做法，深入报道践行社会主义核心价值观的优秀师生典型。要综合运用新闻发布会、吹风会、集体采访、网络访谈、答记者问等多种形式，通过数据、图解、案例等喜闻乐见的方式，提升传播效果。要大力推进政务新媒体建设，主动适应"互联网+"发展趋势，更加重视门户网站和微博、微信、客户端等新媒体的建设运用，有条件的学校可建设外文网站。要善待善用媒体，充分发挥教育媒体作用。

（一）新闻发言人制度是政府积极适应社会主义民主政治的必然要求

从社会和公众的角度看，民主的发展表现为政治参与。政治参与是社会活力和创造力的源泉，也是汇集民众智慧推动政府采取有效行动的方式。政治参与的前提是获得足够的舆情信息，并以此来指导自己的行动，而舆情信息来源于负责行使公共事务的政府。新闻发言人为公众进行政治参与提供了舆情信息平台。其次，从政府的角度看，政府是民意实现机关，负有推动民主实现和满足民意的义务。舆情信息公开和透明政治的发展，既是民意的要求，也是政府主动顺应民意的努力。政府的合法性建立在民众的支持之上，主动将舆情信息公开内化为一种责任和意识，是政府部门接受公众监督获取公众支持的最好方式。再次，从权力制衡的角度看，政府部门的权力虽然由人民赋予，但如果不加以适当限制，这种权力就会无限制地膨胀并最终伤害到人民自身的利益，不利于和谐社会关系的建设。

（二）新闻发言人制度是政务舆论情信息公开的必然产物

知情权作为公民的一项基本权利，它的基本要求就是舆情信息供应方把舆情信息向权利人公开，使权利人知情。公民的政务知情权要求政府部门依法实行政务公开，使政务公开在一定的原则下达到一定的透明状态，满足权利人需要的一定条件。使民众认同政务工作的前提是向民众公开政务，阳光运作。民众对政务工作产生认同和信任就可以产生明显的积极效应：一是对政务依据的认同有助于政务工作的制度和规范获得合法性，这是社会政治稳定和长治久安的重要前提之一；二是对政务工作的认同，可以使政务工作过程中获得更多人的积极参与和支持，使政务工作中提出的各项要求得到有效贯彻和落实；三是对政务工作目标的认同，有助于民众树立共同目标，激发为此共同目标奋斗的热情和信心。建立新闻发言人制度，定期或不定期公开政务舆情信息，正是政务公开的重要手段，对于促进社会政治稳定和治安秩序工作有明显作用。

（三）新闻发言人制度是政府部门应对突发事件和处理危机的重要手段

政府部门危机管理是指为了应对突然爆发的威胁甚至危及安全工作、社会生活和群众利益的重大事件或灾难，政府部门在常态管理的基础上，采取的非常态管理措施与程序。危机状态下，政府部门与公众的关系处于非常状态，政府部门需要全力以赴应对危机事件的解决，而取得公众的理解和支持是至关重要的，否则，就会导致危机的加剧和蔓延。政府部门新闻发言人制度是政府部门危机管理的重要措施，也是危机过后修复政府部门形象的重要凭借。政府部门时常处于处置危机的第一线，危机的发生往往对政府部门形象造成一定程度的冲击和挑战，其声誉可能因此受到损害，政府部门新闻发言人在取得公众谅解和促进政府部门形象修复方面发挥着必不可少的作用。

（四）新闻发言人制度是加强舆论引导工作的重要举措

要加强和改进舆论引导工作，实现政府部门与媒体的良好合作；要主动向媒体介绍政府工作情况，了解政府部门对新闻素材的需要，尽可能地为其采访报道提供便利，实现政府部门与媒体的良好合作，构建互信、互助、互动的和谐关系，树立政府部门的良好形象。舆论引导能力是当前政府部门领导应具备的能力素质，各级政府部门新闻发言人从政府部门的立场出发，根据国家、公众以及政策运作过程的需要，设定政策议程，以此影响媒体议程，进而设定公众议程。这样，新闻发言人制度通过向社会公众宣传其政策、立场、观点，渗透或占领媒体和公众的思想阵地，引导媒体和公众的舆论导向，使政府部门的政策目标和公众的追求目标趋于一致，从而促进政府部门目标的顺利达成。从这个意义上讲，新闻发言人实质上肩负着"议程设置者"和"舆论引导者"的角色。因此，健全和完善新闻发言人制度，建立顺畅的舆情信息传播渠道，可以积极、正确地引导社会舆论，营造对政府部门有利的良好舆论环境；最大限度地阻止谣言散布，有效地消除民众的猜疑和恐慌情绪，从而维护社会稳定，最终赢得国家的长治久安。

三、政府新闻发布的组织与实施

召开新闻发布会是政府进行新闻发布的主要形式之一，其特点在于发布者与新闻媒体记者之间良好的互动性，记者可以就公众关心的政务信息与信息源拥有者进行充分交流，使政府与公众之间通过媒体桥梁建立良性互动关系。政府新闻发布会需要在政府机构内建立相应组织予以支撑，并选择适合于自身的发布方式，通过对新闻发布会的策划和控制，实现其良好的发布与传播效果。

（一）政府新闻发布会的组织机构

通常情况下，各级政府的新闻办公室可以作为政府新闻发布会的常设机构。新闻办公室是政府新闻发布机构的主体，承担搜集新闻、分析新闻、确定新闻发布口径、联络媒体和召开新闻发布会等工作，通常由信息动态汇集组、信息动态分析组、专职新闻发言人和新闻办的负责人组成。一般来说，中央政府各部委的新闻办公室由6至10人组成；省级政府新闻办公室由5至8人组成；市级政府新闻办公室由3至5人组成。为操作方便，省、市级新闻办公室通常设在省、市委宣传部内，这样做有利于及时准确获取新闻、快速确定新闻发布口径。

政府新闻办公室的职责是联系媒体、进行政务信息收集与发布，其日常工作主要包括四个方面：一是了解新闻事件和社会动态，全面收集政务信息，为新闻发布积累丰富的、有价值的素材；二是通过电话或亲自接待与出访，加强与新闻媒体的信息交流，接受记者的新闻采访；三是撰写新闻通稿、特约新闻稿或整理新闻背景资料，提供给记者和媒体，并为新闻发言人提供新闻发布的内容；四是负责新闻发布的具体实施，利用网络扩大新闻发布的渠道。

（二）政府新闻发布会的主要方式

政府及其组成部门对外发布政务信息的形式有很多种，新闻发布会是一种比较权威的、正式的并与媒体进行现场互动的政府新闻发布形式。从我国目前政府新闻发布会的实践来看，其具体操作方式各有不同，可以根据各级政府对新闻发布的制度实施安排和组织机构设置来加以选择。就现行的政府新闻发布会的主要方式，可以从出席人员构成、时间安排是否固定和具体内容设定、是否通过网络等新媒体发布等方面进行划分。

按照政府新闻发布会的组织机制来划分，主要有两种方式：一种是"自主发布"，又叫"无主题发布"，即由新闻发言人出面定时、定点举行新闻发布会，通常对发布主题不做限定，发布内容涉及广泛，可以回答记者各方面的提问，如外交部、国防部、国台办等召开的新闻发布会；另一种是"搭台发布"，又叫"有主题发布"或"专题发布"，是由各级政府新闻办公室定期或不定期邀请不同政府部门的有关负责人或者该部门的新闻发言人进行新闻发布，发布内容仅限于事先确定的主题范围，一般只是对新闻记者就发布的主题进行回答，如国务院新闻办公室、国务院各组成部门和省级人民政府新闻办公室举行的绝大部分新闻发布会。

按照出席政府新闻发布会的人员构成来看，大体有两种情形：一种是配备主持人，并且主持人和新闻发言人都在主席台上就座，先由主持人介绍有关情况和背景，然后发言人再进行主要发布，之后再接受代表各自新闻机构的记者的提问并回答；另一种则不设主持人，不设座席而改为立式发布台，发言人自己上台发布新闻并回答记者的提问。

按照政府新闻发布会的时间安排上是否固定来划分，主要有两种方式：一种是固定发布时间的例行性新闻发布会，即由政府设立相对固定的新闻发言人，定期将政府所做的重要决策、通过的重要决定以及近期工作安排及时向社会各界进行发布，并就国内外媒体和公众关心的问题进行解答；另一种是不定期的新闻发布会，主要是为配合政府有关重要决策措施出台，在发生重大或突发性公共事件时介绍情况，以及应对不实报道和澄清社会热点问题等情形下择机召开的。前者属于主动型发布，后者大多数为被动型发布，尤其是在发生突发性公共事件时，政府处于比较被动的位置，需要政府与媒体面对面坦诚交流，新闻发言人既要提供真实、准确的信息，又要针对媒体质疑主动引导舆论走向。

（三）政府新闻发布会的策划、控制与评估

新闻发布会既是新闻发言人制度的外在表现形态，又是这一制度的重要内容和关键环节。政府部门要成功举办一次新闻发布会，需要做大量的准备和筹划工作，主要包括：事前周密策划、事中科学控制、事后总结评估。

首先，事前周密策划。策划既要为整个新闻发布会设计方案蓝图，又要对新闻发布会的整体布局和进程加以谋划，是开好新闻发布会的基础因素和前提条件。策划的侧重点在于正确设定新闻发布会的主题，为此，新闻发言人要在进行充分的舆情收集、分析和调研的基础上，了解公众和媒体所关心的问题，并结合政府重要工作，在符合当前政策的前提下，制定出能起到良好舆论导向、为社会公众提供最佳信息服务的发布策略。

其次，事中科学控制。新闻发布会的正式流程通常为：来宾签到—贵宾接待—主持人介绍出席人并宣布发布会议程—发言人发布信息—回答记者提问—会议其他活动—发布会结束。新闻发言人要始终占据政府新闻发布会的制高点，掌握新闻发布会的主导权，引导、控制好媒体记者的思路、情绪和发布会的节奏。新闻发布会的控制主要包括以下三个方面：互动控制就是在新闻发布的过程中既要引导和激发记者提问，避免出现发布会冷场，同时又要把握好交流过程中的微妙细节，如把控每个记者提问的次数和所用时间，照顾记者所坐位置的远近、性别和不同媒体，兼顾国（境）内外记者的提问机会等等，凸显新闻发布会互动的民主性、和谐性和开放性。问题控制就是新闻发言人要对记者的"刁钻"提问特别是"陷阱"提问做出迅速反应，做到沉着应对、巧妙回答，有理、有利、有节，不可乱了方寸甚至恼羞成怒而失了身份，更不能出言不慎而授人以柄、造成被动。结果控制就是要使新闻发布会以良好的氛围开始、以参会各方满意的效果结束，实现新闻发布会的最佳宣传、沟通、引导效益。

最后，事后总结评估。新闻发布会结束以后，发布者要及时评估新闻发布会的效果，收集来自媒体和公众的反馈信息，统计媒体发布情况，整理发布会音像资料，收集会议剪报，制作发布会成果资料等。同时，还要对新闻发言人的履职尽责情况进行总结评价，以利改进新闻发布工作。

（袁金明）

第二章 政府新闻发布的基本原则

政府新闻发布是政府新闻传播的主要方式，从社会认知、新闻传播和舆论运动规律出发，研究并确立政府新闻发布的基本原则，不仅对深化政府新闻传播研究、完善政府新闻发言人制度有着重要的理论价值，而且对于指导各级政府开展新闻发布的具体工作也具有重要的实践意义。

第一节 新闻知情原则

新闻知情原则是指政府及其组成部门要将政府的工作信息及时向新闻媒体提供，由媒体以新闻的方式向公众传播。新闻知情的目的在于使公众及时了解政府各个方面的工作，满足公众对政府的知情需要，既使政府工作置于公众的监督之下，又使公众在了解信息的基础上理解和支持政府工作。只有保护公众的知情权，进而才能保障公众的参与权和监督权。因此，新闻知情是政府新闻工作的前提和出发点，体现了民主政治和传媒时代的要求，并要求政府通过具体有效的组织形式加以落实。

一、新闻知情原则的确立依据

新闻知情原则有着深刻的政治学背景。现代社会在科技革命的推动下，物质生产已处于相对发达的阶段，文化生活也日益丰富和多元，但不同地域之间以及社会不同利益群体之间的差距和矛盾则呈现出加剧的态势。民主政治是政党执政、政府行政的规律性要求，也是公众的基本诉求；实现社会公平正义既是政治上基本要求，也是社会和谐的基本条件。要做到这一点，就必须公开政府信息，通过媒体建立政府与公众联系与对话的桥梁，进而用新闻舆论场引领并统一社会舆论场，在多元价值和话语中，形成社会共同理想和价值统一。

（一）媒体传播是政府与公众联系与对话的桥梁

健全的公众利益表达机制，不仅可以通过尊重民意、集中民智，实现政府决策的完善，而且能够充分调动公众参与的积极性，投身到政府倡导的各项社会建设中。畅通的公众利益表达渠道，可以降低对话成本，有利于社会和谐。通过新闻媒体传播平台建立政府与公众联系的桥梁，充分尊重人民群众的社会主体地位，有助于社会各方面的利益表达与关系的协调，以促进社会公平正义的实现，激发经济社会的发展活力。媒体传播是政府引导公众理性表达利益诉求、理性参与社会实践的重要渠道。科学运用媒体传播平台，可以将政府意志、行政诉求和利益调节，与公众舆论、价值判断和利益选择有机地融通起来，进而实现和谐的社会舆论、价值、利益以及行为取向。媒体传播的桥梁功能具体表现在三个方面：一是实现政府主导与公众自觉相结合，媒体通过政府信息公开不仅将政府意志传播给公众，而且也将公众的意愿和反响表达出来，建立起政府体察民意、民意支持政府的话语交互平台和社会舆论场；二是实现单向传播与多向传播相渗透，媒体将政府意志向公众的单向传播与政府、组织、公众以及个体相互之间的多向传播结合起来，形成交流互动、和而不同的舆论空间；三是实现政府单一主体与公众多元主体相统一，通过媒体所搭建的信息、意见、价值和行为取向的互功平台，将政府和社会各个不同的利益主体联结起来，在社会发展中不断调整和优化社会利益格局。

（二）政府信息公开体现了民主政治的基本要求

政府信息公开，使公众对政府工作知情、参与、监督，是现代社会民主政治的基本要求。政府信息体现了其施政理念、领导和决策水平，以及社会管理能力，为公众的行为选择和评价提供依据。信息公开可以避免逐级传播所产生的信息扭曲和失真，使政府工作更加深入民心，同时增加决策的透明度。通过信息公开，一方面政府的重大事项让公众知道，增加公众对政府的理解；另一方面，政府积极听取公众的意见，使决策科学化、民主化。我国的《政府信息公开条例》就是为进一步推进和规范全国政府信息公开工作，更好地发挥政府信息对人民群众生产生活和经济社会活动的服务作用，而制定的专门法规。推进政府信息公开，已成为推进社会主义民主、完善社会主义法制、建设法治国家的重要举措，是建立行为规范、运转协调、公正透明、廉洁高效的行政管理体制的重要内容。该条例对政府信息公开的范围和主体、方式和程序、监督和保障等内容做出了具体规定，是我国首部有关保护民众获知政府信息权利的法规，有效保障了人民群众对政府工作的知情权、参与权和监督权。

（三）政府新闻直接影响公共舆论和社会生活

新闻舆论建构于新闻报道基础之上，并对社会舆论起到主导和调控的作用。在现代社会传媒高度发达的条件下，人们在认识社会的过程中，对新闻报道的依赖越来越强。新闻报道作为接触看不见的环境的主要手段，成为人们各自所期待的对象和公共舆论的指挥棒。但是，新闻报道本身并不总是产生统一的舆论场，恰恰相反，当一个事件具备了某种形态可以进行报道时，产生舆论分歧的空间也就随之而来。新闻自身的规律决定着新闻所表达的事实需要经过选择和判断，政府新闻亦是如此。政府新闻诉求点在于得到公众的认同，形成有利于政府工作的新闻舆论场和公共舆论场，进而影响人们社会生活的态度和行为。只有通过政府新闻传播，实现公众对政府工作的认知内化，才能有效地实现政府工作目标。

二、新闻知情原则的主要内容

新闻知情原则的主要内容包括：向公众介绍政府决策的主要内容、相关背景以及可能产生的社会影响；促进公众了解政府日常工作的进展和所取得的成效；公开突发事件的基本情况和处置措施；帮助公众监督政府工作，认识问题产生的原因及解决办法等。

（一）向公众介绍政府决策过程

决策是政府公共管理的核心环节，也是公众对政府工作最为关注的焦点所在。通过新闻媒体向公众介绍政府决策的主要内容、相关背景及可能产生的社会影响，在决策过程中及时了解民情、听取民意、吸纳民智，不仅可以使政府决策更加科学，而且也使得决策结果更为公众所理解、接受和支持。通过新闻媒体实现政府决策与公众意愿的良性互动，将民意诉求与政府意志、各种社会力量与体制性力量结合起来，形成合力，是促使民心思稳、思进和社会稳定和谐的重要保障。2007年上半年，厦门PX项目缓建的事例充分说明了这一点。因此，政府从规划、规章到计划、财政等各个层面的决策，都应通过政府新闻传播的渠道，实现与民意的互动，进而树立公众对政府的信心，以赢得社会各界对政府工作的支持。

（二）使公众了解政府工作成效

政府工作从其持续性上看，包括常态性的日常事务和阶段性工作安排，这两个方面的信息都要通过新闻媒体传播给公众。因为，公众对政府的了解不能仅限于重大的决策事项和突发公共事件，尽管这些方面受公众的注意程度很高，但它们毕竟有局限性，不能向公众充分地说明政府行政诉求和成效；政府要向公众提供更加全面的工作信息，将工作内容、动态和过程通过媒体展现给公众，使社会各界了解政府为公众福祉所做的努力和成效，进而树立和传播责任政府、高效政府、有为政府的形象。政府常态工作信息的传播，不能以工作话语代替新闻话语，从而降低媒体和公众对这些信息的接受性，而应当注重通过新闻传播的策划，以新闻事件或新闻调查为切入点，将政府信息的工作话语转化为公众更容易接受的新闻话语进行传播。比如，西方媒体喜欢用故事化的方式处理政府新闻，而中国媒体则更青睐用数字化的方式处理，两者之间尽管存在媒体文化上的差异，但都体现了对受众的可接受性的重视，也反映了对政府常态性工作进行新闻传播的基本要求。

（三）公开突发事件及处置信息

从新闻学的角度考量，突发事件具有很高的新闻价值，也是公众广泛关注和迫切需要了解的信息。自2003年"非典"事件以来，政府对于突发事件新闻传播规律的认识越来越深刻，审议过程中的《突发事件应对法草案》对突发事件的信息公开做出了明确规定。特别是在2007年6月24日提交全国人大常委会二审的该草案中，删除了有关新闻媒体不得"违规擅自发布"突发事件信息和政府"对新闻媒体相关报道进行管理"的规定，同时新增了有关规定，禁止编造、传播有关突发事件的虚假信息。这对及时公开突发事件及处置信息提出了更高的要求，因为信息的发布和透明是处理突发事件的关键，新闻媒体传播信息所起的作用十分重要。通过新闻媒体公开突发事件及处置信息，不仅是让公众知道事件的真相及其进展，消除不必要的恐慌心理，满足公众的知情权，而且更重要的是让公众了解事故发生的原因，从而防止类似事故的再次发生，使公众在社会生活中行使好监督权和参与权。因此，政府在应对突发事件中要做到相关信息的"四个公开"，即事件过程公开、处置措施公开、事故原因公开和责任承担公开。

流言是一种常见的社会现象，在不同情形下其影响存在着差异，而危机事件中传播的流言往往会对社会生活产生更强大的影响。从 2003 年的"非典"到 2008 年的汶川地震、2010 年的甘肃舟曲特大泥石流灾害，每一次危机事件都因流言而增加了危机管理、社会秩序控制的难度。例如，2008 年"5·12汶川地震"发生后，14 日出现"都江堰一个化工厂爆炸，水资源被污染"的流言，导致数千人从都江堰"逃难"到相邻的郫县，还引发了成都市民的恐慌，纷纷到商场抢购饮用水。对此，地方政府在当天中午很快就做出了回应，通过信息发布澄清流言，恢复了社会秩序。这与 2003 年"非典"事件中的流言传播过程形成对比，扭转了信息不透明和媒体缺位使大众信息匮乏导致流言扩散的局面，是危机事件中应对流言的一次成功实践。其中，既有可借鉴的经验，也有值得进一步思考的问题：在中央和地方媒体全天 24 小时播出抗震救灾新闻的情况下，流言为何仍然存在？应对流言的策略由哪些关键因素构成？如何应对才能使策略快速生效平息流言带来的恐慌？本书试图以汶川地震中的"都江堰水源污染"流言为研究个案，探寻应对危机事件中流言传播的有效策略。

【典型事例】

2008 年 5 月 14 日深夜两点，都江堰蒲阳镇一家橡胶制品厂发生了火灾，冲天的火光将橡胶厂上空映得通红，刺鼻异味四处弥漫。与平常发生火灾不同的是，5月12日地震带来的紧张不安情绪使人们对模糊性的耐受力减弱了，大家试图对尚为模糊的情境迅速做出有意义的解释。正如社会学家希布塔尼所认为的，流言由认识活动和交流活动两部分组成，受到弄清事实真相和得出正确结论的欲望所驱使，面对火灾的人群就由对现象的译码到编码开始了流言的生产：从火灾到化工厂爆炸，再到水源污染，流言产生的这一过程混杂了观察、想象、评价和初步判断，构成了一个貌似合理的认识和具有逻辑性的推论，使之具有了得以流传的基础。

流言是信息扩散的过程，也是其过程的产物。"水源污染"流言在流传过程中虽没有发生更多的扭曲、变形，但众人的不安和渴望安全的集体愿望助长了流言的传播。都江堰距离成都市区约60公里，是成都的重要水源。当流言扩散到成都市区就造成了市民的恐慌性接水，猛增的用水量使成都市供水压力失压，在当天12：30时达到了历史最低的0.102兆帕，也就是说水只能上到10米左右的高度。于是，最初以"推测意见"的形式出现的流言，在传播的过程中，又以"停水事实"的形式得到加工印证，从而增大了流言的传播强度。同时，大量市民涌入商场抢购饮用水，又形成了相互之间的感染和刺激，最终呈现出群体性的恐慌。

流言在危机状态中传播与在常态社会中传播存在着差异，其中一个关键性的因素在于特定的环境所导致的危机心理。在对1938年美国哥伦比亚广播公司播出广播剧《火星人入侵地球》引发的恐慌进行调查研究时，普林斯顿大学广播研究部发现，除了媒介技术、节目内容和受众等因素外，特殊历史时期的影响也是导致100万听众感到恐慌害怕的原因。当时美国正经历大萧条后连年的经济衰退，慕尼黑危机刚过去不久，又面临着新的世界大战威胁，这些都成了间接影响听众辨析力的因素。因此，危机状态下人们由于高度紧张导致批判地接受事物的能力降低，流言更容易带来恐慌。

就当时的信息环境来看，与地震相关的信息一直是源源不断地更新传递着：地震发生后不到20分钟新华网发出快讯，32分钟后中央电视台做出报道，并从15时20分开始启动24小时直播，同时成都人民广播电台开始播出地震消息和政府公告；随后《成都商报》向市民发放号外，四川电视台和成都电视台也在第二天开始了全天直播，将地震消息和灾区伤亡情况、救援情况大量地传递出来。应该说，媒体反应是比较快的，信息量也超过了以往突发事件的报道。但是，事无巨细的完全透明是几乎不可能的，而巨大灾难中隐藏着的若干细小危机都可能在某个偶然中爆发。于是，在整体信息环境透明的情况下，一个尚未在媒体中报道的、当天深夜两点发生的橡胶制品厂火灾很快就被讹传为了化工厂爆炸，并被添加了想象中的水源污染后果流传开来。

"水源污染"流言带来的恐慌具有不合作性和不合理性，抢水行为打破了正常的社会合作关系，与大众期望达到的目的正好相反，阻碍了真相的澄清，助长了流言的传播，反而使情境更增加了对人们的威胁，同时也加大了地震危机的管理难度。要恢复社会平衡，政府介入以有组织的形态对抗无组织的流言散播就成了消除流言恐慌的最有力手段。而更为重要的是，大众采取与官方信息一致的译码态度才能发挥效力消止流言。

首先，迅速及时地通过多种媒介发布准确信息。一般说来，流言的落潮有两种方式：一种是在长期得不到事实的有力证明后自行落潮；另一种则是以强有力的事实证明来改变流言的传播。"水源污染"流言的巨大破坏力已不容其自行落潮，只有及时地公开准确信息，消除模糊的真空状态，才能稳定人心恢复秩序。14日中午12：30四川省抗震救灾应急新闻中心通过媒体向市民发布消息，指出都江堰化工厂爆炸污染水源纯属谣言，成都市自来水供应安全，一切正常，请广大市民不要听信谣言。同时，成都市抗震救灾指挥部新闻发言人出现在电视屏幕上，说明根据市环保部门联合监测和排查，成都及其周边地区未发生任何企业有毒液体泄露或爆炸事故，成都水源充足，水质完全符合安全饮用标准。并且，为了快速平息恐慌，这次政府应对流言的策略中还采用了手机短信的方式，以点对点的形态将正确的情报发送给市民，扩大了信息的覆盖面。这一经验还在2010年8月19日被有效地用于应对"成都受泥石流影响将大面积停水"的流言。同样是以环保部门的技术监测为基础，当地政府新闻发言人通过包括一般大众传媒和手机短信在内的多种传播渠道公开准确信息，以更为敏捷快速的反应，使流言尚未影响人们的行为就被消止了。

其次，以政府信息的权威性为基础，建立政府与大众之间的相互信任关系。在流言与政府公布信息之中，大众译码态度存在着一个选择相信谁的问题。对2003年广州非典型肺炎事件中的流言传播进行调查发现，在寻求对流言所涉事件的解释时，市民最信赖的是直接相关领域的专家意见，接下来的是政府官员和各有关行业专业人士，而对亲朋熟人的意见的信任度很低。由此可见，大众更倾向于相信专家和政府的意见，对其信息的专业性和权威性保持更高的承认度。当然，这是建立在信息发布主体既有的信誉度基础上的。也正因如此，前期地震信息的充分公开和政府积极的应对态度，使"水源污染"流言及恐慌在政府汇集发布成都市环保部门和自来水公司的消息后很快停息下来，下午三点水压基本恢复正常。另一方面，这也说明了在一个拥有信任机制的社会里大众即便在危机状态下仍能选择符合社会合作秩序的译码态度，对彼此对立的信息做出理性判断，而相互的信任也可能使危机成为政府形象再塑造的转机。

"水源污染"流言从产生到消亡不过经历了十个小时左右，但却让大家看到了危机状态中流言的祸害，也是对政府应急机制的一次考验。事实证明，积极的应对和信息的畅通是消止流言的有效手段，与公众保持密切的沟通是危机事件中应对流言所必须的。更为重要的是，要使这些策略在关键时候发挥效力，还需在平日对政府及其新闻发言人、媒体实施印象管理，唯有值得信赖的消息源才能达到"一言九鼎"。

（四）让公众监督政府及其官员

政府工作通过新闻媒体让公众知情，就是为了让公众监督政府及其部门、官员履行好他们的职责，进而不断提高党和政府的执政能力与行政效能。在现代社会中，公众行使知情权和监督权大多依靠新闻媒体来实现，新闻监督的实质是公民监督。新闻媒体承担舆论监督任务实际上是公民权利的延伸，是新闻媒体帮助公民行使监督权利，实现知情目的。一方面，政府要通过公开信息，将各项公共事务的管理自觉置于新闻媒体和公众的监督之下，确保社会公共利益不受侵害，并逐步扩大公共福祉；另一方面，政府官员作为公众人物也要受到新闻媒体的监督，确保他们所管理的公共事务的公正性，防止因个人的受贿而侵害社会公共利益。政府信息公开制度要求政府主动公开或依申请公开政府信息，既增强了公众对政府行政行为的参与程度，也强化了公众对政府行政权力的监督。

三、新闻知情原则的实践要求

新闻知情原则在政府新闻工作中的具体要求，依据向媒体提供新闻信息的可控程度从强到弱，主要有以下几种形式：

（一）召开新闻发布会

由政府新闻发言人或其他政府官员召开新闻发布会，是政府向媒体提供政务信息的最为基本的方式，具有传送信息的准确性强、新闻记者与政府官员互动性好、政务信息发布充分、新闻现场感强等特点。召开新闻发布会必须事先进行精心准备，不仅要将提供给媒体的政务信息加以汇集和梳理，并提供相应的书面文稿，而且要对记者可能提出的各种问题进行预设，准备好答复口径。在新闻发布会上，记者可以了解到自己所关心的一个或多个方面信息，政府对信息传播的控制也最为严格，不会出现对向一个问题的不同回答，因为发布会上的信源是唯一的。

（二）向媒体提供新闻稿

政府在政务信息的发布上也可以采用向媒体提供新闻稿的方式，它的特点在于信息准确、表达严谨，如我国中央政府很多重要信息就是以新华社电讯稿的方式向社会公布的；但这种方式的信息发布缺乏互动性，记者无法从政府信源方直接得到更多的相关信息，常常使新闻报道千篇一律。政府在向媒体提供新闻稿的过程中，对政务信息传播的控制程度仅次于召开新闻发布会，而强于其他发布方式。由于新闻稿表达的政务信息内容和数量都是恒定的，一方面，记者只能就新闻稿提供的内容编发新闻，无法直接从信源获取相关信息进行拓展；另一方面，这也给记者采访其他政府部门或非政府信源提供了空间，可以从间接渠道入手印证或质疑政府所提供的信息。所以，运用这一方式进行政府信息传播，新闻媒体实际上是具有一定弹性空间的。

（三）召开新闻通气会

政府召开新闻通气会与召开新闻发布会及提供新闻稿的方式有着较大的区别。新闻通气会一般是向媒体介绍相关政务信息的背景情况，提供新闻报道的素材，并在与媒体交流互动的基础上，建议媒体采取相应的报道角度、报道时机和报道议程，新闻通气会可以请媒体的一线记者参加，也可以请媒体的相关负责人，即媒体信息传播的把关人参加。通常政府新闻通气会在操作上更倾向于请后者参加。新闻通气会虽然对政务信息直接传播的控制相对较弱，但由于与媒体进行了充分沟通，政府对相关信息传播的总体把握性较好，可以借助新闻媒体的传播功能，实现较为理想的传播诉求和舆论引导。

（四）约请或接受记者采访

政府官员约请或接受记者采访，也是让媒体了解政务信息，实现新闻知情的主渠道之一。根据不同媒体的特点，主动约请一家或多家媒体的记者采访，或者是被动性地接受独家或多家媒体记者采访，可以有针对性地进行政务信息传播。相关媒体出于与信源方有充分、深入的交流，也往往采用深度报道的方式传播政务新闻。在接受记者采访的过程中，政府官员要注意自身的工作角色和语言表达的严谨，代表政府而不是代表个人提供政务信息，切不可出现政府官员的个人表达与政府组织表达不一致的情况。一旦出现官员个人披露信息与政府组织披露信息不一致的情况，政府不仅要一次次地加以澄清和解释，导致事倍功半，而且其信息披露制度会受到公众质疑，损害政府公信形象，处置不慎甚至会引发社会问题。此外，由于记者采写新闻的角度不同，对采访素材的处理方式也不一样，政府官员对采访稿中的信息控制程度相对较弱，这就要求其在信息和观点的表达上务求准确，不能含混不清，以免媒体在报道中产生歧义和误解。

（五）组织新闻吹风会

政府新闻工作机构定期或不定期地组织新闻吹风会，向媒体提供相关新闻线索，是政府提供信息，进而引导媒体议程的一种重要方式。一般情况下，政府组织新闻吹风会都选择在比较轻松的环境氛围中进行，如与媒体的各种聚会及活动等。新闻吹风会是一种柔性的政府信息传递方式，它给予媒体采访报道以极大的选择空间，可以充分发挥媒体在新闻报道策划上的专业优势，使政府新闻报道的辐射面更广、可接受性更强、影响更为持久。但这种方式下的政府信息控制程度弱，通常会选择一些政策性不强、社会利益群体不敏感、不容易产生误导的政府信息题材；也可以作为政府就有关领域了解民意、探察社会反应的一种方式。

（六）在互联网上公开政府信息

通过政府网站公开政务信息已成为各级政府信息化建设的主要内容，包括各级政府组成机构、职责、公文、简报、各种专题以及相关媒体的新闻报道等。在互联网上公开政府信息，具有透明度高、信息量大、检索和下载便捷等特点；在点击量较大的网站，其传播效率和覆盖范围也相对较高。但由于网上发布政府信息大多处于原始状态，缺乏媒体的新闻加工和解读，其大众传播效果不尽理想。政府对于媒体从网上获取信息而进行的新闻传播缺乏控制，媒体报道角度和传播诉求完全处于自主状态，常常无法达到政府运用媒体与公众建立良好关系的要求。因此，网上公开政府信息大多作为政府新闻知情的配合方式或补充手段加以运用，其目的在于政府向媒体和公众提供更为便捷的信息查询和更为全面的信息内容。随着网络技术的普及和人们获取信息方式的电子化、网络化，对政府通过互联网公开信息的要求必然越来越高，网上政务信息传播对公众的影响也将越来越大。

第二节　新闻解释原则

新闻既要在内容上最大限度地满足公众的知情需要，又要在表达方式上最大限度地贴近公众，使他们能够结合自己的生活经验，准确理解政府新闻的内在意义和行动诉求。因而，在政府新闻学的基本理论构架中，新闻解释原则是新闻知情原则的进一步延伸，体现了政府新闻工作的基本主旨和实践要求。深入研究新闻解释原则，并在政府新闻工作实践中加以灵活运用，不仅能够促进新闻媒体深化"三贴近"的根本要求，而且有利于政府提高运用新闻媒体驾驭工作的能力。

一、新闻解释原则的确立依据

新闻学的核心是"采集和讲述故事",所采集的内容和讲述的方式不是凭空臆想的,而是有着其内在的规律,即新闻必须满足公众的利益、兴趣和需求。政府新闻工作要做到这一点,就必须在新闻解释上下功夫,通过准确、生动、形象的"新闻故事",努力贴近公众的实际生活,在明确传播诉求和提高政府新闻可接受性的同时,塑造政府良好的媒体形象,进而赢得公众的信任和支持。

(一)新闻解释是进一步明确新闻传播诉求的需要

政府新闻是政府工作通过媒体赢得社会舆论支持和公众行动支持的基本途径,其传播目的是十分明确的。无论是确立新目标、出台新政策,还是实施新举措、提出新倡议,都是希望得到公众的认可和支持。通过新闻解释,一方面可以细化政府工作的具体目标、步骤、环节,以及对公众的诉求与期待;另一方面可以充分说明工作背景、基础、条件和所要克服的困难及付出的努力,使公众理解政府工作的科学性、必要性、紧迫性和艰巨性。新闻解释较之于新闻知情更具明确的传播诉求,新闻知情侧重于政府工作的新闻告知,其常态是新闻发布和消息报道;而新闻解释则强调从公众利益、兴趣和需求方面对政府新闻进行解读和分析,其常态是跟踪采访、专题调查和新闻评论等。因此,新闻解释是政府进一步明确新闻传播诉求的需要,对政府新闻传播效果起着直接的决定作用。当然,新闻解释不是一厢情愿、强加于公众的媒体舆论,而是建立在互动基础之上的新闻表达和有效沟通,必须体现政府意志与公众意愿的和谐统一,同时也要反映社会不同利益群体的差异化需要。

(二)新闻解释可以提高新闻传播内容的可接受性

新闻是面向大众的,媒体只有承载为大众所接受和喜爱的新闻内容和新闻语言,新闻传播才能深入人心。在政府新闻传播中,媒体必须将政府的工作话语转换为新闻话语,才能实现良好的传播效果。新闻解释就是要用大众的语言去解读政府工作，将枯燥的内容和报告式的语句，转化为生动、鲜活的内容和通俗、形象的语言，让百姓所喜闻乐见。新闻传播经历了从传者中心到受者中心，再到传者、受者共为中心的发展阶段。新闻解释的目标就是要实现传者与受者之间的互通与共赢，其根本就在于将政府的传播诉求通过贴近大众的新闻形态，为人们所广泛接受。所以，新闻解释可以提高新闻传播内容的可接受性，提高政府新闻的传播效果。值得注意的是，提高政府新闻的可接受性，并不意味着媒体仅仅是迎合大众的新闻口味和眼球旨趣，而是要在强化社会责任、优化媒体环境的过程中，将政府新闻传播诉求与公众接受需求有机结合起来，承担起构建和谐舆论的重任。

（三）新闻解释增强政府的亲和力与媒体的贴近性

新闻解释对于传者、媒体和受众是共赢的。政府通过媒体对相关工作新闻进行贴近公众的解释，使公众对政府工作有了更加深入地了解，无疑增强了理解的基础，有利于达成共识，政府的亲和力得到加强。媒体通过形象、生动的新闻内容和新闻语言服务公众，增强了自身的公信力和权威性，使自身更加贴近传播对象，既将社会效益放在首位，又能够在市场上得到青睐。公众及时通过媒体了解到自己所关心的政府新闻，以及由此对自身生活所产生的影响，并在媒体深入解读和分析的帮助下，调整生活目标、努力方向和行为方式，使自己的利益不断得以维护和实现，其生活质量和幸福感也会随之提高。可见，新闻解释原则不仅是从新闻学和传播学的维度对政府新闻工作所提出的基本要求，而且是立足于人民群众的利益，构建和谐舆论、和谐文化、和谐社会的基本要求。

二、新闻解释原则的主要内容

新闻解释原则作为政府新闻学的基本原则之一，其主要内容包括帮助公众理解政府新闻信息所表达的准确意义，消除公众对政府工作的顾虑和疑惑，纠正公众对政府新闻的误读和偏见，引导公众支持政府工作的态度和行动等。

（一）帮助公众理解政府新闻信息所表达的准确意义

政府工作涉及范围广泛，既有常态性的工作，也有阶段性的任务；既有宏观决策，也有微观管理；既有增加社会公共福利之举，也有对社会群体利益格局的再调整；既有延续性的工作维持，也有创新性的改革步伐。因而，基于政府具体工作的新闻触及面和影响深度往往是不同的，媒体和公众的关注程度也不一样。媒体要根据不同的政府新闻，及时向公众进行解释，帮助公众理解政府新闻信息所表达的准确意义，使他们在各自的生活中能够做出正确的选择。媒体对政府新闻的解读能力和水平，既是其自身发展的标尺，也直接影响着社会舆论。要完善管理体制，加强监管力度，整合各类新闻信息资源，搭建权威性的新闻发布平台，由新闻发言人统一进行新闻发布，或形成通稿，统一提供新闻稿件、新闻资料，使新闻信息同出一口、同发一声。

（二）消除公众对政府工作的顾虑和疑惑

在分工高度发达的现代社会，政府通过媒体影响公众，公众通过媒体了解政府，媒体成为联系政府与公众的桥梁。在这种情形下，媒体不仅要将政府工作及时告知公众，而且要深入到他们中间，了解他们的所思所想，通过对政府新闻的解释，消除公众对政府工作的顾虑和疑惑。媒体作为沟通政府与公众的纽带，不是简单地成为政务信息平台或公众意见平台，也不是充当看客，而是要分析其中原委，当好新闻的采集者和把关人，将社会主义核心价值体系贯穿于新闻采编的全过程，为公众解疑释惑，为政府分忧解难。

（三）纠正公众对政府新闻的误读和偏见

政府新闻不等同于政府宣传，政府新闻在于及时、全面地向公众介绍政府工作，既要积极反映政府的工作成效，给予褒奖，又要客观批评政府工作中存在的问题，进行有效监督。无论是正面报道，还是负面报道，或是由于突发事件引起社会波动，一旦出现可能引发公众对政府新闻的误解，媒体都要及时进行新闻解释，纠正公众对政府新闻的误读和偏见。由于互联网传播的快速发展，新闻的二次传播速度和覆盖范围十分惊人，政府新闻误读的结果常常难于控制，做好新闻解释是避免以讹传讹的有效方法。

（四）引导公众支持政府工作的态度和行动

政府工作的推进离不开社会舆论的支持，媒体通过新闻舆论可以有效地营造社会舆论氛围，为政府工作赢得主动权。因而，媒体进行充分的政府新闻解释，可以在进一步满足公众知情需要的同时，引导公众支持政府工作的态度和行动。正确引导舆论是新闻工作的生命线，也是政府新闻工作的根本所在。一方面，政府要善于主动运用媒体进行正确的舆论引导，使政府工作在舆论监督下得到舆论支持；另一方面，媒体要充分运用新闻解释原则，将政府工作目标与公众愿景有机统一起来，促进政府工作目标的顺利实现。

三、新闻解释原则的实践要求

新闻解释原则在实践上既要求政府官员主动向媒体做好相关新闻的解释工作，又要求媒体从贴近公众出发有效传播新闻解读的内容。就政府新闻工作的具体操作层面上看，贯彻新闻解释原则主要有以下几个方面：

（一）做好官员答记者问

政府新闻解释的源头在官员，而不是媒体，因为政府部门是新闻信息的提供者，掌握着大量新闻解释的内容素材。政府在一般性的新闻发布基础上，可以通过答记者问的方式，主动做好新闻解释。官员答记者问既可以主动设问，也可以由记者进行提问，其目的是将公众所关心的内容通过媒体传送出去，作为政府新闻的重要组成部分。在进行答记者问之前，政府官员要进行充分的准备，对可能涉及的问题事先拟定回答内容，同时对于敏感话题不能回避，而是要给出合理的解答。答记者问可以面对一家媒体，也可以面对多家媒体同时进行，在回答的过程中尽可能针对提问进行充分问答，并给出相关事例、比较数据和调查情况等，使新闻解释的内容形象生动，不枯燥乏味。只有向媒体提供充分、翔实的新闻解释素材，才能使媒体在进一步的新闻加工过程中，向公众呈现高质量的新闻作品。

（二）联系实际解读政策

政府工作必须做到有法可依、有章可循，在对政府新闻进行解释的过程中，大都涉及对相关政策的解读。对此，必须从不同社会利益群体的实际生活出发，有针对性地加以分析说明。对于政府新闻中所涉及的政策问题，媒体不能大而化之地笼统解读，特别是不能就政府的相关文件照搬照转，不加消化地提供给大众。具体方法可以有三种：一是将政策涉及的不同对象一一列举出来，逐一说明相对应的政策措施，并区别其差异，使大众对政策的利益指向和目标划分一目了然，如政府对城市困难群体的救助政策、征地拆迁政策等；二是对涉及过程性操作环节的政策，举出不同的操作实例加以说明，如群众如何使用公积金贷款购房、学生如何就学等；三是对一些政府给予扶持和优惠的鼓励性政策，可以通过给出具体对象的建设性意见的顾问方式加以指导，如动漫产业如何享受政策扶持、软件企业如何获得资金扶持等。总之，对于政府新出台政策的新闻解读必须联系生活实际，做到针对性和指导性相结合。

（三）约请专家分析到位

约请相关领域的专家对政府新闻进行解释，是目前媒体经常采用的做法。由于专家大都有着较高的学术地位，并且专家与政府之间有一定距离，能够站在客观立场上讲话，所以大众对专家意见的认同度较高，由专家进行政府新闻解释的传播效果也较好。约请专家就政府工作进行分析，既可以由政府相关部门相邀，也可由媒体直接进行采访，但无论谁请都要注意以下四个方面的问题：一要选择相关领域的权威出场，不能跨领域请专家进行解释；二要事先将需要解释的相关内容提供给专家，供他们研究后再行解释，有必要时还要请专家进行现场调研；三要结合具体解释内容，约请多方面的专家，特别是对于具有综合性政策或工作，仅从某一方面难以全面分析时，可以约请多位专家解读；四要兼顾不同专家的不同意见，对于专家解释存在分歧的情形，要给出合理恰当的说明，不能简单地将不同意见特别是针锋相对的观点加以排列，不能将政府新闻解释作为专家间的学术讨论。概言之，专家对政府新闻进行解读和分析是有前提的，就是必须将问题置于现实社会条件下，而不是做理论上的探讨。

（四）用恰当比较来说明

政府新闻解释不能局限于叙述性的语言就事论事，应当通过恰当的比较进行解读和说明，特别要避免工作术语、抽象数字和空洞口号对政府新闻传播效果的衰减。灵活运用比较的方法，包括地区间的横向比较、时间上的纵向比较、人群中的差异比较、程度上的深浅比较、成败上的是非比较、目标上的高低比较等等，可以有效地对政府工作进行充分说明。媒体可辅之以图表、漫画等形式，使之更加形象、生动。用比较来说明政府新闻的社会意义，核心是确立科学的参照系，并由此选择出合理的比较对象，使政府工作得到群众的广泛认同和支持。但要注意的是，媒体不能脱离实际盲目选择比较对象，特别是不要忽视历史过程对现实工作的基础影响和条件支撑，应当用历史的、发展的眼光看待和分析问题。

（五）联线公众进行互动

政府新闻解释不是单方向的，而是建立在与公众互动基础之上。只有进行有效的沟通和互动，政府新闻传播才能取得良好的效果。在新媒体的推动下，传统媒体联线公众进行互动已经成为包括政府新闻传播在内的各种新闻传播的常态。因而，政府新闻解释也离不开这种媒体与受众间的有效传播方式。在政府新闻解释中与公众互动，主要有三种方式：一是政府官员通过媒体与公众互动，即由政府工作的相关责任人直接与公众在线交流，交流的情形直接由媒体传播出去；二是约请专家或顾问通过媒体与公众互动，对政府相关工作进行解释和评价；三是媒体主持人与公众互动，由主持人解读政府工作。这种互动既可以在单一媒体上进行，如广播、电视、互联网，也可以跨媒体进行，特别是传统平面媒体必须借助于其他媒体进行实时互动。在与公众的互动中解释政府新闻，关键在于把握好话题的展开和意见导向，要求与公众交流的主体具有较强的语言表达能力、驾驭情境能力和逻辑思维能力，能够引导公众围绕政府新闻的传播诉求展开互动交流。

（六）用亲历和体验表达

政府新闻解释不能凭空产生，而要建立在调查研究和实践基础之上，媒体通过记者和公众代表的亲历和体验进行政府新闻解读往往是最具有说服力的。这一方面要求政府在工作中要主动向记者和公众敞开大门，欢迎并组织他们进行亲身体验，在感受的过程中理解和支持政府工作；另一方面，媒体要鼓励记者深入到政府工作的第一线进行实地采访，用自己的经历准确解读政府工作。特别是对于持续过程相对较长、涉及范围广、社会影响大，以及一些灾难性事件的应对和处置等，最有效的政府新闻传播要来自于记者和公众对切身体验的表达。作为媒体来说，如果不具备记者亲历的条件，那么在采访当事人的过程中就必须沉下心来，做深入细致的调查了解，以准确、全面地把握相关工作的全貌，切忌以偏概全、"合理"想象。用亲历和体验表达的方式对政府新闻进行解释，必须始终坚持真实性是新闻生命的根本要求，将新闻报道做到人民群众的心坎上。

第三节　新闻议程原则

随着新闻媒体信息传播量的急剧增加，传统媒体的新闻版面和时段越来越多、越来越长，网络媒体的新闻更新速度也越来越快，按照常规方式报道的政府新闻很容易被淹没在大量的各类新闻之中，政府新闻传播的效果也随之弱化。在当今媒介化生存的社会条件下，新闻媒体为了提高受众对自身新闻传播的关注度，已经普遍采用了新闻传播策划机制，不断制造新闻热点，以吸引受众的注意力资源，使自身在传媒市场的竞争中取得优势。政府新闻要取得理想的传播效果，必须针对新闻媒体的运作特点进行积极有效的传播策划，以尊重新闻规律为前提，开展新闻议程的设置和调度，使政府新闻在媒介传播过程中处于主动的、主导的和主要的地位。积极运用新闻议程原则进行政府新闻传播，不仅是传媒时代发展的客观需要，而且是政府不断提高自身行政能力、维护和改善公共关系的内在要求。

一、新闻议程原则的确立依据

新闻议程是媒体对新闻事件或其所反映的社会问题重要性的一种排序。传播学的议程设置理论将传媒议程看作是权力集团通过社会控制的微妙形式对公众施加影响的结果。从政策议程、传媒议程、公众议程三者的关系上分析，可以将议程设置（agenda-setting）和议程建构（agenda-building）视为两种不同的社会控制过程。前者通过大众传媒向公众传播各种问题和事件的相对重要性，进而对公众议程产生影响；后者将公众议程通过传媒表达，以传媒议程影响政策议程。实质上，政策议程、传媒议程、公众议程之间相互影响、相互作用、相互渗透，现实生活中不能加以截然分开、对立或取代，关键是根据其内在规律，掌握议程设置的主导权。在公众日益依赖传媒的信息社会，传媒议程已成为表达政策议程的主要渠道和反映公众议程的主要空间，政府新闻传播只有通过媒体的新闻议程，才能实现良好的传播效果，在公众中树立和维护政府形象。

（一）新闻议程有效提高受众的注意力，使政府新闻在传播中更具吸引力

在媒体日渐发达的条件下，受众的注意力是传播市场中的稀缺资源，成为各类媒体争相获取的主要对象，也构成了媒体市场竞争的主要焦点。媒体只有牢牢地吸引受众的注意力，才能获得相应的发行量、收视收听率或点击率。因此，媒体的议程意识越来越强，具体表现在加强报道策划、追踪突发事件、组织新闻行动、开展新闻调查和舆论监督等多个方面。在日益激烈的媒体竞争中，不少都市类、生活类媒体不惜降低格调和品味取悦受众，一度使媒体的低俗之风呈蔓延之势。随着媒介管理的日臻完善和受众媒介素养的不断提高，以低俗内容吸引受众已难以为继，怎样做精、做优、做活、做深传播内容是各类媒体取得竞争优势的根本所在，新闻议程则成为媒体新闻传播的重中之重。政府新闻传播如果不能够进入媒体的新闻议程，其传播效果会大大降低，所表达的内容由于缺乏媒体的关注，而被受众所忽视。提高政府新闻传播效果，增强政府新闻对受众的吸引力，除政府新闻内容本身更符合新闻要素外，还必须按照政策、媒体、公众议程互动的规律，引导媒体进行政府新闻议程设置，从而提高公众的关注程度，增强政府新闻的传播效果，提高新闻内容的到达率。

（二）新闻议程积极扩大事件的影响力，使政府作为在公众中更具感召力

新闻事件在公众中的影响力，取决于新闻媒体在报道过程中对事件的新闻关注度、传播持续度和公众意见的表达度。同一新闻事件，新闻媒体议程安排不同，其社会影响也是不同的。如果媒体集中大量新闻信息，安排在重要版面和时段刊播，并采取连续报道、跟踪报道的方式，刊播大量新闻评论和社会各界的舆论表达，那么这一事件的社会影响就会被充分放大；反之，

媒体将事件信息进行压缩，采用淡化报道的方式，将这一新闻事件淹没在大量的各类新闻信息之中，分散受众对事件的注意力，事件所产生的社会影响就要小得多。因此，新闻议程安排充分运用了媒体传播中的信息放大与压缩、选择与忽略、单向与互动的传播原理，通过影响信息的传播过程，进而影响社会大众的信息获取、视线和焦点，以及社会观点与态度等等。政府工作借助于新闻议程安排，可以将政府需要公众理解、支持、配合的方面加以放大和引导，形成强大的新闻舆论场，进而使社会舆论有利于政府工作的推进，使政府作为得到人民群众的广泛认同和支持。

（三）新闻议程普遍增强公众的参与性，使政府效能在监督中更具说服力

新闻议程设置需要充足的新闻信息予以支撑，除了新闻事件本身的初始信息之外，事件演进过程信息和社会大众对事件的反馈信息，是构成新闻议程的重要信息来源。在新闻议程实施过程中，必然鼓励公众的广泛参与，这样既可以不断丰富新闻信息来源，又可以推动公众议程的实现。随着政府信息公开的制度化、规范化，政府以更加开放、透明的姿态出现在媒体和公众面前，一方面由新闻议程设置所调动的公众参与度越来越大，人们可以凭借媒体平台了解更多的信息，表达不同的观点，提出各类建议等；另一方面，公众通过媒体对政府的监督诉求也越来越高，对政府的工作效能形成舆论压力。政府主动、有效地运用新闻议程设置，将自身工作置于媒体和公众的监督之下，不仅有利于政府效能的进一步提升，促进自身建设和工作目标的实现，而且通过扩大公众的参与度，使政府行政作为更加务实、高效，更好地满足人民群众的利益需要，进而在媒体的新闻报道中更具有说服力。

（四）新闻议程主动尊重公众的表达权，使政府权威在民主中更具支持力

新闻媒体作为满足人民群众知情权的重要信息渠道，同时也是表达公众意愿和建议的意见平台。新闻议程同样承担着表达受众各方诉求的社会责任，这也是媒体吸引受众关注的重要力面。政府通过新闻议程主动尊重和满足公众的表达权，不仅是社会主义民主政治的基本要求，而且是树立自信、坦诚、公正、为民的政府形象，使政府权威在民主中更具支持力的重要途径。新闻议程在政策议程与公众议程之间起着桥梁和传导作用，既可以将政策议程转

化为公众议程，也可以将公众议程纳入政策议程之中。新闻议程具有对公众意见的集纳和表达的功能，并通过大众传播进一步赢得受众的理解和支持。政府运用新闻议程对公众意愿予以回应和引导，有利于政府科学决策和工作过程中的完善，使政府获得公众更加广泛的支持与配合，进而更好地实现政府工作目标。因此，政府要重视和善于发挥新闻议程的意见表达功能，主动了解、汇集民意并通过媒体表达，以此来促进和提高自身的工作效能和水平；同时，通过媒体向大众传播和介绍民意所指向的政府工作中的难点、热点、进展和成效，可以增进公众对政府工作的了解和理解，获得公众舆论的广泛支持。

二、新闻议程原则的主要内容

政府新闻议程原则强调以政府信源为核心而展开大众传播设计，主要包括策划政府新闻发布、组织政府新闻行动、提供政府新闻线索、开展政府新闻评选等方面的具体内容。

（一）策划政府新闻发布，主动设置媒体议程

政府新闻发布是政府信息公开的主渠道之一，所发布的政府信息通过新闻媒体的传播，一般都会呈现出放大效应，引发受众的普遍关注，形成一定的社会舆论场。但是，如果政府新闻发布的信息不具有新闻价值，或者所包含的新闻信息量不足，或者新闻信息模糊，就会使媒体放弃政府主导的相关新闻议程，选择其他新闻议程替代。这样政府就起不到主导媒体议程的作用，也无法进行相应的传播控制。因此，组织策划政府新闻发布，必须依据新闻传播规律，将信息量、时效性、关注度和典型个案等新闻传播要素充分体现于其中，凸显新闻发布的报道价值。同时，不能以政府的相关工作报告简单替代新闻发布的内容组织。由于政府工作话语与新闻话语存在着差异性，政府新闻发布要解决好话语转换的问题，让媒体和公众更容易接受政府信息。通过政府新闻发布设置媒体议程，还要注意避免以居高临下的姿态向媒体宣传说教，应以信息介绍和互动交流的方式，引发媒体的关注，做到话语平等、坦诚相待，不回避矛盾，不掩饰问题，充分激发媒体的报道热情。

（二）组织政府新闻行动，引导媒体设置议程

政府新闻传播需要媒体的支持、参与和配合；同样，当媒体对政府新闻有着强烈报道诉求时，也需要得到政府对媒体采访的支持与配合，这在政府处置突发事件上表现得尤其突出。将政府的新闻传播需要与媒体的采访报道诉求结合起来，组织相应的政府新闻采访行动，是引导媒体新闻议程的重要方面，如组织媒体进行主题采访、集中采访、媒体调查等。其中主题采访是围绕政府工作的某个主题而展开的，偏重于政府传播诉求，需要通过大量生动的新闻事实来支撑；集中采访偏重于媒体报道诉求，政府通过组织安排媒体感兴趣的人物、单位或地域，接受媒体的集中采访；媒体调查是政府传播与媒体报道诉求基本趋于平衡情况下，就政府的某一方面工作或其一事件而展开的，体现了政府借助媒体推动和监督自身工作的公开和透明，媒体报道的说服力强。政府新闻行动是对媒体新闻议程的有效引导，既体现了政府新闻传播的主动性和主导性，同时也将媒体采访报道的积极性和创造性充分调动起来。

（三）提供政府新闻线索，改变媒体议程设置

政府新闻涉及面十分广泛，除政务新闻外，在社会、财经、文化、体育新闻等众多方面都可以体现政府的思路、观点、决策、举措、成效等等。政府针对媒体的议程设置，及时向媒体提供政府新闻线索，并协助媒体做好相关采访报道，可以使媒体议程向政府新闻事实支撑的舆论方向改变。除此之外，还可以通过定期向媒体提供政府新闻线索的方式，直接作用于媒体议程，使媒体进行阶段性议程设计和安排时，将相关政府新闻议题主动纳入进来，扩大政府新闻的传播影响。以政府新闻线索的方式对媒体新闻议程加以引导或改变，与政府新闻发布和新闻行动相比，属于一种较为软性的介入方式，媒体有着较大的选择空间和报道自主，可以使政府新闻传播呈现出更加生动、灵活和贴近受众接受习惯等特点。不过有的政府新闻线索也会被媒体所忽略，或从批评和质疑的角度加以运用，这就需要政府在具体的操作过程中准确把握，并及时跟踪相关新闻线索被媒体策划及应用的动态，保持与媒体的沟通。

（四）开展政府新闻评选，影响媒体设置议程

政府新闻评选实质上是通过关于新闻的新闻引发受众的关注，进一步扩

大政府新闻的传播效果。新闻评选可以是地方综合性的年度或阶段性的新闻评选，比如地方年度十大新闻，也可以是某一领域的年度或阶段性新闻评选，比如地方年度经济新闻、教育新闻、城市建设新闻评比等。新闻评选的对象是媒体在一定阶段内围绕某一主题进行报道的新闻作品，其评选结果实际上是向媒体提供一个政府新闻导向的基本诉求和传播背景，向新闻从业人员明确表达激励方向和新闻采编要求，进而对媒体的议程设置起到影响作用。政府新闻评选应当注重"硬新闻"的选择，避免做成地方政府或部门的新闻政绩榜，变成总结地方工作或系统工作的成绩单。如果这样的话，就会失去公众对政府新闻应有的关注度，无法实现强化政府新闻传播效果的目标。因而，新闻评选既要体现政府对正面报道的诉求与新闻导向，又要注重新闻事件的社会影响，从新闻价值上加以选择和比较，将重大突发事件和公众普遍关注的批评监督报道纳入其中。新闻评选只有将政府传播诉求与媒体传播社会效果有机统一起来，才能真正起到对媒体议程的影响作用。

三、新闻议程原则的实践要求

在目前传媒条件下，遵循新闻议程原则开展政府新闻传播，关键是要将政府传播诉求与媒体传播诉求有机统一起来，为公众提供更好的政府新闻服务和交流互动平台，使媒体承载的民意诉求能够得到充分满足和有效引导。新闻议程原则在政府新闻工作实践上的要求主要包括组织新闻发布、策划新闻事件、设计采访路线、开办新闻栏目、支持媒体监督和媒体调查等方面。

（一）面向媒体组织新闻发布

政府新闻发布是设置媒体新闻议程的常态化工作，主要有召开新闻发布会、新闻通气会、发布新闻稿、提供新闻素材和采访线索、在互联网上公开政府规范性文件和相关工作信息等，同时也包括接受媒体记者采访，组织政府及部门官员通过广播电视和互联网与公众进行互动交流等。政府新闻发布是主动为媒体设置议程最为直接的方法，其有效性取决于政府新闻发布的质量和效率。随着我国政府新闻发言人制度的实施与完善，政府新闻发布工作已经由单一的新闻发布会形式向多种形式交叉并用的方面发展，并逐步取得成效，为媒体广泛接受和欢迎。但是，政府新闻发布的媒体报道和传播效果还需要进一步提升，这就要求政府新闻发布工作必须针对媒体新闻诉求，精心组织发布内容，提高新闻发布时效，合理安排发布主体，通过发布者与记者、公众之间的充分互动交流，拓展媒体的报道空间，达到议程设置目的。

（二）针对受众策划新闻事件

新闻传播是围绕新闻事件展开的，其有效传播取决于传播者与受众对新闻事件本身的关注度和在传播过程中的互动性。就政府新闻传播而言，政府最为关心的是公众对政府决策、作为和成效的接受、认同、支持，而公众最为关心的是与自身利益相关的现实生活中的政府服务水平、质量和保障，两者的一致性在于执政为民、以人为本、和谐发展这一共同目标和工作基础。从政府与公众共同关注的角度出发，策划新闻事件，就会形成良好的传播效果。当然，新闻事件的策划不是凭空捏造，而是根据传播规律对相关事实进行新闻包装，以期达到更好的传播效果。在政府新闻传播中，由工作个案构成的新闻故事的传播效果，与各种数据所表达的工作概况的传播影响同等重要，通常前者的可接受程度和感染力比后者还要好。因此，政府新闻传播需要更多的新闻事件、新闻故事、新闻人物予以有效支撑，不能仅停留在一般性的工作总结和统计数据的说明上。

（三）围绕媒体设计采访路线

在传媒高度发达的今天，大众媒体的分众化日益明显，不同媒体在市场竞争格局中逐步形成了自身的传播定位和目标受众，它们对政府新闻往往有着不同的传播诉求或传播视角。针对不同媒体设计采访线路，是政府组织相关媒体开展新闻行动的有效方式，也是宣传部门进行新闻采访线建设的关键所在。要在充分了解媒体采访诉求的基础上，进行政府新闻采访线的设计，并与媒体充分沟通，达成一致后形成方案。在新闻行动的组织上，要将政府工作的真实状况展现给媒体，切忌弄虚作假、粉饰现状、回避问题。政府向媒体提供采访线路，必须立足于服务媒体的采访报道，通过呈现在媒体面前的新闻事实，实现传播导向、目标和效果。

（四）选择媒体合办专题栏目

与媒体开展合作，举办新闻专题或专栏，已成为当前组织传播的显著特征。这种信息源与传播者直接合作的方式，使得信源方可以通过媒体充分表达传播诉求，并取得相应的传播效果。但是，这种方式对受众的知情需要存在一定限制，相应的结果就是信源方和媒体本身也会受到受众的质疑，并随着受众媒介素养的提高，其质疑和批评还会更多。政府与媒体合作开办新闻专栏，必须重视这一方式存在的不利方面，不能将新闻专栏办成政绩展示栏，一味地强化正面内容，掩饰和回避矛盾、问题；应当以客观、准确、全面、及时的新闻信息，向受众介绍政府相关工作，并及时收集和反映公众对政府及该栏目的意见、建议，以互动的方式不断丰富传播内容，完善传播设计，使之更加符合人们对媒体传播政府信息的需要。

（五）支持媒体开展舆论监督

舆论监督是大众传媒的社会责任所在，政府应当主动发挥媒体的这一功能，支持媒体开展舆论监督。一方面政府通过信息公开，将各方向的工作置于新闻媒体的监督之下，接受公众的审视和评价，吸纳合理建议，改进自身工作；另一方面，要配合媒体的监督采访报道，面对媒体和公众讲清事实，表达观点，取得媒体话语权，引导社会舆论。舆论监督的建设性是政府与媒体共同的原则，这也是政府支持媒体开展舆论监督的前提，因而，要从解决现实矛盾和问题出发，实现在舆论监督下的多赢，即通过新闻舆论监督，媒体的社会责任得到充分体现，政府的相关工作得以改进并得到广泛认同和支持，公众的利益和服务得到更好的实现与满足。

（六）借助媒体开展社会调查

新闻媒体通过新闻采访就某一社会现象展开调查，并将调查结果公之于众，已成为当前新闻传播的主要方式之一。媒体调查性新闻除大量涉及社会生活领域外，很多选题都与政府工作直接关联。政府主动借助媒体开展社会调查，并以调查性新闻进行传播，不仅是满足当前媒体新闻传播诉求的重要方面，可以扩大政府新闻传播效果，而且通过媒体调查也可以牢握大量工作信息和个案，促进相关工作的落实，提高为民服务的质量。媒体调查具有舆论监督的属性，其结果应当反映正反两个方面的情况。通常，政府希望扩大正面内容的传播，以树立和巩固自身形象；媒体希望放大负面内存，以吸引公众的关注。政府主动借助媒体开展社会调查不是要将负面内容加以遮掩，而是要体现政府在解决矛盾和问题上的态度、方法和措施，掌握媒体的话语权，正确引导舆论，进行社会动员，创造条件解决矛盾和问题，在服务百姓的过程中赢得信任和支持。

第四节　新闻反馈原则

新闻传播是人们日常信息交往中的重要方式，受众通过大众传媒及时了解社会生活中方方面面的变化，跟踪事物发展动态，进而调整自己的态度和行为选择。政府新闻传播要在帮助公众了解政府工作的基础上，激发和引导人们对其工作的认同和支持，必须对社会热点及时做出回应，充分体现责任政府的效率和形象。这种以新闻方式对公众通过媒体议程所关注的热点、焦点问题加以回应，是政府新闻传播必须坚持的基本原则之一，我们将其表述为新闻反馈原则。

一、新闻反馈原则的确立依据

新闻反馈作为新闻传播的重要方式之一，在大众传播活动中有着重要的影响。从反馈的主体上看，可以区分为受众反馈、报道对象反馈、媒体记者反馈和媒体管理者反馈四个基本方面。媒体将不同方面的反馈信息以新闻的方式加以传播，不仅扩大了新闻事件本身的大众传播影响，而且对提升媒体自身的影响力、扩大其传播覆盖范围有着促进作用。因而，新闻反馈已成为媒体报道的常见手法，其大众传播效果十分突出。政府新闻传播将新闻反馈作为基本原则，可以充分体现政府对媒体的积极态度，满足公众的信息期待，并通过政府新闻反馈所形成的良好传播效果，促进媒体与公众对政府工作的舆论认同。

（一）新闻反馈体现政府对媒体舆论监督的重视和支持

新闻媒体对社会生活有着监督和预警功能，充分发挥新闻媒体的舆论监督作用，是促进社会和谐发展不可或缺的方面。政府工作作为媒体舆论监督的对象，应当主动接受和积极配合新闻舆论监督，并借助媒体舆论监督提高政府的工作效能，赢得公众的支持和信赖。媒体在对政府工作进行监督类报道时，就已经形成了相关的新闻议程，引发受众的普遍关注。政府作为报道对象，如果对媒体的批评不闻不问、置之不理，就会丧失在新闻议程中的话语权，使公众无法进一步了解政府的态度及相关的做法，在认同媒体批评的同时，加剧对政府相关工作的抵触和否定。因此，政府对待媒体的监督类议程或其他与政府工作相关的新闻议程必须加以及时反馈，通过新闻媒体表达政府的态度及处理措施。这一方面是在被动性的新闻议程下获得相应的话语权，对相关新闻事实加以澄清和说明，通过介入新闻议程影响媒体的舆论走向；另一方面，政府新闻反馈也表明了政府对待媒体舆论监督的重视和支持态度，通过政府信息公开将政府的权力运行置于公众监督的阳光之下，更好地履行政府职责，树立亲民、为民、爱民的政府形象。

（二）新闻反馈满足公众对政府决策和处置的信息期待

新闻反馈是在媒体议程设置下的政府新闻传播，由于先期的新闻报道或议程安排已经对公众起到了引发关注的作用，人们相应地就对政府的相关决策和处置措施产生信息期待。通常，在信息传播的过程中，受众对于无明确信源而又无法得到证实的信息即模糊信息的兴趣普遍较高，其传播速度也较快。同时，模糊信息在传播过程中还容易发生内容变化，传播者常常将自己的推测、判断和观点加入其中，使传播内容戏剧化、涉及对象脸谱化，其传播效果呈现扩散、叠加、矛盾等多种无序情形，处于相对不可控状态。特别是涉及受众自身利益或社会公共利益的模糊信息，最容易得到快速传播，所产生的社会影响也越大。因此，政府新闻反馈是有效消除相关信息不确定性的重要手段，同时也是对社会运行的不稳定性进行疏解、调控的有效手段。通过政府新闻的及时回馈，充分满足公众对政府决策和相关处置工作的信息期待，对先期传播的信息进行证实或证伪，并进一步补充和完善相关信息内容，使受众对传播所涉及的对象行为能够进行正确的认识、理解和价值评判，进而形成合理、有序、全面、平衡的舆论格局。

（三）新闻反馈促进媒体与公众对政府工作的舆论认同

政府新闻反馈实质上是通过媒体传播平台进行的政府与公众的间接对话。媒体新闻议程的出发点必须站在公众认识社会事物的角度，以探究事实真相、表达合理诉求、促进社会发展为目的，否则媒体就会失去受众。同样，政府新闻传播也是立足于政府更好、更快、更多地实现公众利益这一基本目标，将政府工作的决策、行为、成效、难题和解决办法公之于众，赢得人民群众的支持和信赖。所以说，政府新闻反馈是在政府、媒体、公众三者基本传播诉求和目标一致的基础上展开的，尽管各自的社会角色和认识问题角度不同，但由于基本目标的一致性，其互动效果是有利于实现观点认同与舆论和谐的。政府针对媒体相关报道所形成的议程安排，及时就公众通过媒体提出的质询、批评、建议等予以新闻回应，在大众传媒上建立与公众对话的良性互动关系，不仅使政府信源及相关话语能够得到充分表达，及时满足人们对政府权威信息的需求，而且在这种运用大众传媒互动所建立的政府与公众互信的基础上，政府新闻更容易为公众所接受，其传播所形成的社会动员力量就越强，公众与政府之间的舆论认同度也就越高。

二、新闻反馈原则的主要内容

在政府新闻传播中，新闻反馈围绕政府对媒体相关报道的回应内容而展开。政府所反馈的信息实质上可以区分为六个不同的方面，即观点反馈、态度反馈、行动反馈、结果反馈、制度反馈和民意反馈。在具体问题上，既可以单独运用一种信息进行反馈，也可以将多种信息加以交叉复合并用。通常政府将多种反馈信息加以综合运用，所取得的传播效果比单一信息反馈的传播效果好。

（一）用观点反馈——从不同的角度和层面看待新闻事实

在大众传播过程中，新闻事实与新闻观点常常同时由媒体提供给受众，特别是在媒体议程设计中，必然包括社会各个方面对新闻事实的评价，它们有时单独以新闻评论的方式出现，有时结合到对新闻事件的追踪报道之中。在互联网新闻传播平台上，网民可以直接以评论、留言、跟帖等方式，表达自己对新闻事件的看法，并传播给其他受众。政府对于媒体所报道的新闻事实，可以通过发表评论，或者从不同的角度在更深的层次上加以分析，改变新闻舆论格局，进而引导媒体和公众实现理性判断，认同政府立场及其观点。用观点进行新闻反馈不仅限于由政府主体去完成，也可以由政府协同媒体组织相关领域的专家发表观点或分析事实，以公众认可的意见领袖传播新闻观点，取得更好的传播效果。

（二）用表态反馈——明确表达对媒体批评和质疑的态度

在媒体的新闻报道中，如果直接或间接涉及政府责任，特别是对于监督类的新闻报道，政府应当及时通过媒体表明自身态度，通过表态形成新闻反馈。政府通过媒体向公众表明对于相关新闻议题的态度，是一个责任政府在传媒时代必须面对和作为的。一方面，政府通过表态可以强化自身的行政诉求，使政府工作目标和原则为媒体和公众进一步了解；另一方面，这种表态本身就体现了政府责任，既表明政府重视通过媒体平台与公众之间建立良好的沟通与互动关系，又对媒体所报道的事件承担了政府应尽的责任。在媒体报道中，政府即使不对相关报道表态，也仍然被视为一种政府态度，即冷漠、麻木、回避的态度，对政府新闻传播形象极为不利。

（三）用行动反馈——公开对批评意见和建议采取的措施

政府用表态进行新闻反馈是必须的，但不能仅仅停留在这一层面上。媒体报道所看重的是新闻事实，政府对新闻舆论的引导一定要以事实为支撑。因此，在表态反馈的基础上，通过媒体公开对批评意见和建议采取的措施，是政府新闻反馈原则的核心所在。根据媒体议程所针对的问题，将调查、处理、整顿、规范等具体工作行为通过媒体展现给公众，体现了政府对媒体问责诉求的落实，并将舆论监督力量转化为促进工作的动力，进而在人民群众中树立和巩固效能政府的形象。如果政府不能够以相关行动进行反馈，那么政府新闻传播就会陷入事实缺失的尴尬境地，无法对公众做出实质性的承诺和预期，导致政府新闻舆论引导的有效性降低。

（四）用结果反馈——公布媒体相关报道对象的处置结果

新闻媒体对所报道的事件进行跟踪，不断披露与事件相关方面的处置进展情况，直至公布最终结果，是在大众传播中凸现媒体议程作用的主要方法。从新闻传播中的信息完整性上分析，信息内容越不完整、越模糊，受众对信息的诉求越高，信息传播和扩散速度就越快；反之，信息内容完整性高、清晰透明，受众对信息的需求程度就会降低，相关媒体议程也就进入尾声，并逐步淡出公众视线。政府及时公布媒体相关报道对象的处置结果，使公众在接受相关信息内容上趋于完整，满足人们对政府信息的需求，既可以有效引导新闻舆论和社会舆论，又将政府责任落到实处，体现了"问责政府"与"政府问责"的有机统一。

（五）用制度反馈——针对媒体披露的问题出台制度规定

制度反馈是政府针对媒体披露的问题出台相关的制度规定，对政府工作规范做出与以往不同的要求和调整，所产生的社会影响较大。无论是由报道"孙志刚之死"事件引发的全国收容制度的变革，还是由报道"翁彪自焚事件"引发的南京拆迁新政措施的出台，都反映出政府针对媒体报道所产生的社会影响而进行的制度调整。用制度反馈是政府对媒体监督及其议程作用最充分的肯定，也是从根本上对公众意愿做出的回应与承诺，在政府新闻传播中处于十分重要的地位。因此，政府在进行新闻反馈的过程中，必须着重研究制度反馈，尽管其反馈的时效相对较长，但新闻传播效果及所产生的社会影响均较大，有利于政府自身工作的改进和形象的维护。

（六）用民意反馈——展开相关民意调查并公布调查结果

在大众传播中，媒体经常通过个案分析或个体调查形成报道，进而形成一定的新闻舆论倾向，并引发受众关注。对此，政府可以采用民意反馈的方法进行新闻回应，通过相关部门或专门的社会调查机构，对媒体报道议题或将媒体议题包含在内，展开相关民意调查并公布调查结果。民意调查体现了政府以人为本、实事求是的务实作风，并对媒体报道所涉及的内容进行调查核实，进而形成更加权威的信息和观点向大众传播，正确引导社会舆论。在组织民意调查的过程中，政府可以请媒体一同参与，将调查的过程及结果予以公开，使民意反馈能够更好地得到媒体支持和公众认同。

三、新闻反馈原则的实践要求

新闻反馈是政府在媒体相关议程下做出的被动反应，如何在政府新闻传播的被动格局下赢得主动，其关键在于反馈的及时性。面对媒体报道的质疑和批评，政府通过及时回应而获得话语权和相应的信源控制，主动介入到媒体随后的报道之中，进而实现政府所期望的新闻传播效果。在政府新闻传播的具体实践过程中，要注意运用个别反馈与普遍反馈两种不同的方式，前者是针对个别媒体报道进行的单一反馈，旨在控制大众传媒的信息量，避免媒体过度关注某一问题；后者则是对所有媒体的普遍反馈，其目的在于放大政府反馈信息量及其传播空间，形成对前期传播的舆论覆盖，同时避免个别媒体对政府反馈信息有选择地传播、解读，甚至是可能出现的曲解、误读。

（一）及时回应舆论监督报道

新闻舆论监督在理论上是指新闻媒体代表公众对社会权力运行，尤其是权力运行过程中出现偏差，比如政府滥用权力导致腐败等，以公开报道方式所进行的监督。媒体通过舆论监督报道不仅吸引了受众对报道内容加以强烈关注，扩大媒体自身的影响力，而且激发了公众的义愤，产生强烈的社会反响，对报道所涉及的监督对象形成巨大的舆论压力。特别是在网络传播的环境下，打破了传统媒体的地域界限和传播覆盖范围，舆论监督报道可在短时间内为全国乃至全球的受众所知晓，形成巨大的传播影响和空前的舆论声势。如果相关报道得不到及时回应或者回应不当，还会产生舆论批评的连锁反应和连带效应，造成被报道对象的公众形象受损，导致信任危机。因此，政府面对舆论监督报道必须及时、正确地予以回应，将政府的处置态度、措施和结果通过媒体公之于众，取信于民。如果政府听任媒体的批评和质疑而不作回应或简单搪塞，就会失去媒体和公众的信任、理解、认同和支持，造成政府工作的被动局面。

（二）及时回应新闻传播热点

新闻传播热点是媒体在新闻报道过程中相对集中、普遍关注的对象，对公众舆论话题形成起着直接作用。新闻热点本身一般具有较大的新闻价值和较强的新闻时效，比如重大突发事件、新出台的法律法规、与群众利益直接关联的经济和社会事件、改革发展中突出的社会矛盾等等。这些热点问题有的直接涉及政府主体，有的间接与政府责任相关，在其传播过程中媒体和公众对政府信息诉求均较为强烈。及时回应新闻传播热点，表明政府态度及相关工作，有利于将新闻舆论引导到理性轨道上来，通过政府责任感的体现进一步激发媒体和大众的责任感，实现社会运行和谐有序的目标。一方面，随着政府对热点问题的权威信息披露，人们对相关问题的信息诉求必然降低，新闻媒体的关注度也随之下降，新闻热点的热度就会趋于常态，对社会稳定性的影响就会减少；另一方面，政府在回应热点问题的同时，也进一步明确了政府所采取的相关措施，通过媒体对公众形成了一种公开承诺，将自身置于舆论监督之下，促使各级政府和部门及其官员能够更好地加以推进和落实。

（三）及时回应媒体推测质询

在传媒业快速发展的今天，媒体市场竞争的焦点在于受众的关注和参与程度，由此推动新闻传播的内容形态从过去单一的事实描述、观点评论，发展到将事实、观点、故事、分析、判断、推测等方面加以综合表达的新形态，并通过与受众的信息互动，实现报道影响力和媒体影响力的双赢。如果媒体报道中涉及对政府工作的推测和质询，政府及其部门应当及时予以回应，以消除媒体报道中的信息不确定性或纠正报道中的不实内容，避免这些模糊、错误的信息对社会舆论产生误导。在我国政府信息公开的推进过程中，媒体作为公众的代言人或公共意见平台，问询政府正在逐步成为常态。如不及时回应，就会被媒体反复追问，政府既有悖于法律的要求，又会有损在公众中的形象。及时回应媒体提出的问题，是现代政府公共关系管理的重要方面，这不仅需要各级政府官员进一步树立和强化媒体公关意识，而且需要在政府工作的组织架构中做出专门安排，也可以通过完善政府新闻发言人制度去实现。

（四）及时回应网上社情民意

互联网的迅速发展和普及，使得大众传播和政府新闻传播呈现出不断变化的新态势。一方面，互联网作为新媒体在大众传播中承担着越来越重要的角色，除了具备传统媒体的功能外，还将每个网民塑造成信源提供者和信息传播者，最大限度地实现了传播过程中的信息互动，为民意的集聚和表达提供了便捷的载体；另一方面，互联网打破了传统媒体中的把关人设置，以及信息容量、传播时段和覆盖范围的限制，可以向政府充分表达社会各个不同个体的观点和意愿，成为政府了解社情民意的重要渠道。可见，新兴网络媒体正在与主流媒体一道对社会舆论起着引导和调节作用。在政府新闻传播实践中，应当将及时回应网上社情民意作为重要内容，如政府官员定期在线与网民对话、在网络社区跟帖或回帖、开设网上博客等等。政府新闻传播不能仅满足于网络对传统媒体报道的转载，还必须遵循网络传播规律直接面对网民展开互动交流，体现政府坦诚、负责、亲民、为民的媒体形象。

（徐琳、钱芳）

第三章　政府新闻发布的主要类型

新闻发布是国家、政党、社会团体等组织及个人通过信息系统向社会大众就某一重大事件或时局问题发布有关信息的活动。政府新闻发布是指各级政府或政府部门，通过多种大众传播方式公开其政治活动，发布有利于公民实现其权利的信息资源。新闻发布的内涵有广义和狭义之分，狭义的新闻发布是指我们经常看到的新闻发布会和新闻发言人；广义的新闻发布是随时应对媒体的采访和询问，联系整个社会和广大群众的思想纽带，其实质是政府对待新闻媒体的一种态度。当前，我国政府新闻发布主要有三种形式：一是以新闻发言人的名义举办新闻发布会；二是政府部门负责人或发言人举行新闻发布会；三是遇到突发事件时，临时开展新闻发布活动。从新闻发布的内容上，可将政府新闻发布划分为政策发布、应急发布、统计发布和热点发布等类型。

第一节　政策发布

政策发布是政府对法律法规、政府规章和相关实施办法的解读和介绍，目的是使公众了解政策出台的背景、主要内容及其对社会生活的影响，并形成相应的社会舆论氛围，引导人们自觉主动地配合与支持政府新政的实施。

一、政策发布的基本特点

政策发布是政府新闻传播的主体内容，在政府信息公开的渠道上主要通过新闻媒体去实现。除了其内容本身具有较高新闻价值外，更需要媒体对以规范术语表达的政策向公众进行解读和分析，帮助人们理解政策内容、遵守政策规范、使用政策规定，并监督政策的实施过程。

（一）政治性

政府作为国家权力机关的执行机构，所出台的政策是政府为实现同家一定历史时期的路线和目标而制定的行动准则，因而政策导向具有鲜明的政治性，体现了政府、政党、社会团体和个体等方方面面的利益关系。无论是各级人民代表大会法律法规的颁布，还是各级政府规章的制定，实质上都是在不同的范围内、在不同的程度上，对社会不同群体的利益划分，进而形成新的社会关系秩序及其利益格局。能否坚持以人为本、执政为民，不断巩固和扩大人民群众的根本利益，既是评价政策内容本身的价值标准，也是从根本上体现政策导向的政治性。出于政策本身包含了政府意志和政治倾向，所以政策发布也就将政府意图直接展现在公众面前，接受公众的监督和评判。发布者不仅要在理解政策内容的基础上把握好政策导向，而且要通过发布环节使媒体理解、接受并支持这一导向，在新闻传播中始终坚持好政策导向，主导社会舆论。

【典型事例】

2013 年 3 月 4 日上午 11 时，十二届全国人大一次会议在人民大会堂一楼新闻发布厅举行新闻发布会，由大会发言人就会议议程和人大工作相关的问题回答中外记者的提问。

香港亚洲电视台记者：发言人您好！最近一段时间在香港有一种忧虑，像中央对港权力绝不止于国防和外交，这样的提法是不是显示中央将会收紧对港的政策？有人认为"一国两制"会不会变成"一国控制"？另外，最近香港律政司建议终审法院考虑就"双非居留权"和"外佣居留权"等案提请全国人大常委会释法。也有人认为这样的做法会影响和干预香港的司法独立，您怎么看这些事情？谢谢！

傅莹：中央政府对香港执行"一国两制"的方针政策，这是一个高度稳定的政策，在执行上也是始终如一的，不存在收紧的问题。香港回归以来，实践证明中央政府的"一国两制"政策是成功的,不应该动摇,还是要严格按照基本法办事。你提到双非子女的问题,我们确实也注意到在香港的社会上对这个问题是很关注的,希望能够找到一个妥善的处理办法,提出了不少建议,提请人大释法也是路径之一,应该说不存在影响司法独立的问题。因为根据基本法第 158 条规定"终审法院有权提请全国人大常委会解释基本法"。谢谢!

(二)社会性

尽管不同政策针对的对象有所不同,但就政策总体上所涉及的对象而言,无疑具有广泛的社会性,几乎社会的各个阶层都置于出各种政策所构筑的利益关系之中。新的政策出台意味着对旧有社会关系的整体的或局部的调整,使社会利益格局或多或少地被重构,其社会影响十分广泛。由于社会个体存在着自身的差异性和利益的多元性,造成政策调整后所带来的利益变化各不相同,必然导致公众对同一政策的接受度和支持度有所不同。政策发布必须事先分析其利益关系调整的社会影响面,对可能出现的不同社会意见加以充分预见,甚至可以通过预先的抽样调查或随机调查进一步掌握社会反响,为政策的解释和说明做好充分的准备。当然,任何政策都不可能是万全之策,总会有来自不同人群的意见和观点与之相左。通过政策发布充分说明其所带来的国家之利、百姓之利、社会之利,最大限度地赢得公众认同和社会支持,是政策发布的关键所在。

(三)严谨性

政策发布要将用规范化工作话语的内容表达转换为容易被大众理解的媒介话语,以利于实现较好的政策传播效果。话语转换作为政府新闻发布的中心环节,在各种类型的发布中均不可忽视,尤其是在政策发布中既要体现政策内容的规范性和严谨性,又要实现媒体传播的新闻化和通俗化。如果在媒体上原本不动地刊发政策原文,不仅造成公众在接受和认识上的困难,也不符合新闻传播规律,直接影响政策的传播效果,而且政策本身在内容表达上的原则性、意见性和倾向性,必须通过解读才能为公众所理解,否则就会出现认识上的偏差。曾任教育部新闻发言人的王旭明说:"在我主持、参加的新闻发布中，曾有不少外国记者提问，我的感觉是，由于国情、地域及知识背景不同，外国记者的提问和国内记者确是不同，外国记者对中国教育问题了解不少，但我非常喜欢外国记者提问的犀利，我不惧怕这样犀利，他们的问题简单明了，让我能很快知道他们的想法。"

二、政策发布的主要类型

政策发布涉及的内容很多，从地方政府的新闻发布实践出发，可以根据政策内容构成并结合传播特点加以原则性划分，将人大通过的法律法规归为一类，将政府规范性文件形成的政府规章作为一类，同时将政府及其组成部门的相关实施办法也单独划分一类。虽然实施办法并不是独立的政策，而是法律法规或政府规章的政府工作延伸，但由于其充分体现了政策操作性，而备受媒体关注。同时，在政策发布过程中，实施办法往往存在着时间上的滞后性和区域上的差别性。

（一）举行新闻发布会

政府新闻发布会是指政府或政府有关部门举行的向新闻媒体介绍政府立场、观点、态度和有关方针、政策、措施等政府信息的问答式会议。新闻发布会为官员提供了一个通过媒体向公众传达信息的机会，也为公众提供了一个通过媒体向官员提问和获得信息的机会。当前，这种新闻发布形式已成为公众比较熟悉的形式之一。新闻发布会体现出政府的高度重视，便于政府和诸多媒体直接双向交流。

【典型事例】

在安排一次新闻发布会之前，请首先思考以下问题，只有当发布主题足够重要、内容足够丰富、对记者具备足够的吸引力时，才适合举行新闻发布会。

a. 是否是最好的方式？

b. 是否有足够有新闻价值的信息使媒体记者满意而归？

c. 是否为回答记者提问做好了充分准备？

（二）召开背景吹风会

背景吹风会是新闻发布工作中常用的一种形式。背景吹风会的内容大多被要求不做报道，或在报道中不做直接引用。由于背景吹风会所提供的信息能影响和引导记者有关这类题材的报道，所以它是新闻发布会的一种重要辅助形式。背景吹风会不必定点定时、形式相对简单，有时要求在报道中隐匿消息来源，可锁定部分目标媒体进行小范围的发布，发布者对信息的掌控度高。

（三）组织记者集体或单独采访

组织记者集体或单独采访是指通过主动和应邀约见或安排独家或多家媒体的采访来发布新闻信息。这种发布形式灵活机动、时效性好，可体现政府主动性，又可有选择地接触媒体，有利于深入交流和树立发言人的良好形象。

（四）以新闻发言人的名义发布

新闻公报、声明、谈话以新闻发言人名义发布新闻公报是指新闻发言人由党和政府授权，郑重宣布某项新闻事实，或者对某项政治事件发表声明。它代表着党和政府的立场、态度和主张。声明和谈话则是新闻发言人就有关事项或问题向社会表明本部门、本单位的立场、态度和观点等。这是在特定场合使用的具有相当政治严肃性的新闻发布形式，新闻公报、声明和谈话可以在报刊登载，也可以通过广播、电视播发等。公报、声明、谈话发表之前一定要慎重考虑，经反复审定后，选择恰当的媒体播发。

【典型事例】

2013 年 3 月 4 日上午 11 时，十二届全国人大一次会议在人民大会堂一楼新闻发布厅举行新闻发布会。

经济日报记者：发言人您好！我的问题是，据了解，过去提交人大的预算报告中，有的预算项目并没有列入其中。现在十八大报告提出"加强对政府全口径预算的审查和监督"，请您介绍一下有关的背景和考虑。另外，能不能问一下，今年大会审查的预算报告有哪些改进？是否做到了全口径？谢谢！

傅莹：谢谢你提到全口径预算的问题。全口径预算决算的概念，我也是刚刚学习了解的，我不知道在座的记者们是不是熟悉这个概念。实行全口径预算决算，简而言之，目的是要把政府所有的收入和支出都纳入预算和决算，也就是说，要把政府花的每一笔钱都要纳入监督，这是我们落实依法治国方略的一个很重要的举措。这些年提交人大审查批准的预算通常包括的内容是：公共财政预算决算、政府性基金预算决算和国有资本经营的预算决算。从 2011 年开始，我们国家的预算外收入就已经全部纳入了预算管理，今年的一项重要的改进是，将全国社会保险基金的预算也列入了预算报告。全国社会保险基金关系到人民群众的切身利益，一定要把它管好、监督好。

三、政策发布的程序设计

从新闻价值上衡量，政策发布属于硬新闻的范畴，但由于政策篇幅一般较长，在表述上又不得不采用规范术语和严谨措辞，使政策表述本身缺乏新闻传播力，政府如果不注重传播设计，就不会形成较好的媒体报道效果。同时，由于政策本身需要进一步的解释和说明，如果政府不去解读政策，而由媒体自行解读并加以评论，也容易产生偏误。因而，精心设计政策发布，是政府主动引导舆论的重要体现，也是在传媒时代提高新闻执政能力的客观要求。

（一）介绍背景

政策是政府行政意志、决策水平和服务宗旨的集中体现。通过对社会利益格局的调整，一方面满足人民群众不断增长的物质生活和精神文化需要，另一方面不断解决改革开放推进过程中的利益冲突和新的矛盾，促进社会科学发展、和谐发展。向公众介绍政策背景，不仅要把经济社会的客观现实状况及其主要矛盾加以呈现，给予说明、分析和判断，体现出台相关政策的客观要求，而且要将政府制定政策的主观意图和预期目标充分表达，强化服务社会公共利益、满足人民群众愿望的导向和诉求，引发媒体关注，引起社会共鸣，引导公众共识。政策背景可以为媒体提供充足的报道空间，而政府意图则为媒体提供了新闻聚焦点，两者都有助于提高政策传播的效果，进而帮助公众更好地理解政策。

【典型事例】

2012 年 3 月 3 日，教育部部长袁贵仁在列席全国政协十一届五次会议开幕式接受记者采访时表示，关于异地高考的问题，教育部正鼓励各地尽快推进，用不了 10 个月就会出台相关政策。教育部副部长杜玉波进一步表示，各地要在年底前出台有关允许异地高考的时间表。

（二）比较差别

政策比较已经成为衡量政策水平高低的一种常态方法，这种衡量既存在于政策的制定过程，也见诸媒体的政策报道之中。政府在调研论证中只有掌握了大量同类政策信息，才能更为有效地结合当地实际推出并实施政策。将政府掌握的同类政策信息有选择地与政策内容一同发布，引导媒体从所在地的区域特点和基础条件出发，通过比较来认识政策的针对性、可行性，可以在拓展媒体视野的基础上，提高媒体政策报道的贴近性和认同感。政策比较通常有纵向与横向两个维度，前者是与历史上的同类政策进行比较，后者则是与不同地区的同类政策进行比较。在具体的政策发布中，可以根据政策本身的特点，灵活运用两种比较方式，以引导媒体对政策的关注视角，客观、全面地解读政策。

（三）对比调整

政策实施后的利益得失是公众普遍关注的内容，通过对比政策实施前后的变化情况，并加以举例说明，可以帮助媒体进行政策解读，进而使公众正确认识政策所带来的实效及其相关方面的影响。这种对比性说明既为媒体在服务民生的报道定位上找到了新闻点，并可以通过新闻故事表达案例，增强报道的可读性和生动性，又能够通过媒体的直观表达和具体事例，为公众提供现实生活参照，进而引导公众对政策本身的立场和态度。同时，对比政策实施带给每个社会成员的得与失，也是新闻评论的着眼点。在消费新闻事实与消费新闻观点日趋同步的情形下，政府主动对比政策调整前后对公众的不同影响，实际上也是占据了媒体评论的话语先机，掌握了舆论引导的主动权。

【典型事例】

2014 年 4 月，全国人大环境与资源保护委员会在京召开大气污染防治情况交流座谈会，全国人大常委会副委员长沈跃跃出席并讲话。沈跃跃强调，要贯彻实施好新修订的《环境保护法》，抓紧进行《大气污染防治法》修改，推动大气污染防治向纵深发展。当前大气环境形势十分严峻，人民群众对改善大气环境质量要求越来越迫切。全国人大常委会近期对《大气污染防治法》实施情况开展执法检查，要把影响大气污染防治工作的突出问题作为检查重点，把检查作为推动大气污染防治的有力抓手。同时着力抓好《大气污染防治法》修改工作，与新修订的《环境保护法》衔接好，加大法律处罚力度，强化污染物协同控制，以防为主、防治结合，完善环境保护机制，强化社会监督，为大气污染防治工作提供坚实可靠的法律保障。

第二节 应急发布

应急事件往往是人们关注的热点、焦点，引发较大的震撼力和影响力。由于事件的突然性，人们都面临着信息缺失的问题，都渴望从政府那里获得准确的第一手消息。应急发布不是简单地从发布内容上加以分类，而是着眼于在组织发布过程中的应急特点，通过信源疏导实现对新闻传播效果的控制。

一、应急发布的主要特点

应急发布与其他类型发布的区别在于发布启动上的被动性，是政府面对需要应急处置的事务和对象向公众公开处置过程和结果。应急发布具有比较突出的特点，可以从以下几个方面来说明：

（一）突发性与动态性

应急发布所涉及的信源具有突发性和动态性的特点。由于应急对象是突然进入政府议程的，相关对象信息的形成也就具有突发性，使信息的收集及传递渠道与常态情况下有所不同，存在着某种不确定性，信息的完整性和准确性都会受到影响。在这种情形下，及时获取应急对象的准确信息是应急发布的前提，需要通过建立必要的应急发布机制掌握各种突发信源。同时，由于应急处置工作是过程性的，事态发展也存在不确定因素，相关信息必然是动态的，需要持续不断地收集新信息。因此，应急发布与常态下的一次性发布不同，必须根据应急处置的最新进展，源源不断地收集信息向公众介绍，形成完整的信息发布链，满足媒体传播诉求和公众知情需要。信源突发性和动态性是客观的，应急发布设计必须符合这一特点，以及时、准确、完整的信息服务媒体，引导舆论。

【典型事例】

2012年7月21日，北京发生特大自然灾害，期间因为实际清查和救援工作的艰难，死亡人数公布稍有迟缓，并引发了一阵舆论波澜。暴雨持续的过程中，"北京消防""水润京华""平安北京""首都健康"等委办局政务微博与16区县政务微博持续不断发送官方暴雨的动态，11小时共发布微博25条；上线不久的"房山水务"，截止到22日晚连发68条暴雨相关微博。政务微博作为政府相关职能部门的网络发言平台，其信息具有较强的权威性，这种权威让政务微博的信息具有很强的说服力，成为网上权威的信息源。

（二）紧迫性与表态性

应急发布的信息通常是公众高度关注的，这是由于事件本身与他们的社会生活的关联度比较高，或对他们的生产生活直接产生影响，或通过形成对事件的看法影响其社会生活态度及行为选择。基于此，新闻媒体对应急事态的报道诉求十分强烈，除了追求可效性外，还特别注重报道内容的独家性和报道手法的细密性，在满足公众知情的基础上凸现媒体的自身价值。这就使应急发布具有紧迫性的特点，必须在第一时间发布应急事件及其处置情况的权威信息，在满足公众知情的同时正确引导社会舆论，不给虚假信息、不实信息和谎言、谣言留下传播空间。应急发布的紧迫性对政府发布的信源口径与审核授权都提出了比常态发布更高的时效要求，需要有相应的发布工作机制予以保障。同时，在应急发布中必然涉及政府的立场、态度和责任，由于发布的紧迫性，通常在首次发布中来不及形成调查结论。政府虽然无法向媒体提供具体问责结果，但必须表明政府的态度，强调所坚持的一贯立场和工作原则，以及处置目标和诉求，满足公众对政府的期待。

【典型事例】

2011年8月间在大连市发生了市民对二甲苯（PX）化学污染工程项目抗议活动。当时有上万人参加抗议示威，市民到市政府广场门前静坐抗议PX项目。市民情绪激愤，情况十分危险。大连市委于当天做出 PX 项目立即停产并搬迁的决定。市委书记登上汽车顶向市民喊话，保证这个工厂一定搬走。据称这个项目总投资 95 亿元、年产值 260 亿。但是，搬走的决定使一场危机释然化解。此类事件近年来发生了多起。事件得以平息的原因多为公开承诺解决问题，搬迁或停止相关项目。

（三）负面性与修复性

需要政府应急处置的事态大都具有损害性和破坏性，应急发布的信息内容不可避免地具有负面性。对于应急发布中存在的负面性内容，既要坦诚面对，不加掩饰，又要准确表达，不随意推断。对于突发事件所造成的生命财产损失和社会危害，如果及时准确地予以公布，可以通过媒体提醒公众采取必要的防范措施，尽可能避免社会损失的扩大，充分体现政府在处置工作中应尽的责任。在这种情形下面对公众问责，只是涉及政府在事件的发生、防范和监管上是否需要承担责任。反之，如果隐瞒事态对社会已经造成的损害或是存在的潜在危害，那么政府不但不能减轻自身的压力和责任，反而扩大了失责范围，将媒体与公众的所有问责诉求聚焦于政府，使政府形象受到更大的损害，也造成应急处置工作本身的被动和不利。这时，政府既要承担事发的监管缺位之责，又要承担应急处置不力之过。如何在负面信息之下再树政府形象，是应急发布中必须重视的内容，并通过恰当的信息组织和表达予以体现。因而应急发布具有修复性的特点，即在将有损于政府形象的负面信息公开的同时，充分表达政府采取的应急处置的信息内容和政府官员亲力亲为的务实之举，赢得媒体和公众的认同与支持，以修复受损的政府形象。

【典型事例】

2011 年 6 至 8 月间，故宫经历了展品被盗、福建宫建高级会所、哥窑瓷器受损等大大小小 10 件风波，故宫承受着前所未有的考问与信任危机，其在人们心目中的神圣地位岌岌可危。8 月 19 日，故宫博物院时任院长郑欣淼受访回应 10 件丑闻，向公众诚恳道歉，称展品被盗和会所事件透露出故宫管理问题，已着手进行整改。正因为故宫方面姿态低调、态度诚恳，为故宫赢得时间，赢得了谅解。

二、应急发布的基本分类

应急发布可以根据工作启动事由的不同进行划分。第一类是源于客观发生的、有重大影响的事件，即我们通常所称的突发事件，包括自然灾害、事故灾难、公共卫生事件和社会安全事件等。第二类是源于媒体报道的、产生广泛社会反响的事件，即媒体事件，所涉及的报道对象有可能其自身的社会影响较大，也可能由于媒体的介入和传播放大了事件的影响。第三类是源自体制内或法律框架下的问责事件，有关单位和机构及其负责人被上级行政问责，或被追究法律责任。这种划分在涉及的具体事件上不是完全排他的，彼此之间可能存在着一定交叉。但通过相对分类有助于我们在发布实践中有针对性地把握其具体特点，有的放矢，有效引导，以取得较好的传播效果。

（一）突发事件发布

在我国颁布实施的《突发事件应对法》中，对突发事件进行了界定和分类。突发事件是指突然发生，造成或者可能造成严重社会危害，需要采取应急处置措施予以应对的事件，并将突发事件分为自然灾害、事故灾难、公共卫生事件和社会安全事件四类。突发事件信息属于硬新闻的范畴，公众需求迫切，媒体热衷传播和挖掘，其内容传播之快、范围之广，是其他信息所不可比拟的。这在一定程度上也造成了出于媒体抢新闻或其他传播渠道在没有核准事件的情况下，产生了失实信息或失准信息，并由此造成不良社会影响，给政府工作带来被动。因此，政府通过新闻发布及时公布突发事件的信息就是要掌握传播的主动权，否则就会因为政府的失语导致各种小道消息甚至是谣言、谎言的传播。突发事件信息发布不是靠一次就能完成的，必须结合事件处置进程中的各个节点进行动态发布，及时通过媒体向公众介绍事件发展过程和处置步骤，在满足和保障公众知情权和媒体监督权的过程中，牢牢掌握信息的话语权、传播的主动权和舆论的主导权。政府在突发事件发布中拥有充分的话语权，但如果对事件失语或含糊，就意味着放弃话语权，并将事件传播的主动权让给他人，导致政府在事件处置上的被动和形象上的损害，这方面的教训是深刻的。

【典型事例】

2011 年 7 月 23 日，温州发生特大动车追尾事故。事故发生后，舆论大作。24 日下午，在舆论处于极度焦灼时，时任铁道部新闻发言人的王勇平主持召开了记者招待会。但是，正是由于这场新闻发布会的"失败"直接导致了整个舆情的失控和王勇平本人的"被免职"，还留下了"至于你信不信，我反正信了"的笑话。

（二）媒体事件发布

媒体事件是指由于媒体通过报道介入相关事件，并在传播过程中形成巨大的舆论压力，导致政府媒体危机和公关危机的事件。这类事件一般具有突发性，但并不完全等同于上面所述的突发事件，一是社会影响小、涉及对象不广，甚至是个别普通事件，经过媒体传播的放大效应和聚焦效应，都可以成为媒体危机事件。媒体事件的危机有两个来源：一是事件本身具有的危机，即事件发生超出了人们的预料，并造成无法被快速有效控制的社会危害；二是事件传播带来的危机，也就是在媒体报道中形成的对政府或组织形象、地区及城市形象、社会和人民形象的伤害。前者是真正的危机事件，应归属于突发事件类；而后者则是由于缺乏媒体沟通与信息传播失衡造成的，属于媒体事件。政府在媒体事件发布中除了做到反馈及时、事实准确、信息充分外，还要将媒体的针对性与普遍性结合起来，既保证权威信息的有效传播，又能够合理把握传播节奏和时机。具体而言，就是注意不同媒体条件在发布对象上的区别与选择。无论对单一媒体或少数几家媒体介入的事件，还是对多家媒体报道成已成蔓延之势的事件，都可以根据事件的件质、影响、危害和可控性等方面的不同，选择独家、几家、多家媒体进行有针对性地发布。在媒体事件发布中，澄清事实真相是前提，引导媒体议程和导向是关键，目的是赢得公众的正确理解和普遍认同，修复和重树政府形象。

（三）问责事件发布

问责事件是指对某一事件的发生进行责任追究，使问责成为超越引发事件本身的衍生事件，且衍生出的问责事件能造成更大的社会关注，对政府形象和城市形象产生影响。从问责事件产生的动因上可以区分为体制问责、媒体问责和公众问责等类型，其中的媒体问责可以作为媒体事件处理，公众问责也会借助传统媒体和互联网发展为媒体事件。因此，政府问责事件发布主要关注和解决所引发的体制问责问题，这也是责任政府、法治政府必须面向公众做出的交代。问责事件的发布既对社会舆论的形成起到积极有效的引导作用，又对政府问责机制的完善和官员责任意识的强化起到促进作用。

【典型事例】

2009 年 6 月，时任郑州市规划局主管信访工作的副局长逯军质问询问记者："你是准备替党说话，还是准备替老百姓说话？"此事被曝光后，当地政府采取了低调而简洁的处理办法，果断切割，将逯军停职调查。

三、应急发布的原则

政府在应急事件中开展新闻发布应遵循快速、真实、准确、权威的原则，切实尊重新闻规律。各级政府应加强与新闻媒体之间的良好互动与沟通，建立和完善突发公共事件新闻发布机制。新闻发布可由新闻发言人通过新闻发布会、散发新闻稿、接受记者采访等多种方式进行政府媒体应对的根本归宿是"受众本位"的传播理念，尊重公众的知情权、参与权。

（一）时效性原则

根据突发公共事件的传播规律和受众的心理规律分析，受众在毫无心理准备的情况下最先得到的信息，对受众形成态度具有正面积极作用。所以，在突发公共事件发生后，政府应该在第一时间发布真实、全面、权威的信息，以稳定社会情绪，积极掌握新闻报道和舆论宣传的主导权。组织传播理论认为，在政府公共行政管理工作系统的流程中，信息最为关键，信息的收集、传递、储存和恢复是政府运作中的关键行为，并且影响着突发公共事件的处理，信息发布不及时会损害政府的公信力。在贵州瓮安事件中，当"李树芬并非自杀"的传言四起时，政府部门没有及时辟谣和发布真实信息，没有在第一时间合理引导舆论，以及政府和公安机关在此事件中的各种不作为，才导致事件的恶化，加大了民众与政府的对立，最终导致了民众围攻政府大楼的群体性事件。

（二）真实性原则

被誉为"公关之父"的伯奈斯曾说过："最好的公开就是说实话。"然而多年来，我国少数政府新闻发布工作存在"报喜不报忧"的倾向，这在当今的新媒体语境下显然是行不通的。真实是新闻的生命，也是新闻发布的生命。在汶川特大地震发生后，重灾区的交通、电力、通信等设施中断，政府在第一时间公布地震的真实信息。从第二天开始，国务院新闻办、四川省政府每天举行一场新闻发布会，及时发布抗震救灾的进展情况，不遮掩、不回避、不回答"无可奉告"，这些对于抗震救灾、满足公众知情权等方面具有重大意义，也保证了新闻发布的真实性、权威性。

（三）权威性原则

突发公共事件的新闻发布往往具有准备时间短、内容敏感、关注度高以及责任主体一时难以确定等特点，为确保发布信息的准确性、权威性和一致性，关于事件成因、伤亡人数、政府处置措施等重点内容必须由新闻发言人统一发布，确保口径一致，用一个声音说话。如果"新闻口径"不一致或政府发布的信息不准确，就会造成媒体和公众对政府的信任危机，引发公众心理混乱，给谣言以可乘之机。1994年4月1日，在千岛湖事件发生后，当地政府起初声称这是一件游船失火的意外事件，这种说法引起罹难者家属和台湾各界的强烈质疑。在这种情况下，当地政府没有及时举行新闻发布会说明案情和积极处理遗体及破案的紧急措施，于是产生了各种猜测和谣言。最后浙江省公安机关宣布破案，公布是"特大抢劫纵火杀人案"，并逮捕了两名嫌疑犯。所以，在此次突发事件中，政府部门没有在第一时间发布权威信息，前后口径不一致，使一宗刑事案件最后演化成台湾人民对内地人民的不满，造成了极其负面的影响。

（四）创新性原则

全球化、网络化和数字化是21世纪的时代特征，积极探索具有时代特征的新闻发布新形式是做好政府新闻发布工作的有效途径。当今社会，网络越来越成为人民群众获取信息、表达心声的平台。网络新闻发布会是近年来出现的一种新的新闻发布模式，使新闻发布的形式多样、内容更丰富，也极大地提高了新闻发布的时效性，扩大新闻发布的地域和影响。这是政府新闻发布创新性原则的第一种体现。另一方面，在今后的新闻发布制度建设中，可逐步探索建立第二方参与机制，即不再由事件的责任主体单独面向公众，而是要由无责任利害关系的中立的主管方出面召开新闻发布会，这样能够避免信息发布中可能出现的为推卸责任而有意隐瞒、虚报信息的情况。

【典型事例】

2010年3月28日13时12分，山西省华晋焦煤有限公司王家岭矿在基建施工中发生透水事故，造成38人死亡，115人受伤，直接经济损失4937.29万元。事故发生后，党中央、国务院高度重视，要求采取有力措施，调动一切力量和设备，加大排水力度，千方百计抢救井下被困人员，严防发生次生事故。当天17点开始，政府即组织救援，这场中国矿难史上最大救援行动就此展开。经过日夜艰苦奋斗，截止到4月15日，王家岭矿难共救出115名被困人员。事故发生后的第二天上午，即2010年3月29日上午9：30分，抢救救援指挥部就召开了第一次新闻发布会。发言人刘德政向媒体通报了事故经过及最新抢救救援情况。之后12天时间里，"3·28"透水事故抢险救援指挥部先后召开了19次新闻发布会，通过滚动发布消息的方式，不断向媒体和社会通报抢险救援的最新进展，将整个抢险救援过程透明、公开地呈现在社会面前，很好满足了公众对于这次事故的信息需求，不仅为抢险救援创造了一个有利的社会舆论环境，对政府形象的塑造也起到了积极的作用。因此，"3·28"透水事故不仅在抢险救援方面创造了奇迹，在政府信息发布方面也树立了一个新的典范。

国务院新闻办公室前主任赵启正曾指出："突发事件的新闻处置做得不好，往往是对我们伤害最重的。它可以轻而易举地把我们政府的形象毁到极点，把我们平时做的大量正面宣传一笔勾销。"突发事件发生后，政府和媒体在信息发布上的珠联璧合，就是一个不断引入信息负熵的过程，经由这个信息涨落的过程，即通过政府及时、准确并且持续不断的信息发布，政府、媒体与公众之间的信息传输系统产生了协同作用，推动信息环境逐渐优化，信息系统逐渐平衡，新的、稳定的、有序的结构逐渐形成，使人们在突发灾害和紧急危机情况下能够做出正确的行为选择，逐步恢复正常的社会秩序，最终达到一种新的有序状态，从而实现政府牢牢掌握话语权的目的。

第三节　统计发布

统计发布是指定期将政府所掌握的某一方面的数据信息进行新闻发布，这些数据信息具有统计的特征，是政府及其相关部门依据法律法规或工作规范所掌握的准确信息。这一类型的新闻发布具有信息规范性、更新周期性、对比分析性和传播解释性等特点，是政府信息公开的常态化信息。

一、统计发布的基本特点

统计信息是政府部门依法对本行政区域经济、社会、科技、教育、群众生活等基本状况进行专门收集与整理的信息，政府统计信息只有法定的权威性和信源的可靠性。统计信息是政府信息公开的常态内容，通常以月度、季度、年度等定期发布的方式进行公开。统计发布的主要特点有以下几个方面：

（一）信息规范性

统计本身是按照一定的科学原理进行的，由政府建立的统计系统要受到统计法规的制约，并且有一个严密的统计组织网络予以保障，因而，统计信息的生成是十分规范的，要能够对经济社会现象有较为准确和完整的反映。尽管统计信息并不完全是每个社会组织及成员的信息总汇，但建立在科学性、逻辑性与合理性基础上的抽样调查信息，是能够反映社会总体特征的，具有法定的权威性。这种法定权威性直接关系到自然人、法人以及有关政府机构和组织等行政相对人的利益。为了使统计信息规范有序，对于不同统计机构采集的信息，在我国统计法实施细则第 20 条中明确规定：国家统计局统计调查取得的数据，由国家统计局公布。国务院有关部门统计调查取得的数据，由国务院有关部门公布；其中，与国家统计局统计调查取得的统计数据有重复、交叉的，应当在同国家统计局协商后，由国务院有关部门公布。国务院有关部门公布的统计数据，应当自公布之日起 10 日内报国家统计局备案。县级以上地方各级人民政府统计机构和有关部门公布其统计调查取得的地方统计数据，比照前款规定执行。

（二）更新周期性

统计信息大都随着社会的发展而不断发生变化，需要统计部门不间断地进行搜集、整理、更新，因而，统计发布要及时介绍这些更新的信息，也就存在着周期性。目前，政府统计信息有月报、季报和年报，统计发布也呈现出以月、季、年为周期的特点。我国《政府信息公开条例》规定，县级以上各级人民政府及其部门应当在各自的职责范围内重点公开国民经济和社会发展统计信息等政府信息。在政府新闻发布中，及时公布网民经济和社会发展的最新统计信息是政府依法行政的客观要求，满足了公众和媒体对总体反映社会发展动态的权威信息的需求。从各地政府统计发布的实践来看，除了对一些重要信息进行月度发布外，大多以季度发布和年度发布为主，以反映区域经济社会发展在一定阶段内的总体特征。

（三）对比分析性

由于统计信息具有规范性和周期性的特征，使得其在纵向上与横向上的可比性很强，可以对同一地区的历史发展过程进行比较，或者对同一时期的不同区域发展情况进行比较。在统计发布中，单一的数据信息如果离开时间和空间的参照就会失去其意义，只有通过对比分析才能把握有关数据所反映的社会状况，所以，对比分析成为统计发布的一个显著特点。运用对比分析方法进行统计发布，关键是找准找对参照系。要根据当地的实际条件选择具有比较意义的对象，否则相关统计信息就没有可比性。不恰当的比较结果不但没有实际意义，反而会对媒体和公众产生误导。同时，统计发布应当体现客观性、全面性，而不应成为选择性的信息发布。通过科学对比来分析统计信息，既要反映社会发展的进步趋势，又不回避发展过程中出现的矛盾和问题，只有以实事求是的态度才能真正维护政府统计发布的权威性。

二、统计发布的主要类型

根据统计信息内容的差异，统计发布可以分为综合信息发布、专题信息发布和调查信息发布。

（一）综合信息发布

综合信息发布是指政府定期对国民经济和社会发展情况统计信息的发布，除了发布年度的《国民经济和社会发展情况统计公报》外，还可以每月或每季度进行定期发布。目前，政府综合信息发布周期大多以季度为主，并以召开政府新闻发布会的方式面向媒体介绍和解读。出于综合信息涉及面广，内容也多，媒体依据新闻传播规律不可能面面俱到、不分主次地加以笼统报道，所以，发布者需要对信息内容进行必要的、适当的解读，对统计指标予以解释说明，以帮助媒体在传播过程中提取有价值的信息进行重点报道和分析。在综合信息发布中，通常将综合信息以书面新闻素材的方式直接提供给记者，以便于他们准确掌握各种信息数据；发布者在此基础上重点提炼一些反映社会总体状况和突出矛盾的信息进行分析解读，形成发布重点和分析观点，通过影响媒体议程的设置，引导社会舆论的关注点和关注度。

（二）专题信息发布

专题信息发布是指对一些反映社会发展全局性的主要指标，以及重点行业和领域的统计信息进行的专门发布，如区域主要经济指标、工业经济信息、软件产业信息、旅游会展等服务经济信息等，同时对与人民群众生活密切相关的教育、卫生、住房、就业、治安等方面的情况也可以列入专题信息发布。专题信息发布的周期因信息内容不同而各异，如区域主要经济指标可以随政府公报逐月发布，治安信息可以半月或每月进行发布以及时提醒群众注意，其他行业或领域的信息可以根据其本身的运行周期，采取每季度、半年或一年发布一次。专题信息发布可以有效放大社会对相关行业或领域的关注度，扩大政府重点工作的积极影响，多方面、多角度地体现政府执政为民的服务宗旨和工作绩效。

（三）调查信息发布

统计调查既不同于政府和科研机构进行的一般性的工作调查和研究调查，也不同于由企业承担的商业调查和由媒体组织的受众调查。统计调查信息是由从事统计工作的专门调查机构根据规范流程进行调查获得的信息。统计调查分为普遍调查和抽样调查两种类型，比如人口普查、经济普查等属于普遍调查，而居民收入调查、房产调查等则属于抽样调查。此外，政府组成部门还可以委托统计调查机构就尚未列入常规调查的领域进行专题调查，或在调查机构的指导下进行相关调查，以获取相应的调查数据。调查信息的权威性和可靠性取决于调查工作是否规范有序，因此，政府的调查信息发布必须就相关调查的组织过程予以充分说明，不能仅仅介绍调查结果，并要与科研调查、商业调查和媒体调查等信息严格区别开来。

三、统计发布的传播设计

统计发布出于提供的数据相对较多，在表达形式上比较单一、枯燥，除专业媒体给予充分报道外，其他媒体往往仅选择某一个侧面，或只进行概要性的报道，其大众传播效果不够理想。对统计发布进行必要的传播设计，突出其新闻亮点，以举例构建新闻故事，通过观点分析和内容介绍引发新闻关注，可以扩大媒体的报道空间，有效提升统计信息的传播效果。

（一）挖掘新闻亮点

统计信息具有较强的可比性，通过相关数据的历史对比，或与其他区域的同类数据的对比，找出统计信息中具有代表性的内容，可以体现区域发展进程中的突出特点。这些突出特点就为媒体报道提供了新闻亮点，不仅能够扩大统计发布的传播效果，而且有利于通过统计信息树立区域发展的良好形象。当然，统计信息具有客观性，不能根据发布者的主观意愿加以随意剪裁。通过统计信息的相互比较也可以得出区域发展中存在的问题和落后的方面。对此，统计发布在充分展示比较优势的同时，也必须正视比较劣势，不回避社会发展中客观存在的矛盾和问题，并表达政府积极关注的负责态度和解决问题的发展信心，以体现出政府坦诚面对、积极负责、攻坚克难的良好形象。

（二）表达新闻观点

在信息过剩的现代传播环境中，媒体的新闻报道已经把基于新闻事实的消息报道与表达不同社会阶层观点的新闻评论融合起来，以吸引人们的注意力。受众也从过去以接受新闻消息为主的媒体习惯，逐步走向消费新闻与消费观点的同步化，有时甚至表现出对新闻观点的独特兴趣。因而，媒体报道可以将事实作为关注点，也可以将有代表性的观点作为报道亮点，加以聚焦和放大。在统计发布中，透过表面数据信息分析其形成原因，并主动表达政府观点，能够为媒体报道提供具有权威性的新闻观点，并扩大传播影响。同时，政府观点对其他社会观点也起着引导和平衡作用，可以避免人们对统计信息的片面化理解和对社会发展形势的偏见，帮助人们从全局上把握经济社会发展或某一领域变化发展的客观状况。

（三）形成新闻关注

统计信息是对经济社会发展及其某一方面的总体描述，统计数据往往不会涉及具体细节和个案，这在一定程度上影响到媒体对统计发布的关注。在媒体竞争的时代，记者总希望能够有独特的视角观察社会，形成有深刻见解力和社会影响力的新闻。要达到这一目标，记者除了需要掌握核心信息之外，还需要获取该事物发展过程中的有关细节和背景情况，进行挖掘、分析和展开。统计发布可以针对这种需要，有目的地介绍一些与统计信息相关的详细情况及其背景，帮助媒体从特定的角度进行深入报道，形成新闻关注点，提高统计发布的传播效果。当然，这种详情介绍不能冲淡统计发布的中心诉求，要围绕中心来设计关注点，否则就会适得其反，降低媒体对反映事物本质的主要信息的报道。

从根本上讲，统计发布的传播设计必须以统计工作所获得的真实信息为基础，结合相关传播诉求来进行，而不能一味地迎合媒体兴趣和受众偏好加以剪裁，必须使受众通过媒体报道了解到准确的、权威的统计信息，进而掌握客观事物的本来面貌。

【典型事例】

环境保护部和国土资源部 2014 年 4 月联合发布全国土壤污染状况调查公告。调查结果显示，全国土壤环境状况总体不容乐观，部分地区土壤污染较重，耕地土壤环境质量堪忧，工矿业废弃地土壤环境问题突出。全国土壤总的点位超标率为 16.1%，其中轻微、轻度、中度和重度污染点位比例为 11.2%、2.3%、1.5%和 1.1%。从土地利用类型来看，耕地、林地、草地土

壤点位超标率分别为 19.4％、10％、10.4％。从污染物超标情况看，镉点位
超标率为 7％，高居榜首。2005 年 4 月至 2013 年 12 月，环境保护部会同国土
资源部开展了首次全国土壤污染状况调查。调查范围是除香港、澳门特别行
政区和台湾省以外的陆地国土，调查点位覆盖全部耕地及部分林地、草地、
未利用地和建设用地，实际调查面积约 630 万平方公里。

第四节　热点发布

　　热点发布是指政府就社会舆论关注的热点问题进行的专门发布，突出强
调在媒体和公众的普遍关注下，如何就相关议题与公众进行有效沟通，通过
解析和回应社会热点，引导舆论朝着有利于推进社会发展和政府工作的方向
延伸，将舆论热点的传播效应转化为社会动员的精神力量。热点发布在涉及
的内容上可能与其他发布类型的内容有所交叉，但其发布的媒体环境、公众
认知和传播诉求则呈现出独特性，区别于其他类型的发布，进而在政府传播
中的实践要求也不尽相同。

一、热点发布的主要特点

　　热点发布是在媒体普遍介入议题并形成相应议程的情形下，政府针对某
一议题进行的专门发布，目的是通过澄清信息、解释信息并回应舆论，实现
价值和观点的引导，促进公众认知和社会行为。热点发布本身具有强烈的关
注性、积极的反馈性和鲜明的引导性，如果善于及时捕捉议题、合理组织内
容并运用得当，则使政府传播借助于热点传播效应达到事半功倍；如果忽视
社会热点的存在，或在新闻发布中对热点议题处置不当，就会酿成媒体事件
或遭到媒体的普遍质疑和批评，损害政府形象。

　　（一）关注性

　　媒体和公众的关注性是热点发布的基本特点，体现了其议题信息具有快
速传播的媒体通道，能够在短时间内形成舆论或影响已有舆论的走向。实质

上，所谓热点是已经进入媒体议程或公众议程的相关议题，而且它们也影响了政策议程，政府针对其进行新闻发布，就是要将政策议程所决策的相关信息传播出去，形成政府意志与公众意愿之间的良性互动，体现政府以人为本、为民谋利的执政理念和形象。这种热点发布的关注性与应急发布中的媒体关注还有所不同，应急发布中的关注点多为负面信息和问责诉求，政府处于相对被动的情形下，需要通过有效信息发布转化舆论压力；而热点发布在信息内容、媒体观点、公众舆论等方面基本上处于个性，没有明显的负面信息和批评观点，政府在舆论上的压力也小于应急发布。但是，由于热点发布本身的关注性，要求发布者针对议题提供足够的有效信息，特别是政策议程方面的信息，如政府的态度和立场、决策与应变思路、决策的具体内容、对公众建议反馈，以及对热点问题发展趋势的预判等，这些信息既是媒体予以高度关注和重点传播的内容，也是政府通过发布引导公众认知和舆论的核心所在。因而，政府热点发布仅仅是一种针对社会热点在处理方式上的说明，必须依赖政府在相关政策议程上所做决策的事实支撑，来为热点发布提供充足的信源；否则，只靠热点发布这种形式上的存在是无法完成政府对媒体传播和公众舆论上的诉求的。

（二）反馈性

既然是社会热点议题，必然存在着各种社会意见和舆论反响，政府的热点发布不能对已经进入传播领域或客观存在于人们口头舆论场中的信息、观点、判断等于不顾，要通过相关议题的反馈和回应对社会舆论加以主导，进而实现政府传播的诉求。热点发布的反馈性是由传播活动中传者与受众之间的相互作用规律所决定的，只有将反馈性信息纳入其中，才能在尊重受众的基础上有针对性地进行有效传播，起到澄清信息、表达观点、形成社会价值判断的作用。如果在热点发布中，不重视舆情的收集和反馈，甚至回避已经形成的事实信息和观点，只是一味地表达官方给定的信息口径，进行简单辟谣或有选择地公开信息，不仅会由于信息缺位导致媒体的不满和报道中质疑，而且会带来公众对政府的信任危机，将热点事件变为危机事件，进而导致政府在传播上的被动。所以，在热点发布中要特别重视发布者与记者之间的互动，为记者的提问和交流安排充足的时间；同时对发布者来说，也要对可能被问及的方面进行充分准备，掌握答复口径，满足媒体报道对反馈性信息的诉求。只有在热点发布中实现信息的充分交流与传受双方的良性互动，才能适应于热点传播的客观要求，为政府赢得充分的话语权，通过政府的权威信息和观点引导舆论走向。

（三）引导性

政府进行热点发布的目的就在于引导社会舆论，使政府与公众之间借助媒体在良性互动的基础上，形成或扩大对热点问题的同向理解和价值认同，并通过这种共识为政府工作创造良好的舆论氛围和社会参与。因此，引导性是热点发布的目的所在。政府对社会热点的引导既不是盲目的简单评说，也不是脱离实际的空论，而是在认真分析公众舆情与社会现状的基础上，做出相应的表态、决策、预判和对公众的建议，通过媒体向公众传播，并形成相应的舆论场。如果对社会热点仅仅确立在舆论上的诉求目标，而不能提供相关信息的支撑，就无法实现对舆论的有效引导。政府在热点发布中，就是要针对社会热点议题的客观存在及其由多元观点形成的舆论场，系统地将政府能够提供的相关信息和观点向媒体发布，并形成该议题的传播主流内容，使社会舆论转向政府所期望的议程。社会热点一般与公众的切身利益密切关联，因而，政府在将热点纳入发布议题的同时，必须对热点问题加以认真研究并形成相关的决策或建议，切实维护和保障公众利益，使热点发布内容真正做到有的放矢，而不是流于形式。只有政府工作事实的存在，才能为政府观点及其对公众的建议提供实实在在的逻辑支撑和话语力量；否则，离开了事实依据，政府的任何言论都是站不住的，盲目、空泛的发布反而会损害政府的公信力。

二、热点发布的主要类型

热点发布是将社会关注的议题纳入到政府新闻发布的框架之中，其内容覆盖面较广。从热点发布所涉及的信息内容上分析，主要包括政策热点发布、事件热点发布和管理热点发布三大类。

（一）政策热点发布

政策热点发布与前面讲到的政策发布既有联系，又有所不同。它们之间的联系在于发布内容都涉及政策信息本身，都会对政策背景、形成过程、相关内容和实施细则，以及对公众所产生的影响等方面进行解读和分析。两者之间的区别则表现在三个方面：一是舆论环境不同，政策热点发布是在相关的具体政策出台之前就已经成为社会关注热点，并且社会各界对此有着不同的意见和观点，一些意见和观点之间还存在着相互对立和矛盾。二是发布时机不同，政策热点发布可以在政策决策和制定过程中进行，而不必形成最终的政策意见，其先期发布既可表明政府态度和决策原则，又可以借此听取公众意见，了解社会反响，促进政策的进一步完善。三是发布的传播诉求有所差异，两者在赢得公众信任、树立政府形象的共同诉求基础之上。政策热点发布的传播诉求期望舆论关注度降低，而政策发布的传播诉求通常期望舆论关注度提高。在我国当前的社会背景下，涉及"学有所教、劳有所得、病有所医、老有所养、住有所居"等广大人民群众根本利益方面的政策都已成为社会关注的热点，比如房地产调控政策、中低收入人群生活保障政策、老年人免费乘公交政策等。当然，政策热点还与不同地方的社会发展状况及其存在的突出矛盾和问题有关，在具有普遍共性的同时，还只具有地方个性和差异，不能简单一概而论，需要根据当地的社会舆情加以具体分析和判断。

（二）事件热点发布

事件热点发布是针对媒体和公众关注的相关事件所进行的发布，通常在事件发布之前，经过媒体的相关报道，公众对即将发生的事件充满着期待、关注和参与热情，政府的发布必须对公众认知和参与进行有效引导。热点事件的形成从信源上大致包括两种情形：其一，事件涉及地域广泛，在发生之前通过对其预热报道形成舆论关注。比如阿里巴巴公司将每年11月11日"光棍节"变成"购物狂欢节"，形成重大商业关注性报道。其二，事件时间跨度较大，从启动到结束需要经过较长的时间，先期进行的预热报道和前期报道引发公众的高度关注，特别是人们对某一时间节点的活动予以期待，比如大型体育赛事、文化艺术活动、重大考古发掘等。其三，具有周期性的一些事件，由于事件本身对公众会产生一定影响，人们根据事件周期提前对即将发生的事件产生关注和期待，比如，每年一度的"无车日""步行日"，以及传统节庆活动等。事件热点发布由于已经有了媒体的前期介入，其公众知晓率是比较高的，相关内容发布应当以服务公众的参与为主，尽可能地使人们在预知事件内容和近程的前提下做出合理的选择，保持事件过程中社会秩序的稳定。

(三) 管理热点发布

管理热点发布是指政府针对社会管理方向公众普遍关心的问题所进行的发布，其内容既包括长效管理机制的构建，也包括在短期内实施的管理措施。管理热点的地域性比较强，其形成也有三个方面的因素：一是随着社会发展逐渐显现的，对公众生活质量和安全等方面日益造成影响的管理问题，比如对居民养犬的管理问题、交通拥堵与停车管理问题、道路的路权划分问题等；二是公众对现行管理制度和措施意见较大，呼吁加强和改善管理方式的问题，比如公共场所市民文明行为的管理、施工工地噪音管理和施工车辆运输的管理等；三是上级政府新的管理要求在本地如何落实，或是其他地方政府采取的管理措施本地是否也会加以参照等引起的问题关注，比如党政机关公务用车按牌照尾号限制行驶、机动车按牌照尾数单双号行驶等。应当看到，在管理热点的背后有着各种不同社会利益群体的诉求，政府管理内容和方式的改变会影响到相关人群的利益。因此，管理热点发布必须理清对新的管理措施的表态或推行所涉及的受益人群与损益人群，以及对具体利益的调整程度，坚持从维护、保障和发展社会公共利益出发表达观点、解读管理措施，通过引导媒体认同，赢得公众的理解和支持。

【典型事例】

据辽宁省工商局消息，2014 年辽宁省工商 12315 投诉举报系统共受理消费者各类咨询、投诉、举报等诉求 215672 件，与 2013 年相比上升 6%。其中，受理消费者维权投诉 18187 件（商品问题投诉 11596 件，服务问题投诉 6591 件），涉及消费争议金额 4784.34 万元，目前已解决 10836 件消费投诉问题，为消费者挽回经济损失 1722.32 万元。据了解，2014 年消费者向 12315

咨询消费维权问题 194353 件次，与 2013 年相比上升 8.94%。一些消费者咨询，原本是有权益主张的，但由于消费者对法律法规不了解、维权证据不足、维权主张不合理等因素，使得一些诉求因没有法律依据而不能受理解决，12315 工作人员只能按照法律法规规定，作为咨询进行解答。

三、热点发布的原则

热点发布本身具有较强的媒体传播效应，各种媒体都会对政府的立场、态度、决策以及采取的具体措施加以详尽报道，以延伸或完成原来所设定的媒体议程，并从中体现媒体自身的价值，即媒体议程对政策议程的影响作用。在这种传播环境下，热点发布成败的关键在于对传播效果的控制。

（一）及时准确传播原则

在社会热点的形成过程中，各种信息和观点逐渐会聚、交织在一起，并形成了公众热议的话题。这其中可能包含准确信息，但更多的是模糊信息或推测性的信息，因为信息来源并非出自官方渠道。同时，伴随着各种小道消息的传播，各种观点和意见也迅速形成，彼此间存在着争论和矛盾。在这种舆论环境中，政府的热点发布首先要做到及时澄清信息，通过发布官方权威信息，压制和堵塞各种小道消息的传播空间，就热点问题形成准确传播，消除各种不实的猜测和错误的观点。当然，政府的准确信息要建立在调查、核准和相关的决策基础之上，而不是随意发表无事实依据的观点、判断和结论，否则就会遭到媒体和公众的质疑。所以，确保热点发布的信息准确，并使准确信息为媒体广泛传播，是实现政府有效引导社会舆论热点的基础。

（二）形成正确导向原则

热点发布要在准确信息的基础上形成正确的舆论导向，必须对信息所表达的逻辑关系进行梳理，强化其内在的逻辑关联，构建严密的信息链条，体现政府以人为本、为民谋利的执政理念。热点发布常常面对信息杂乱的传播环境，各种信息之间相互矛盾，可谓是众说纷纭，如何帮助人们判断信息的真伪虚实，是热点发布中必须解决的问题。只有通过建立信息之间合理的逻辑联系，才能形成人们对于热点问题的认知脉络，有助于揭示热点问题所触及的实质性的利益博弈。当信息准确且逻辑清楚时，代表着社会不同利益群体的各种观点和意见才有可能达成共识，形成主流舆论，使舆论热点在各方接近的方向上延伸，或在普遍接受的基础上趋于常态。政府进行热点发布就是要起到这种主流舆论作用，使公众期望和诉求的目标趋于一致，促进社会和谐发展。

（三）把握传播节奏原则

媒体在热点传播中追求轰动性，这种轰动性对于提高传播效率、扩大公众影响无疑是非常有用的，但也会导致社会舆论的哗然，使人们处在无序的舆论环境之中，进而影响社会的稳定与和谐。因此，加强对社会热点舆论的有序引导，是政府热点发布的传播目的所在。社会热点之所以为媒体关注，除了其与公众利益的密切相关性外，各种与议题相关信息源源不断地流出，是导致媒体不断跟进报道的直接原因。加强对热点问题的信源控制，统一政府信息口径，使之合理、渐进、适度地进入传播领域，是实现热点问题舆论有序传播的关键因素。这里强调的信源控制不是对相关信息的隐瞒，而是对各种杂乱无章信息的清理和归口，以防止虚假信息、不实信息、相互矛盾的信息通过各种渠道传播出去，混淆公众视听，造成传播上的无序状态。对于政府热点发布来说，信源掌控是使社会热点下的非常态传播转入常态传播的重要环节，只有把握合适的传播节奏，才能实现热点传播的有序和社会舆论的和谐。

【典型事例】

2012 年 8 月 30 日凌晨，《财经》记者在微博上称广州越秀区委常委、人武部政委方大国被指在合肥飞往广州的南航 CZ3874 航班上殴打空姐。翌日，广州越秀区委宣传部回应，认定方大国与空姐发生冲突但未打空姐，方大国本人也予以否认。同日，新华社广东分社记者和新华社《中国网事》记者同时介入调查，并征集当天同机旅客提供线索。9 月 1 日，同机乘客出来证实方大国曾经动手。9 月 2 日，新华社广东分社微博就此事连发"三问"质疑事件真相。9 月 3 日，人民日报官方微博披露，方大国已于 9 月 2 日被停职检查，接受组织进一步调查，后被免职。与此同时，"广州越秀区武装部政委'殴打空姐'"事件相关舆情受到网民热议，相关网络新闻数量从 8 月 30 日的 300 余篇暴增到 8 月 31 日的 1400 余篇，而后随着新华社记者的介入舆情再次爆发，相关网络新闻篇数超过 1600 篇。美国《华尔街日报》以"中国官员因攻击空乘人员蒙羞""军队官员因飞机上打架被停职"等为标题对此事件进行了报道。"方大国殴打空姐事件"之所以在网上愈演愈烈，其重要原因是相关部门信息透明度不够、反应迟缓、问责乏力、网络应对技巧匮乏等应对负面信息不利的问题。

当前社会环境下，网络突发公共事件不可能完全杜绝。舆情发生并不可怕，可怕的是我们不去进行有效引导和管控，任由舆情肆意传播，结果将小事拖大、大事拖炸。"谣言止于真相。"舆情发生后，有关部门要迅速组织调查，在危机爆发后第一时间说明真相，建立与网民、公众以及媒体进行有效沟通的渠道，全面发布客观、真实的信息，澄清事实、驳斥谣言、疏导民怨，力争在上级的要求、媒体的寻求、公众的诉求之间找到共鸣点和平衡点，以真相和公义化解舆情，引导舆情向理性积极的方向转轨。

【思考题】

自 2005 年 11 月 20 日开始，关于哈尔滨市近期将有地震的说法，开始在哈尔滨的广大市民中流传。21 日上午，哈尔滨市政府发布《关于对市区市政供水管网设施进行全面检修临时停水的公告》，宣布自 2005 年 11 月 22 日中午 12 时起，对哈尔滨市区市政供水管网设施进行全面检修并临时停止供水，检修并停水的时间为 4 天。公告发布后，在地震消息始终未经政府证实的情况下，引发更大的公众不安情绪。21 日当天下午，哈尔滨市政府又发布了《关于正式停止市区自来水供水的公告》，宣布停水是因为中石油吉化公司双苯厂爆炸后可能造成松花江水体污染，为保证全市供水安全而采取了停水的紧急措施。23 日，国家环保总局发布通报称，受中石油吉化公司双苯厂爆炸事故影响，监测发现苯类污染物流入松花江导致重大水污染事件。这次的"松花江水污染事件"，从谣言四起到迅速平息，虽然只有短短的 3 天，但却一波三折，经历了地震谣言、断水谣言、政府发布检修公告、政府改正错误公布污染消息几个阶段。同时，掩饰责任的惊慌心态使国家环保局在危机发生 10 天后才通报俄方，表现出国家环保局在国家关系层面上与吉林、黑龙江省政府遮掩事实有同样的心态，至少缺乏国际环保责任意识。这致使俄罗斯杜马副主席亚历山大发表声明说，赔偿金不少于几百万美元，引发了外交危机。

　　根据以上事例，你认为政府在应急危机处置中暴露出哪些不足？出现哪些后果？应该如何改进？

　　　　　　　　　　　　　　　　　　　　　　　　　　　　　（高成）

第四章　国内政府新闻发布的
历程、内容及方式

随着我国经济建设、政治建设、文化建设、社会建设、生态文明建设的迅猛发展，国内政府新闻发布工作进入了一个崭新的阶段，发布风格全面改进，发布内容逐步增多，尤其围绕政府工作的重点、媒体关注的焦点和公众关心的热点，进行了详尽的解释、说明，营造了良好的国内、国际舆论环境，为政府各项工作的顺利开展做出了特殊的贡献。

第一节　国内政府新闻发布的历程

新闻发布自古就有，过去新闻信息发布主要有四个渠道：一是民间的自由发布，行吟诗人、贩夫走卒的发布，在村头、饭场、茶馆、咖啡馆、各种沙龙的发布和街谈巷议等；二是社会的组织系统发布，例如宗教集会、宗族集会、群众运动中演说、标语、企业广告、民间团体或企业的发布会等；三是大众媒体的发布，例如报纸、杂志、书籍、广播电视等；四是政府部门的制度发布，包括碑刻、公告、布告邸报、政府文件和通过媒介的直接发布等。政府部门的制度发布包括有规则发布和无规则发布两个方面，又包括对新闻信息的主动发布和对民间新闻信息的限制两个方面。当代中国信息公开和新闻发布走过了一段曲折的道路。

一、建国初期政府新闻发布的实践

中华人民共和国成立以前，中国共产党的领导人充分利用各种传播工具和手段，积极开展宣传鼓动工作。对外采取接受国外记者和国民党记者采访，撰写新闻稿，举行记者招待会等手段，说明自己的主张。比如毛泽东接受斯诺、史沫特莱等外国记者的采访，向国际社会说明真实的中国、真实的中国共产党；亲自撰写新华社社论，向外播发稿件；周恩来在国共和谈期间经常举行记者招待会，宣布中共和谈的主张，揭露国民党"假和谈真内战"的阴谋。对内沟通和宣传则采用了系统内部自建的机关报体系作为政府信息和新闻发布的平台，例如中共中央晋察冀分局的《晋察冀日报》、中共晋冀鲁豫边区中央局的机关报《人民日报》和中共中央山东分局机关报《大众日报》等等。

对内、对外传播工具的组合运用延续到新中国成立以后，政府的对外发布渠道仅仅局限在新华社对外播发的电讯上，很少运用新闻发布会或记者招待会的形式向国外公开中国政府的政策主张。

新中国成立初期具有标志性意义的中国政府新闻发布会是在1965年9月29日，由时任国务院副总理兼外交部部长的陈毅举行的一场新闻发布会。这场新闻发布会是在1964年中国试爆两颗原子弹，国际社会对中国外交政策普遍关注的大背景下举行的。这场新闻发布会定名为"记者招待会"，在人民大会堂东大厅召开。300多人参加了这次记者招待会，其中包括首都新闻单位的中国记者、前来我国访问并参加国庆观礼的各国记者、来自港澳的中外记者及各国驻华使馆的新闻官员。

从新闻传播学的角度来看，此次新闻发布会巧妙地利用了国庆十六周年的时机，将中国的声音传向世界。虽然是国内首开先例的新闻发布会，但是发布会的组织工作非常完善。发布会设有主持人，陈毅亲自担当发言人，即席问答问题。场上发布方对场内局面控制力强，秉持了"以我为主"的发布态度。这次新闻发布会的成功召开和当时中国强硬的外交政策有较大的关系。中国政府需要将这种态度传播到国际社会，国际社会也希望了解"神秘"而

"封闭"的中国，双方的需求最终促成了新闻发布会的召开，并产生了强烈的反响。

新中国成立初期我国政府的新闻发布活动有以下几个特点：第一，新闻发布会能够强有力地表达政府宣告性信息、政策和态度；第二，新闻发布会是符合国际惯例的对外宣传的工具，在面向国际社会的传播中，尤其是在对中国外交政策的传播上，具有特别的意义；第三，政府尚未形成新闻发布制度，政府的新闻发布活动基于宣传，是为政府的执政统一思想服务的；第四，中国政府新闻发布实践并没有形成系统化和规律化的认识，在政府信息对内传播的维度上没有使用新闻发布会的形式。政府对内传播的信息主要通过指令性的方式经由党报党刊的新闻和新华社电讯的方式向公众传播。

从 1966 年 5 月到 1976 年 10 月，整整 10 年的"文化大革命"是中国政府新闻发布遭到新中国成立以来最为严重的挫折和损失的时期。新闻报纸作为政府发布新闻的主要工具，但不能正常发挥监测和信息沟通的作用，几乎沦为各派别斗争的工具。1966 年 5 月，毛泽东批准陈伯达率工作组进驻人民日报社，全面接管了报社工作。随后，形成以《人民日报》《解放军报》《红旗》杂志为核心的"两报一刊"宣传系统，全国各地的新闻内容均出自这个系统。

二、改革开放后政府新闻发布的实践

"文革"结束，中国经历了一场全国上下的思想解放运动，确立了以经济建设为中心的社会主义改革道路。这个时期，中国政府在外宣的主导思想下，推动了政府新闻发言人制度建设，虽然较为缓慢，但标志着政府新闻发布制度的初建。在这个时期，政府新闻发布工作由两条主线构成：一条是利用政府控制的媒体进行常规的政府新闻发布。中国政府是党的政策、路线和方针的执行机构，中国媒体是政府管控下的事业单位，是政府的耳目喉舌，必须宣传党的政策、路线和方针。从中央到各级地方的党报党刊是重要的政府信息出口。新华社作为国务院直属的事业机构，最重要的工作任务就是担当政府的"喉舌"。电视台和广播电台等电波媒体在行政上隶属于中央及各级政府的广播电视局，理所当然地承载了发布政府信息的功能。新闻媒介在改革的大环境中重新焕发出活力，不断进行着改革的尝试。在对政府信息的报道方面，由于新闻媒体在宣传路线上受中央及各地宣传部的领导，因此在对政府信息的报道上着重宣传中央的政策路线。在一些媒体，形成了政府信息等同于政府领导人信息，政府新闻等同于政府领导人行动的僵化报道思维，导致政府新闻形式化，缺乏信息含金量等弊病。政府新闻发布工作的另一条主线是中国政府循序渐进地推动政府新闻发言人制度的建设。从最初的外交部新闻发布的尝试到制度化建设，直到两会新闻发布活动，再到国务院新闻办公室的成立，都显示出政府对新闻发布工作的重视和制度化建设的尝试。

1980 年，中国政府举行了两次新闻发布活动，一次是由全国人大常委会召开的新闻发布会，时任人大常委会副秘书长的曾涛作为发言人向中外记者发布了关于审判"四人帮"的决定。同年，发生了"渤海二号"石油钻井船翻沉事故，为了向国内外公众发布关于事故调查和处理的结果，中国政府召开了另一次新闻发布会。1980 年 9 月 29 日，曾涛就五届人大常委会第 16 次会议决定成立特别检查团审判林彪、江青反革命集团案十名主犯的问题举行中外记者招待会，介绍决定的内容并回答记者提问，轰动一时。

严格意义上说，中国政府在改革开放后举行的第一场制度化的新闻发布会是在 1982 年 3 月 26 日，在外交部门厅举行的发布会。正是此次发布会，成为政府新闻发布制度建设的发端。当时主持中央工作的邓小平指示外交部对当时苏联领导人勃列日涅夫的讲话做出反应。这场发布会由当时任外交部新闻司司长的钱其琛担任发言人。

作为外交部首任新闻发言人，钱其琛发布了只有三句话的简短声明："我们注意到了 3 月 28 日苏联勃列日涅夫主席在塔什干发表的关于中苏关系的讲话。我们坚决拒绝讲话中对中国的攻击。在中苏两国关系和国际事务中，我们重视的是苏联的实际行动。"声明念完后，没有提问，也不回答问题。第一次新闻发布会就结束了。钱其琛在《外交十记》中讲到："这个没有先例的新闻发布会和三句话的简短声明，立即引起了在京的中外记者的极大关注。出席发布会的苏联记者当场竖起大拇指，对我说'奥庆哈拉索！'（很好！）他显然听出了声明中不同寻常的意思。这简短的声明，第二天发表在《人民口报》头版的中间位置，表明消息虽短但很重要。声明在国际上也立即引起了广泛注意。西方五大通讯社和其他外国媒体纷纷报道，并发表评论。"（钱其琛《外交十记》，世界知识出版社，2003 年版，第 71 页）

这一次新闻发布会产生的巨大影响催生了外交部定期发布新闻的制度，有研究者认为中国的第一位新闻发言人是钱其琛，他在一个偶然的机会和一个偶然的时刻，成为新中国新闻事业历史上的第一位新闻发言人。虽然这个论断未必准确，但是也说明了这次新闻发布会承前启后的作用，它承接了新中国成立以来政府新闻发布会的传统，开启了政府新闻发布制度化建设的未来。

1983 年 2 月，中央要求外交部和对外交往较多的国务院各部门建立新闻发布制度，定期或不定期地发布新闻。1983 年 3 月 1 日，时任外交部新闻司司长的齐怀远向中外记者宣布："中国外交部从即日起建立发言人制度。"1983 年下半年，中央提出建立全国新闻发言人制度。国家统计局、外经贸部、国台办等部门发言人也逐渐走到前台。1988 年中央进一步明确要逐步建立和完善新闻发布制度。此后，中国政府的新闻发布工作进入了制度化建设阶段。

外交部新闻发布制度建立初期，每周举办一次发布会，只发布消息，基本上不回答提问。1983 年 9 月开始尝试在每月第一周的发布会上现场答问。从 1986 年起，现场答问题增加为每月两次。1988 年后，改为每次发布会上都让记者提问。从 1995 年起，发布会改为一周两次，1996 年取消翻译，1997 年将翻译改为同声传译，发布会的时间增加了，记者提问的机会也多了，对外提供的信息量大大增加。不仅如此，外交部新闻发布会还取消了对记者提问的次数和发布时间的限制，每次发布会都持续到无人提问才结束。

目前，外交部新闻发布机制已走向成熟。无论从每次出席发布会的记者人数，还是记者提问的数量和涉及范围，乃至外国媒体引用其发布消息和答问内容的报道量都大大超过以往。目前每年都要举行近 100 场发布会，内容涉及外交、政治、经济、社会等各个方面。出席发布会人数少则上百人，多则二三百人，代表主要大国的二三十家传媒的记者几乎每场必到。遇重大问题或突发事件，来参加新闻发布会的记者更多。一些外国驻华使馆的新闻官甚至大使、参赞也曾出席外交部新闻发布会。

1983 年 4 月 23 日，中国记协首次向中外记者介绍国务院各部委和人民团体的新闻发言人，正式宣布我国建立新闻发言人制度。新闻发言人制度是政府在改革开放初期为了满足对外宣传的需要建立起来的。事实上在此之前，新闻发言人制度在外交部已经历了一年的"试运行"，表现良好，满足了中国政府外宣的需求，也满足了外国媒体了解"神秘"中国的渴望。

此后，新闻发言人制度经历了缓慢的发展。

1987 年，中宣部、中央对外宣传小组等部门联合发文，就国务院新闻发言人制度做出规范。国务院会议做出的可以公开报道的重要决定，由国务院新闻发言人定期（每月一次或两次）举行中外记者招待会加以介绍，还可就一个时期国内政治、经济、文化等全局性的重大问题和群众关心的问题发布新闻并答记者问；并建议中央在转折关头举行的一些重要会议和做出的一些重要决定，可由领导人举行记者招待会，就主要问题做介绍；也可考虑就一个时期国内外读者普遍关心的敏感问题，选择适当的时机召开中外记者招待会，由中央领导同志或有关部门负责人作权威性解答，电台、电视台播放实况录音或录像剪辑。1988 年，中共中央办公厅转发《新闻改革座谈会纪要》，对中央政治局和国务院会议发布工作进行制度化。1989 年 4 月，七届全国人大二次会议上通过的《全国人民代表大会议事规则》规定："全国人民代表大会会议举行新闻发布会、记者招待会。"1997 年，香港回归后，特区政府设立了政府新闻发言人。1999 年 2 月，最高人民法院院长肖扬表示，各级法院要逐步建立新闻发言人制度，向社会定期公布法院审判活动情况，自觉接受新闻舆论的公开监督。2000 年 1 月，澳门特别行政区第九届全国人民代表大会选举会议设立新闻发言人。2000 年 7 月 19 日，国务院新闻办新闻发布厅正式启用。配有现代化音响和多媒体演示的 300 余平方米的新闻发布厅，可以进行声像剪辑和卫星传输通信服务。2000 年 9 月，国务院台湾事务办公室举行首次新闻发布会，新闻发言人张铭清表示国台办正式建立对台新闻发布制度，引起两岸媒体高度关注。2001 年 1 月 17 日，时任国务院新闻办主任赵启正在记者招待会上说，2000 年国务院新闻办举办记者招待会 40 次，2001 年国务院新闻办将每周举办一场记者招待会。

与此同时，政府新闻发布制度的政府信息公开主渠道的属性也在我国政治体制改革的大背景下得以呈现。1987 年，中国共产党十三大报告提出将建立政治协商对话制度作为政治体制改革的重要内容，做到"提高领导机关活动的开放程度，重大事情让人民知道，重大问题经人民讨论"。政务公开首度提上了政治体制改革的议事日程。

1988 年，中国共产党第十三届二中全会提出将政务公开作为预防腐败的重要举措予以推行，各级党政机关应尽可能地公开办事制度，以便群众行使对权力的监督。1988 年全国人大通过了《保密法》，修订案在 2010 年 4 月由中华人民共和国第十一届全国人民代表大会常务委员会第十四次会议修订通过，于 2010 年 10 月 1 日起施行。《保密法》规定：凡是不属于国家秘密范围内的信息，国家都应当向公众发布，公民都有权知晓。这项法律规定了政府信息公开和新闻发布的内容边界。1989 年，《中华人民共和国全国人民代表大会议事规则》于全国人大七届二次会议通过，规定全国人大会议公开举行，代表发言应整理印发会议，设立旁听席，举行新闻发布会、记者招待会，重要的法律草案可以公布，公布大会的表决结果。随着政治体制改革的深化，中共中央提出人事任免的"公开透明"；中共中央书记处提出各级领导机关要实行"两公开监督"，即办事制度和办事程序公开、办事结果公开，接受群众监督。1997 年中国共产党十五大明确提出实行"政务公开"，中共中央办公厅、国务院办公厅下发《关于在全国乡镇政权机关全面推行政务公开的制度的通知》，明确指出"城乡基层政权和基层群众性自治组织，都要健全民主选举制度，实行政务和财务公开，让群众参与讨论和决定基层公共事务和公益事业，对干部实行民主监督"。此后政务公开在各级政府全面实行。

这一时期，政府新闻发布制度作为政府信息公开的主要渠道的职能初步体现，但在实践上还缺乏成文法的规范和制约。这个历史阶段是政府新闻发布工作逐步完善并走上系统化的一个阶段。中国政府通过一场思想解放的运动，对政府的职能和定位有了更清楚的认识，在"外宣"导向的宣传策略指引下,逐步建立健全了政府新闻发布制度,但是这一阶段政府新闻发布制度建设的速度仍然比较慢,中国政府并没有对政府新闻发布的层级、举办的形式、发布内容等做出具体的限定。

三、"非典"之后政府新闻发布的实践

2003年初春,在我国南方发生了非常罕见的传染病,即非典型性肺炎,简称"非典"。当时,政府可能没有充分预计这种奇怪的病毒会导致如此严重的后果,所以政府并没有及时地让公众全面了解事态的真实情况,导致互联网的信息自由与政府信息控制之间的矛盾,最终造成了社会公众极大的恐慌情绪以及对政府信息源的不满,出现了公众对政府信息的不信任。在此种特殊时期,中国政府于2003年4月18日果断地决定由卫生部副部长高强举行新闻发布会,并详细地介绍了最新疫情,并且决定从4月20日起,每天下午4点,由卫生部举行新闻发布会向全国通报疫情的最新发展情况,由中央电视台直播。由于政府在这场特殊灾难面前持续地举行新闻发布会,为政府的工作赢得了时间和公众的支持及信任,同时也改变了以往政府以传统方式控制信息传播,漠视公民知情权的状况。"非典"期间对政府新闻发布制度具有重大的转折意义:就政府来说,这突如其来的"非典"危机,使政府清醒地意识到在社会危机事件中怎样看待和处理新闻发布制度,应不应该遵循一定的规则。这些事关民族危机的重大问题,有利于政府从思想到制度再到体制上的全盘考虑。有的学者曾指出,2003年"非典"危机,既是政府危机公关的考验,同时也成了政府新闻发言人制度的推进品。

就社会公众来讲,政府经历了信息不公开、不透明所带来的信任危机后,政府更主动、更自觉地向社会公布一些重大事件的信息,使社会公众对政府的知情权落到了实处。从此以后,中国政府新闻发布会的次数不但明显增多,而且涉及的范围非常广泛,几乎包括所有主要的重点领域。

2003年5月国务院第七次常务会议通过《突发公共卫生事件应急条例》,规定了国家建立突发事件的信息发布制度;2005年中共中央办公厅、国务院办公厅下发《关于进一步推行政务公开的意见》;2006年,中国共产党十六届

六中全会将政务公开作为构建和谐社会的重要保障，提出"深化政务公开，依法保障公民的知情权、参与权、表达权、监督权"；2007 年 1 月 17 日，国务院常务会议审议通过了《中华人民共和国信息公开条例（草案）》；2008 年 5 月 1 日《政府信息公开条例》作为规制政府信息公开的行政法规正式实施，对我国政府信息公开和政府新闻发布有着重要意义，但由于《条例》的某些规定更倾向于政策性，操作性不强，使目前的政府信息公开或新闻发布存在表面化和形式化的倾向，不能充分发挥应有的监督和约束作用。

从新闻发言人制度的角度来看，目前我国已建立起三个层次的新闻发言人制度：国务院新闻办、国务院各部门和省级政府的新闻发布和发言人制度。目前，政府三个层次举办的新闻发布会有三种形式：一是以新闻发言人的名义，定人、定时、定点举办新闻发布会，如外交部、国务院台湾事务办公室、上海市政府等；二是如国务院新闻办公室那样，邀请国务院部门负责人或发言人介绍有关情况，一些地方政府也是参照这个模式做的；三是遇有突发事件时，临时组织新闻中心进行新闻发布活动。中国政府三个层次的新闻发布工作受到公众和中外新闻媒体的关注。截至 2009 年底，中共中央纪律检查委员会、中共中央组织部、中共中央宣传部、中共中央统战部、中共中央对外联络部、中共中央台湾工作办公室、中共中央对外宣传办公室、中共中央党校、中共中央文献研究室、中共中央党史研究室、中央档案馆 11 个党中央部门建立了新闻发布和新闻发言人制度，一共设立了 14 位新闻发言人。国务院的 74 个部门建立了新闻发布制度，设立了新闻发言人。最高人民法院、最高人民检察院公布了新闻发言人和新闻发布机构，31 个省级政府均建立了新闻发布制度和新闻发言人制度。

从政府新闻发布制度建设的视角来说，这一阶段确实是我国新闻发布制度发展最快的黄金时期。长期以来，政府对信息发布没有引起足够的重视，低估了社会公众对信息的渴求。通过 2003 年 SARS 危机后，政府已经意识到新闻发布的重要性，尤其是在"非典"后期，由于政府已掌握了最新信息发布的主动权，澄清了社会一时是是非非的流言，稳定了社会，也使公众及时获得了真实可靠的信息，在以后连续的几年中，中央文件不断提到要促进政府新闻发布制度的建设。更为明显的是 2008 年春节南方冰冻雪灾和四川汶川 "5·12" 地震的自然灾害，政府新闻发布制度以真实、及时、高效的风格，极大地满足公众对事态的知情权，同时也标志着中国新闻发布制度的成熟。

综上所述，从新中国成立到改革开放初期，中国政府将对外宣传、树立国家国际形象作为新闻发布的首要职能，政府公共关系是政府新闻发布制度的显性属性，那个时期的新闻发布活动呈现重视外宣、对内发布等同于宣传的特点；随着社会主义市场经济建设、政治体制改革、政府职能转变、政务公开的全面推进，政府新闻发布的职能得到丰富，政府新闻发布的政府信息公开主渠道的属性显现。2003 年 "非典" 危机过后，中国政府充分意识到新闻发布畅通的重要意义，政府新闻发布制度建设进入高速期。

第二节　国内政府新闻发布的内容

我国政府新闻发布工作，主要围绕着两部分内容展开：

一、常规政府新闻发布

常规政府新闻发布是由政府设立相对固定的新闻发言人，定期或不定期向媒体和公众发布政府的相关信息。这些信息主要包括：政府的发展战略、工作思路和政策措施；政府当前的中心工作和重大决策；当地经济、政治、文化、科技、教育、卫生、民主法制、廉政建设等方面的重大情况；政府重要活动及广大群众普遍关心的重大问题，等等。这是政府例行的一种新闻发布形式，以此来传播政府权威信息，向公众敞开信息来源。同时，它又是一种可规划、可预见的信息发布形式，是一种在常态下利用大众传媒达到传播政府信息目的的发布形式。

从我国政府新闻发布的历史看，常规新闻发布是最早出现的，也是一种通常意义上影响较大、信息含量较多、相对比较重要的新闻发布类型。

它是我国各级政府部门工作最新信息的主要传播和公开途径，也是实现公众知情权的重要保障。1999 年，政府开始上网工程建设，公众能够在政府公开网站得到相关信息，但常规新闻发布依然是各级政府发布信息的主要途径。

二、突发公共事件的新闻发布

突发公共事件可以分为自然灾害事件、事故灾难事件、公共卫生事件和社会安全事件四类，每类按照其性质、严重程度、可控性和影响范围等因素再分为四级。突发公共事件具有突然性、灾难性、混乱性、社会舆论的焦点性和对政府形象和能力具有挑战性五个特点，面对这些事件，政府作为公共事务的管理者，是突发公共事件职责的主要承担者，在管理过程中，很重要的一项就是要采取大众传播及其他手段，对社会加以有效控制。对影响较大的突发公共事件，征得相关主管部门同意，由政府主管部门新闻发言人或事发地政府新闻发言人发布；一般突发公共事件，在事发地党委、政府的指导下，由当地政府新闻发言人发布。

1994 年之前，我国国内突发公共事件的新闻报道，一般是由国家通讯社——新华社通过发新闻稿的方式进行的，但是这种方式的时效性明显缺失。1994 年浙江"千岛湖事件"之后，中共中央办公厅、国务院办公厅联合下发《关于国内突发事件对外报道的通知》，对突发公共事件新闻发布的相关问题进行了规定，其中明确指出，国务院新闻办公室承担突发公共事件的新闻发布工作。

2001 年，国务院办公厅又下发了《关于进一步做好国内突发事件对外报道的补充通知》，第一次明确规定，隐瞒突发事件的要追究相关领导的责任。2003 年"非典"以后，中共中央办公厅、国务院办公厅在 8 月颁发了《关于进一步改进和加强国内突发事件新闻报道的通知》，把此前"对外报道"的提法改为"新闻报道"，明确了分工和责任，加强了突发公共事件新闻报道工作的组织协调和归口管理，建立和完善了突发公共事件的新闻发布制度，形成了突发公共事件新闻报道工作的快速反应协调机制。

第三节 国内政府新闻发布的方式

不同的新闻发布方式会产生不同的发布效果，政府选择多样的新闻发布方式进行发布，是一种政府立场确定、态度鲜明的表现。灵活综合地运用多样化的新闻发布形式，可以获得良好的传播效果。

一、新闻发布会

政府新闻发布会是指政府或政府有关部门举行的向新闻媒体介绍政府立场、观点、态度和有关方针、政策、措施等政府信息的问答式会议。新闻发布会给民众们提供了一个借助媒体向政府提问并获得答案的机会，也为政府官员提供了一个借助媒体向民众传达信息的机会，是政府部门进行新闻发布的最主要形式。

新闻发布会已经存在将近二百年了，一般来说是19世纪30年代从美国开始的。当时的美国第7任总统安德鲁·杰克逊以私人助理的名义聘用了新闻发言人，不拿政府工资，不算政府雇员。而历史上记载最早的新闻发布会是在20世纪初，当时日俄战争在中国境内爆发，由于日本不允许记者到前线跟踪战况，媒体对战争做了不少不利于日本的报道。为了改变这种舆论上的被动状态，1904年7月，日方将许多记者召集到中国长春介绍战况。这次发布会被认为是世界上最早的政府新闻发布会。

而新闻发布会的主体，就是新闻发言人。所谓新闻发言人，就是指国家机关、政党、社会团体任命或指定的专职（比较小的部门为兼职）新闻发布人员。（国务院新闻办公室新闻局：《政府新闻发布工作手册》，五洲传播出版社，2008年版，第6页）

新闻发言人的主要工作是定期或不定期地举行新闻发布会、记者招待会、主动约见记者，向新闻界发表政府发布信息或意见建议，并对记者的提问进行回答。新闻发言人不是一个具体的自然人，它是一个政府或组织的新闻班子，发言人的背后有许多助手在协助工作。

具体而言，新闻发言人的职责主要包括：

第一，及时发布政府的方针政策、重大决定、重要工作部署及经济社会发展等信息。政府新闻发言人是政府的喉舌和代言人，其基本任务和职责就是向公众宣传、解释政府的各项方针政策。这就是说，政府新闻发言人要通过新闻发布会等途径，对政府的方针政策、重大决策等信息及时地进行宣传、准确地加以解释，并定期通报所属部门的重要工作部署及其进展以及经济社会发展等情况。

第二，及时发布本级政府辖区内发生重大突发公共事件与政府的处置措施等信息。2004年9月，中共十六届四中全会通过的《中共中央关于加强党的执政能力建设的决定》中明确指出：要牢牢把握舆论导向，积极开展舆论监督，完善新闻发布制度和重大突发事件新闻报道快速反应机制。这实际上赋予政府新闻发言人应对重大突发公共事件的职责。在辖区内发生重大突发公共事件后，政府新闻发言人必须第一时间与政府主管部门及领导进行沟通、协商，最快速度制定报道原则、统一报道口径，迅速、准确地向媒体和民众说明事件真相，以澄清谣言、安定民心，之后要随时跟踪报道突发公共事件的发展进程，维护社会秩序的稳定，事后要积极宣传介绍党和政府的处置措施，有效引导社会舆论，保障人民群众的正常生活和社会的正常运转。

第三，了解和把握舆论动态，为公众解疑释惑、澄清谣言，加强对社会热点问题的正确舆论引导。社会是一个存在多种信息甚至虚假信息的复杂体，信息的传播渠道和传播方式也多种多样，在这些纷繁复杂、难辨真假的社会信息中，政府所提供的信息往往是最权威、最有公信力和说服力的，因此，了解社会舆论动态，把握社会舆论方向，以最准确的消息发布澄清谣言，消除民众疑惑就是政府新闻发言人身上不可推卸的责任。此外，在当今部分媒体市场化导致不良竞争的环境下，广播电视网络中出现了越来越多的新闻炒作，一些媒体甚至刊发未经调查核实的信息，只为吸引读者眼球，甚至恶意发表不实报道，耸人听闻。这种现象不仅会严重误导广大民众，而且在一定程度上对政府的宣传舆论工作造成了冲击。政府新闻发言人应该通过政府新闻发布，用政府的最有权威最有力量的声音正确视听，消除不实报道和虚假新闻所造成的不利影响。

做好政府新闻发言人，应具备以下三个方面的能力：

第一，政治成熟、立场正确、勇于负责。政治成熟就是对国家的政治理念、指导思想有深刻的理解，对党和国家的方针政策，尤其是自己部门的工作及政策要融会贯通地掌握，在政治上很好地把握和应对局面；立场正确就是要切实维护好国家和人民的根本利益；勇于负责是指如果遇到的问题事先并没有准备，但对自己了解的、有把握的相关内容还是要说，那时不能够再请示、再商量，能回答的要尽量回答，因为发言人代表的是国家，维护的是国家的形象、利益和荣誉。

第二，内知国情、外知世界。内知国情是指发言人要熟知我国的基本国情和自身工作领域的专业知识，还要对社会上发生的时政性事件有一定的了解；外知世界就是说发言人不但要知道自己所回答的问题在国际社会是如何解答应对的，国际需要什么样的声音，也应该对不同国家人民的文化背景知其一二，减少与他国人民的文化差异，这样有助于准确地表达信息，收到良好效果。

第三，讲究逻辑、有理有节、善待记者。新闻发言人讲究逻辑非常重要，逻辑如果不通，发布内容就不能令人信服，会有牵强附会、强词夺理之感；讲究逻辑就是指要以实事求是为基础，遇到不知道、不了解或涉及国家机密的问题，一定要真诚回答，绝不可以不负责任地编造答案胡乱对付，否则会减弱新闻发布的权威性；在回答记者问题过程中，也一定要有理有节，善待记者，因为记者是新闻传播链上不可缺少的一环，良好的风范和态度会使新闻的发布更顺利、更流畅。

二、背景吹风会

背景吹风会也是政府新闻发布常用的一种形式。吹风会的形式与新闻发布会大体相同，但内容有所不同。吹风会的内容，一是配合重大新闻事件进行宣传，向媒体和公众介绍事件的背景、原因等信息，或向媒体介绍政府活动的主要内容与安排；二是当发生重大突发公共事件时，及时与媒体进行沟通，对媒体提出新闻宣传意见，促进事态向良性方向发展；三是为新闻媒体提供常规新闻和重大活动的背景资料，以期获得更多的媒体关注，得到最大的媒体曝光度。背景吹风会的内容不允许直接在报道中引用，或者被要求不做报道，它是新闻发布会的一种重要辅助形式。

背景吹风会的形式较新闻发布会简单，也不必定时定点，信息发布时也只有少数媒体，方便发布者对信息的掌控。

三、记者招待会

组织记者招待会是在政府部门的代表或知名人士通过主动约见、应邀约见或安排独家、多家媒体采访的形式发布政府新闻信息，这也是政府部门与媒体保持联系的一种重要形式，也是向公众传播政府信息的重要方式之一。这种发布形式既可体现政府的主动性，又可根据自己的需要有选择地接触媒体，机动性、灵活性高、时效性好，便于政府和媒体的深度交流，能树立新闻发言人的良好形象。它既有正式的，也有非正式的；既可以是定期的，也可以是不定期的。

这种新闻发布方式与新闻发布会并没有多大的区别，一般而言，主要区别在于：第一，国家元首和政府首脑发布新闻常常以记者招待会的名义；新闻发言人发布新闻则通常以新闻发布会的名义。第二，记者招待会可以发布新闻，也可以不发布新闻，只是回答记者的问题；新闻发布会则必须发布新闻。第三，新闻发布会可以安排记者提问，也可以不安排记者提问；记者招待会必须安排记者提问。第四，新闻发布会一般由发言人自己主持、自己发布新闻、自己叫记者提问、自己回答；记者招待会的主持人则通常不回答问题，而是由请来的领导或嘉宾回答记者问题。第五，新闻发布会的时间较短，一般在半个小时至一个小时左右；记者招待会的时间较长，通常都在一个小时以上。

四、新闻公报、声明、谈话

发布新闻公报是指新闻发言人由党和政府授权，郑重宣布某项新闻事实，或者对某项政治事件发表声明。它代表着党和政府的立场、态度和主张。声明和谈话则是新闻发言人就有关事项或问题向社会表明本部门、本单位的立场、态度和观点等。这些特殊的新闻发布方式也是在特定场合才予以使用的，它们具有相当的政治严肃性，新闻公报、声明和谈话的内容可以在报刊登载，也可以通过电视、广播、网络等方式播发，在播发前一定要慎重考虑，选择适合的媒体在反复审定后公布于众。

五、电话、传真和电子邮件

在热点新闻出现之后或者记者急需证实某些新闻信息的时候，政府也可采用电话、传真和电邮的方式回复，这样能快速地回复记者，操作简便、灵活，也有极强的针对性。对外公开政府新闻发言人的名单和联系方式，建立群众、媒体与政府间联系的快速通道，给异地采访的外地记者及境外记者提供便利，也是政府开放、信息透明的重要体现。

在神舟六号载人航天飞船飞行期间，国务院新闻办为了回答媒体关注的问题，每天主动通过电子邮件向各媒体发送最新的文字信息并配有相关视频材料，为使媒体获得更多信息，新闻办还同时开通了 24 小时热线电话，对于新闻发布会的通知，也会以电子邮件的形式发送并配有一份详细的中英文对照的背景材料，便于记者理解和写稿。

六、网络发布

随着互联网的迅速发展，各级政府新闻办公室在政府官网上同步发布政府的重要文件、资料、档案、报告和其他信息，上传新闻发布会与各媒体互动记录等，逐渐成为政府信息发布的重要形式之一。就政府新闻发布工作来看，互联网的发展对其提出了新的要求：

第一，对政府新闻时效性提出了新的要求。时效性是新闻的生命。就纸质媒体而言，不管是杂志还是报纸，不管是日报还是晚报，都要受到出版时间的限制，在时效性上不可避免地存在延宕。广播、电视的报道比纸质媒体要快得多，但一般情况下也要等到新闻播报时段才能报道。互联网则超越了这些局限，可以实现即时发布、即时报道和更新。有专家指出，当事情发生的时候，媒体总要发布消息，问题是他们的消息是从政府那里获得的还是从其他渠道获得的，如果政府意识到问题的重要性，积极合作，为媒体提供准确的一手消息，就会有利于政府对事态的把握和控制。

第二，对政府新闻的传播影响和传播地域提出了新的要求。传统媒体的新闻传播呈现出较为明显的单向性，而互联网则不然。一方面，网民可以通过跟帖、论坛等形式随时对新闻消息发表意见和评论，而这往往能够在短时间内形成强大的舆论；另一方面，网民也能够通过个人主页或网站发布消息，从而成为新闻消息的发布者。要充分发挥互联网在传播沟通上较少受到地域限制的优势，利用互联网发布新闻，扩大影响，同时要注意内容的区域性，即针对性和可读性，使公众愿意听、能接受。

第三，对政府新闻发布的内容提出了新的要求。利用互联网发布信息，应该力求做到图片及文字并举，最好可以配有相关的视频、音频，适当链接与发布主题有关的新闻背景或知识，可以在举行新闻发布会的同时安排官方网站和其他新网站做网上直播，也可以安排专门的网络新闻发布会，并在会后安排专家、嘉宾再次解释强调新闻发布的重要内容，对民众实时互动的问题、疑惑予以解释和呼应。

第四，对政府新闻发布后网上舆论跟踪提出了新的要求。互联网为新闻发布后了解有关反应，包括收集媒体报道情况提供了极大的便利，政府新闻发言人可以在网上通过查阅和主题检索来获得所需信息，特别是媒体和公众对发布内的评论。了解这些评论，可以帮助评估新闻发布的成效，并对有关评论进行适当的甚至曲解的网上评论，要求及时做出反应，以维护正确、积极的舆论导向。

网络新闻发布会把传统的新闻发布与先进的互联网相结合，将发布会通过网络同步直播，或者通过网络设置一个虚拟会场，将新闻发布者和在不同地点的记者集中在这个虚拟的会场中，令信息有效传播。这种发布方式还可以避免纷繁复杂的会务，节约发布会成本，提高会议效率；跳过传统媒体第三方的转述，直接将信息传达给了民众，摆脱了第三方可能对所发布信息的不全面转述甚至曲解，使信息更加真实有效。

七、手机发布

在科学技术日新月异的当代社会,人与人之间的交流和互动对技术终端的依赖性越来越强,传统的面对面、脸对脸的发布方式已不再是社会互动展开的必要条件。手机和网络作为大众传媒的典型代表,已逐渐成为当今社会信息互通的一种常规手段和普遍方式。目前,我国的手机用户已超过 13 亿,其中智能手机超过 6 亿。因此,政府的新闻发布也应紧随时代潮流,将手机发布列入到当前政府新闻发布工作的众多形式中去。手机终端的微博、微信等凭借开放性、时效性、方便性和交互性迅速走红,手机短信更是作为短小精粹、受时空的制约小、效果更为直接的媒介形式代表,为政府新闻发布的普及化提供了便捷,这就使得每个拥有手机的公众都能及时得到政府发布的新闻。

2013 年 2 月 9 日,北京市委市政府向市民发送短信:"祝您新春愉快,阖家欢乐!同时提示您:五环路内除夕至初一全天、初二至十五 7 时至 24 时可以燃放烟花爆竹,其余时间为禁放时段。当遇空气重污染日时,建议您减少或停止燃放。感谢您的理解、支持与配合。让我们共同努力,建设美丽北京。"(王硕:《市委市政府群发短信建议重污染天少燃放》,《京华时报》,2013 年 2 月 9 日)

同时,在一些突发公共事件尤其是有恶性影响的公共事件时,或产生谣言时,政府也可以选择借助移动运营商平台对辖区内手机用户发送短信,使民众了解事件始末,减少民众的恐慌心理和过激行为,维护社会的稳定。

第四节　国内政府新闻发布存在的不足

政府新闻发布的不断改进在一定程度上促成了中国转型期政府与媒体、政府与民众、政府之间关系的调整,但是深究会发现,中国政府新闻发布仍存在诸多不足。

一、政府新闻发布缺乏法律规范和保障

我国还没有明确地出台一套国家法律，用来规范新闻发布的具体实施，而《中华人民共和国政府信息公开条例》相对于《中华人民共和国保守国家秘密法》来说处于低位阶。"知情权"也没有在我国的《宪法》中得到体现，而仅仅在《消费者权益保护法》《传染病防治法》中有所表述。

在我国《新闻法》迟迟没有出台的情况下，政府的新闻发布应该达到怎样的程度才不会与《保密法》发生冲突，不违反国家的相关规定？在新闻发布过程中新闻发言人享有哪些权利，又要承担何种义务？可以发布哪些消息，发布的具体程序如何，发布时的对象是谁？这些问题新闻发言人在工作中只能自己掌握，无法准确定位，但这些又都是不能回避的问题，它们没有明确的法律规定，有的只是不成文的要求，这样就会造成民众不关心的政府信息甚至是形象工程被大肆宣传，而本应详加报道的新闻却没有说法，使新闻发布流于形式。同时，我国政府各部门还存在协调不够、机制不健全的问题，因为怕承担责任，很多部门领导并不愿意就民众所关心的社会性事件发表自己的看法，在记者采访时也常以"我们正在调查中"回应，最终使真相不能及时公布更导致了事件的恶化，严重影响了政府形象，也为民众了解政府信息带来了困难。

对于网络信息发布来说，情况更为复杂。网络是一个言论自由、对民众开放的场地，任何接触网络的民众都可以在网络上发言，畅抒己见，民众通过网络向政府进行提问和质疑，实现了自己的话语表达权。此时，政府的形象就会影响到网民对政府的态度，而借助网络平台的话语自由有时会导致部分网民对政府行为进行攻击，发泄对政府的不满，这种行为非但不能保障民众的权益，还容易激化干群矛盾。换言之，没有统一明确的法律保障，不仅不能规范民众运用网络行使参政议政的权利，还容易损害其利益。还有一些地方政府，把新闻发布尤其是网络新闻发布作为政绩工程，用时则规范，不用时则废弃，网站发展速度远远跟不上时代发展速度。总体来说，我国政府网络新闻发布存在办事效率低下、民众参政议政行为不规范、政府网络新闻

发布平台利用效率不高及资源浪费等问题，这些问题的解决就需要国家尽快出台统一的《新闻法》或《信息公开法》，真正以法律规范网民行为，提高新闻发布办事效率，充分利用网络新闻发布的平台为百姓谋福利。

二、政府新闻发布信息搜集制度不完善

中国的新闻发布只重发布，缺乏前期的舆情和信息搜集，这就导致了新闻发布不及时或发布内容与群众需要的内容脱节。政府的新闻发布应主要围绕信息发布和舆论引导而展开，新闻发言人在信息发布前就要搜集到与此问题相关的全部信息，获取的信息越全面就越能掌握主动。事实上，我国大多数政府组织只规定了新闻发言人由该组织的中上层领导担任，并没有要求各部门建立自己完备的新闻发言人队伍或者专业的公关部门。信息的搜集并不容易，需要在日常工作中建立起顺畅的信息通道，也需要在网络媒体中发现问题、总结分析，这些工作并不是新闻发言人个体就可以完成的，他的身后需要一个强大的队伍来支持。

除了完整的合作队伍，完整的信息搜集体系也是必须的，新闻发言部门与其他政府部门的良好沟通和通力合作能够保证发布信息全面性、准确性和权威性。长期以来，我国的行政设置还存在不合理的地方，部分部门条块分割明显，甚至同一单位不同部门之间也缺乏深入系统的沟通，这对信息舆情的搜集工作产生了不利影响。最典型的例子就是2003年的SARS疫情前期，各医院因为隶属不同，只负责向自己的上级卫生主管部门汇报病况，而各卫生部门及其他部门之间沟通不足，导致了政府发布的数据与实际情况偏差较大，引起了世界范围的质疑，令政府形象受损。

三、政府新闻发布缺乏信息的反馈机制与效果评估机制

中国政府自上而下几乎都已经建立了或正在建立和完善新闻发布制度，却极少能够找到有关信息的反馈与效果评估等机制的现有条文。政府进行新闻发布形式有很多种，但除了网络交流和现场召开新闻发布会能够有针对性的收到公众的反馈意见和信息，其他新闻发布形式在这一点上很难与之相比。

这一现象充分说明了我国信息的反馈渠道不畅通，信息传播的效果评估不理想。虽然从政治传播学的角度看，政府作为新闻发布的绝对权威机构，在新闻发布过程中更多的具有单向传播意味。但是随着社会的进步、现代传播技术的迅猛发展、公众的参政议政热情空前提高，使以往政府"一言堂"的形象不复存在，公众对于自身知情权和话语权的维护也要求政治传播双方平等、互动的交流和沟通。就中国目前的实际情况来看，政府和民众的话语权仍然存在较大偏差，政府仍然拥有绝对的话语权，即使现在处于一个言论相对自由的网络时代，民众的话语权被铺天盖地的政府新闻信息所覆盖，这种偏差使得政府很难准确地了解真实的民意，客观上也有损政府的形象。另一方面，全国只有个别省市设立了新闻发布制度的效果评估制度。这种新闻发布制度效果评估机制的缺失，必然影响公众政治诉求的实现。

四、当前政府新闻发言人制度存在的不足

虽然我国新闻发言人制度已逐步推开，但与满足公众的知情权、监督权、表达权和参与权的要求还存在着差距，必须从法律法规、职业素养和信源保障上加以进一步完善。

从当前各级政府对新闻发言人制度执行的现状来看，存在以下四个方面的不足：

一是监督不足。各个政府机关、行政部门掌握着大量的第一手关系国计民生的材料，是记者发掘新闻的重要来源。政府的各种举措和各项政策对广大公众来说，是关乎其切身利益的。新闻媒体作为社会环境的监测者，记者会对政府的行为进行舆论监督，揭露不良现象，把真相公之于众。目前，一些政府及其部门建立新闻发言人制度，除了信息公开、通报最新情况之外，还有一个很重要的目的，就是"统一宣传口径"，"树立良好形象"。有的地方政府部门往往大肆宣扬本部门取得的成绩，往自己脸上"贴金"，而对问题和缺点不是文过饰非，就是避而不谈。有些地方政府部门为了自己的利益，对记者的采访百般阻挠，甚至对记者谩骂和殴打，记者正当权益受到侵犯。如果建立新闻发言人制度后，消息只由新闻发言人对外公布，而对涉及地方政

府工作中存在的一些问题不能积极地配合记者采访，却以新闻发言人制度为"挡箭牌"，阻止或推诿记者的采访报道，那么当一个记者凭借其新闻敏感发现了某一有价值的重大问题，却因为新闻发言人制度而被拒之门外时，记者的积极性就会大大地被挫伤，一条好新闻只能胎死腹中，新闻媒体的舆论监督就不能有效地开展。目前，在全国范围内，对记者采访权的保护还未形成规范的法律条文，在这种情况下，新闻发言人制度可能会成为又一个"冠冕堂皇"的理由，将一些损害人民利益、阻碍社会发展的丑恶现象"巧妙"地遮掩过去。

二是权威不足。目前，我国的新闻发言人多为兼职，即他们往往同时是我国各级政府或组成都门的领导，现在还没有设职业新闻发言人。我国各部委的新闻发言人大多是办公厅或法规司的负责人，各省的发言人中有70%以上由政府办公厅负责人担任，还有一些人的职务是政府秘书长、政策研究室主任等。这一现象必然引发以下几个方面的问题：一是新闻理论素养不足，缺乏实战经验；二是新闻发言人是各部门的负责人，会使新闻信息发布的客观公正性受到影响；三是新闻发言人的权威性、责任感受到影响。新闻发言人的首要工作是沟通政府与媒体、公众的关系，树立政府信息公开的形象，从很大程度上说新闻发言人的工作是一种处理公共关系的工作。但是就目前情况而言，我国的政府新闻发言人的第一工作仍然是政府行政工作，只是在发生重大事件之后才进行工作的转变，这就容易使新闻发言人工作成为行政工作的附属品，新闻发言人的信息权威性必然受到影响。

三是信源不足。成熟的公共服务型政府要设立专门的部门搜集整理资料，加强信息系统化的建设。新闻发言人作为沟通政府和媒体的桥梁，其背后必须有一个强有力的工作团队从事资料搜集和了解分析情况，跟进政府工作实施情况。新闻发言人工作团队的合作和沟通是信息准确性、全面性和权威性的保证。因此，应当成立一个专门的、系统的部门或者团队，以便进一步完善信息搜集和发布工作。一些政府部门的新闻发言人制度是迫于行政命令的压力而建立的，没有将信息公开看作系统化的、需要整个部门通力合作与相互配合的工作，而只着眼于如何应付记者采访和回答问题上。同时，由于长期的部门分工，在信息搜集过程中没有完整的信息系统可以利用，新闻发言人能获得的信息也存在局限性，容易造成发布的内容笼统模糊，难有全面、清晰、明确的信息和中肯的分析。

四是反馈不足。目前我国大多数建立新闻发言人制度的政府及其部门在与公众双向互动沟通的环节上相对薄弱，更多关注了向媒体发布信息，忽略媒体反馈的公众意见，不知道公众关注什么、需要什么，对政府的政策法规支持与否，"下情上传"的作用没有很好的体现。政府要通过新闻发言人制度在与公众不断沟通过程中推进工作，满足公众信息需求，就必须了解受众心理，特别要满足受众的探究心理，需要进一步加强反馈机制的建设。随着信息传播的现代化、社会意见的多元化和社会转型期群体利益的急剧变化，受众在新闻传播中接受信息的主动性日益增强，不仅会加大对政务信息量需求，而且会对信息内容做进一步思考，人们已经不满足于知晓一件事，还要对这件事的因果、内涵进行深层探究。一方面，只有在了解公众心理和需求的前提下，才能有针对性地开展政府新闻发布；另一方面，只有加强政府与公众的双向沟通，才能有效消除社会偏见和意见隔阂，避免媒体和公众对政府行为的误解和虚假信息的传播。

【思考题】

中华人民共和国国务院新闻办公室（简称国新办），组建于1991年1月。其主要职能是通过召开新闻发布会，介绍中国方针政策和经济社会发展情况，向世界说明中国。2003年—2013年，国新办举行新闻发布会上百场，一直走在政府新闻发布实践的最前沿。下表为国新办2003年—2013年新闻发布会的主要内容。

国新办2003年—2013年新闻发布会主题统计表

年份	新闻发布会主题
2003	"非典"介绍、三峡工程建设、国民经济发展等
2004	西部大开发、新农村建设、国民经济运行等
2005	禽流感防控、养老保险制度、载人航天工程等

（续表）

年份	新闻发布会主题
2006	人口老龄化、央企改革、廉政建设、突发事件等
2007	探月工程、东北老工业基地振兴、药品整治等
2008	拉萨暴力事件、神舟七号载人航天飞行任务等
2009	经济普查、扩大消费、民族政策、食品监管等
2010	甘肃舟曲山洪泥石流抢险工作、玉树抗震救灾等
2011	中原经济区建设情况、安全生产、青奥会筹备等
2012	工业通信业发展情况、慈善事业发展、民航发展等
2013	嫦娥三号探月工程相关情况介绍、司法改革等

试通过国新办 2003 年—2013 年新闻发布会的主要内容，谈谈如何认识新时期国内新闻发布的实践？

（张明伟）

第五章　新闻媒体沟通

2009 年 3 月 1 日，习近平同志在中央党校春季开学典礼上的讲话中，特别强调领导干部"要提高同媒体打交道的能力，要尊重新闻舆论的传播规律，正确引导社会舆论，要与媒体保持密切联系，自觉接受舆论监督"。可见，面对媒体、与媒体进行有效沟通，已不仅仅是宣传部门的事情。掌握媒体的运作规律、提高与媒体打交道的能力成为现代领导人应具备的基本素质。

第一节　认识新闻媒体沟通

每个人每天都在以不同的方式接触媒体，读报、听广播、看电视、上网浏览网站等等。人们不仅通过报纸、广播、电视、网站这些媒体获得新闻信息，还要经常与媒体或记者打交道，接受记者的采访，向记者投诉问题。对于政府官员来说，接触媒体的机会就更多了，一方面要通过媒体了解国内外新闻信息，了解、学习党和国家的方针政策；另一方面还要和媒体打交道，借助媒体发布信息，传达政党或政府的声音，宣传相关政策、法规等。同时，在一些突发事件降临时还要应对媒体，接受媒体的监督。因此，必须深入地认识媒体的特性，掌握基本的沟通技巧，才能更好地利用媒体，更好地与媒体打交道。

一、新闻媒体沟通概述

媒体是指传播信息的媒介，既是指人借助用来传递信息与获取信息的工具、渠道、载体、中介物或技术手段，也可以把媒体看作是实现信息从信息源传递到受信者的一切技术手段。因此，媒体有两层含义：一是信息的物理载体（即存储和传递信息的实体），如书本、挂图、磁盘、光盘、磁带以及相关播放设备等；二是指信息的表现形式（或者说传播形式），如文字、声音、图像、动画等。媒体是一切社会信息借以公开扩散的手段和载体。

在现实生活中，媒体常常与媒介、新闻媒体等称谓混淆。媒介大约出现在 19 世纪末 20 世纪初，其义是指使事物之间发生关系的介质或工具。这种广义的"媒介"，不仅在人类的日常生活中时有所闻，就是在传播学中也屡见不鲜，如语言、文字、书刊、广播、电视等等。传播学家威尔伯·施拉姆认为"媒介就是插入传播过程之中，用以扩大并延伸信息传送的工具"。马歇尔·麦克卢汉认为，媒介具有有机的性质，因此，媒介是人体的延伸。道路是人脚的延伸，衣服是皮肤的延伸，电话是人的耳朵的延伸，广播电视是人耳、眼、手的延伸。媒介是一个基本称谓，是信息源和信息接受者之间的中介，可以是人，可以是机构，也可以是传递信息的物体。而媒体除了有媒介的意思之外，更重要的是强调它的物质性，比如电视、广播、报纸、网络就是当今的四大媒体。

新闻媒体是新闻传播媒体的简称，是被组织起来的社会群体，是为了达到某种共同的组织目标将人们的行为联合并协调起来形成的社会团体，主要指报社、广播电台、电视台、网站、通讯社等从事新闻传播活动的组织机构。作为社会组织实体，新闻媒体的有形构成要素是人、财、物，其中人员是核心要素，没有人员则不能构成社会组织，其次是资金、技术设备等物质要素。每个新闻媒体都有确定的组织目标，其中的每个成员也有各自的目标和任务；每个新闻媒体都有特定的组织系统、技术结构和运行机制；每个新闻媒体都要运用权力和领导行为，依靠决策结构来推动自身的正常运行。新闻媒体无论是内部运行，还是与社会环境系统的交流，都是有结构的整体性的组织行为。

新闻媒介是指报纸、广播、电视等，属于工具；新闻媒体是指报社、电台、电视台等社会组织机构。两者不宜混同。

　　沟通是人与人之间、人与群体之间思想与感情的传递和反馈的过程。沟通是一个关系概念，从传播的角度说，传播的主体、受众以及相关者通过不同的方式，进行充分、有效的交流，以实现传播意图、达到传播效果。传播的过程就是沟通的过程。

　　新闻媒体沟通就是为了设定的目标，政府、单位或个人等传播主体与新闻媒体在互动过程中，发送者通过一定的渠道（也称媒介或通道），以语言、文字、符号等表现形式为载体，与接受者进行信息、思想和感情等交流，并寻求反馈以达到相互理解的过程。新闻媒体沟通的本质仍是沟通，只不过它是政府、单位或个人等传播主体与特定对象即新闻媒体之间的交流。

二、新闻媒体沟通的渠道和方式

　　新闻媒体沟通是组织协调及行为的一项重要功能，是达到组织目标的一种重要手段。由于事件的类型、范围等的不同，新闻媒体沟通的渠道和方式也多种多样。根据不同的标准，新闻媒体沟通分为以下几种类型：

　　（一）浅层沟通和深层沟通

　　根据与新闻媒体沟通时信息涉及人的情感、态度、价值观领域的程度深浅，可以分为浅层沟通和深层沟通。

　　1. 浅层沟通

　　浅层沟通是指管理工作中必要的行为信息的传递和交换。如传播主体将工作安排、进展等情况传达给媒体，媒体将舆论监督情况告诉企业负责人等。沟通的内容一般仅限于工作表面上的必要部分和基本部分，因此仅靠浅层沟通，管理者和媒体无法深知彼此的情感态度，容易因彼此不理解而产生误会。

　　2. 深层沟通

　　深层沟通是指传播主体和新闻媒体在个人情感、态度、价值观等方面进行的较深入地相互交流。有价值的随便聊天或者交心谈心都属于深层沟通。深层沟通的作用主要是使组织与新闻媒体之间有更多的认知和了解，便于依据适应性原则满足各自的需要，使双方达成一致。深层沟通与浅层沟通相比，更难于进行，这是因为深层沟通必然要占用信息发送者、接收者双方的大量时间，也要求相互投入大量情感，同时，信息发送者、接收者双方的沟通能力也严重地影响着沟通过程本身。

（二）双向沟通和单向沟通

根据沟通时是否出现信息反馈，可以把新闻媒体沟通分为双向沟通和单向沟通。

1. 双向沟通

双向沟通是指有反馈的信息沟通，如讨论、面谈、召开记者会等。在双向沟通中，沟通者可以检验接收者是如何理解信息的，也可以使接收者明白其所理解的信息是否正确，以便于沟通者能够进一步传递信息。其优点是：准确性高。接收者有反馈的机会，接收信息者对自己的判断比较有信心。缺点是：信息接收者有心理压力，传递信息速度慢，易受干扰，并缺乏条理性。

2. 单向沟通

单向沟通是指没有反馈的信息沟通，例如电话通知、新闻通稿等。对于当面沟通，有人认为属于双向沟通，也有人认为属于单向沟通，如下达指示、做报告等。严格说来，当面沟通信息，应属于双向沟通，因为虽然沟通者有时没有听到接收者的语言反馈，但从接收者的面部表情、聆听态度等方面就可以获得部分反馈信息。单向沟通的优点是：传达信息速度快，发送信息不会受到另一方面的挑战，能保持发送信息者的尊严。缺点是：有时难辨是非，准确性差，信息接收者易产生挫折与抗拒心理。

双向沟通与单向沟通相比，在处理人际关系和加强双方紧密合作方面有着更为重要的作用。因此，媒体沟通也越来越多地从单向沟通转变为双向沟通。

（三）正式沟通和非正式沟通

根据沟通途径的差异，可以把新闻媒体沟通分为正式沟通和非正式沟通两类。

1. 正式沟通

正式沟通是指组织中依据规章制度明文规定的原则进行的沟通，例如政府与新闻媒体机构之间的公函往来、组织内部的文件传达、召开会议等。

2. 非正式沟通

非正式沟通是指以一定社会关系为基础，与组织内部明确的规章制度无关的沟通方式。和正式沟通不同，它的沟通对象、时间及内容等各方面，都是非经计划和难以辨别的。非正式沟通是由于组织成员的感情和动机上的需要而形成的，这种沟通超越了单位、部门及级别层次等。

非正式沟通的最大特点是具有偶发性和随机性，因此不可预知性很强，给管理者造成很多困难。正因为如此，非正式沟通在媒体沟通中占有不可忽视的地位和作用。

（四）语言沟通和非语言沟通

根据信息载体的异同，新闻媒体沟通可分为语言沟通和非语言沟通。

1. 语言沟通

语言沟通建立在语言文字的基础上，可细分为口头沟通和书面沟通两种形式。比如召开新闻发布会、答记者问就是最常见的新闻媒体沟通方式，也就是口头沟通。其余常见的口头沟通还包括演说、正式的一对一讨论或小组讨论、非正式的讨论及传闻或小道消息传播。书面沟通包括备忘录、信件、组织内发行的期刊、布告栏及其任何传递书面文字或符号的手段。

2. 非语言沟通

非语言沟通是指通过某些媒介而不是讲话或文字来传递信息，比如通过目光、表情、手势语言、身体姿势、声调变化等。如"微笑局长"杨达才就是因为在事故现场露出微笑表情而跌入舆论漩涡。事实上，在语言只是一种烟幕时，非语言的信息往往能够非常有力地传达"真正的本质"，扬扬眉毛、有力地耸耸肩膀、突然离开等，都能够交流许多具有价值的信息。会议备忘录、正式文件读起来往往使人十分枯燥，正是因为中间抽去了非语言的线索。美国心理学家艾伯特·梅拉比经过研究认为：人们沟通中发送的全部信息中仅有 7% 是由语言来表达的，而 93% 的信息是由非语言来表达的。

三、新闻媒体沟通的基本流程

结合新闻媒体的特性，我们可以明确新闻媒体沟通的基本思路，即尊重媒体、避免冲突，及时沟通、防止扩散，影响媒体、转化态度，最终目标是实现双赢。其具体工作流程如下：

（一）明确沟通诉求

信息的公开发布，仅仅解决了说什么，但说到什么程度、怎么说等一系列问题，需要政府及相关部门与媒体具体协商解决。不同的报道内容，不同的报道形式，有着不同的效果。因此，在与媒体沟通之前，政府及相关部门必须明确什么时候可以报道，哪些内容重点报道、哪些内容一般报道、哪些内容不能报道，哪些内容可以先报道、哪些内容缓一步报道，标题及版面、时段安排的建议意见等等，内部要形成高度一致。这是做好媒体沟通的第一个环节。

（二）确定目标媒体

我国的媒体队伍十分庞大。全国各级各类报纸总数在 2200 家左右，电台、电视台总数分别超过 300 家，由他们开办的节目总数分别在 2200 套左右，还有数量众多的各种杂志和网站。对此，应根据事件的性质、程度等，确定新闻媒体沟通的范围及具体名单，并进一步明确重点沟通对象。另外，还要准备一份关注的媒体名单，遇事及时沟通。

（三）安排专人负责

新闻媒体沟通工作头绪多、难度比较大，需要成立一个专门小组具体落实。成员应由宣传部门、事故发生单位及处置工作主要成员单位的工作人员和领导参加。宣传部门了解媒体，事故发生单位熟悉情况，领导参加则体现权威性。各成员既分工负责，又各有侧重，并通过发书面信函、电话询问、上门交换意见等形式，告诉媒体发生了什么，建议媒体怎么做，而不要被动地等媒体来问。

（四）加强与新闻媒体的互动

政府和媒体实际上是相互依存的。政府需要宣传其政策主张，取得公众的理解和支持；媒体也需要政府的信息，使其报道具有权威性和影响力。一个媒体不可能只靠社会新闻、花边新闻和小道消息建立公信。因而，政府要在与媒体的沟通中加强良性互动，寓导向于服务之中，通过主动提供新闻信息服务，满足媒体需求。在这里，特别强调要有意识地加强与主流媒体的互动，如专访、专题通报等，从而影响舆论走向，保障公众知情权。

在与媒体沟通中，我们还要充分发挥新闻联络人的作用。加拿大的医疗卫生机构十分重视与媒体的沟通和联络。具体负责新闻联系的事业部虽然只有 9 位官员，但他们对于媒体的采访要求和信息咨询均在一小时内确认回复，每天通过电子网络制作的新闻摘报多达 400 页，及时通报给相关媒体和部门。如此少的人手何以能够完成如此庞大的新闻联络工作？因为加拿大卫生部下属部门各有一位媒体联络人，共 100 人左右，他们专门负责本部门的新闻联络工作。从我国目前的实际情况看，各部门都设有类似加拿大新闻联络人的专职宣传干部，应切实发挥他们在与媒体沟通中的作用。

四、新闻媒体沟通的价值

"好的沟通，胜过控制。"既然我们对很多媒体只有间接的影响力，那么我们就不能指望也不可能靠传统的全盘控制式的方法来驾驭。政府对于媒体的思维，必须从原来单向、事无巨细的"控制"方式，从原来的压、捂、盖的抵触情绪，向双向、疏导、柔性的"借助"方式转变。

（一）借媒体之力做好正面宣传

借助媒体进行正面宣传，就是发挥媒体的传播舆论功能，达到提高凝聚力、提升美誉度的目的。正面宣传的主要内容有：一是让中心工作深入人心。媒体必须服务于大局，服务于中心工作，当好喉舌，以保证中央和地方党委、政府的决策深入人心。二是让地区形象不断增值。地区形象与地区的发展实力和水平密切相关，在很大程度上也取决于宣传。好的地区形象，具备升值、凝聚等多种经济功能、政治功能。三是让政府形象充分优化。政府的形象是党执政基础的重要组成部分。信息时代的政府形象建设，最根本的还是要靠全心全意为人民服务。但是，如果能把媒体营销作为完善和提升政府形象的重要补充，让地方政府在人们心目中的形象不断优化，让地方领导干部在人们心目中的可信任度进一步提升，则我们的工作将事半功倍。四是弘扬社会正义。社会需要正确的价值导向，比如爱国主义情怀就是网民的主要情绪之一，也是网民在媒体上表达的最炙热的情感之一。2008年3月，在CNN等西方媒体发表了对西藏问题的不实报道以后，一位叫作"饶谨"的年轻人迅速创办了一家域名为Anti—CNN的网站，吸引许多网民关注。在1个月的时间里，网站的日点击率达到500万，注册会员达10万人，全球网站排名维持在第1800名左右。在这个网站的带动和影响下，国内许多网站在新闻跟帖、论坛/BBS和个人博客等栏目内开设这方面的专题评论，形成了一股强大的爱国主义潮流，最终迫使CNN向中国人民道歉，一些西方国家政府如法国政府等也转而向中国人民示好。

（二）借媒体之力做好舆论监督

舆论监督是人民群众通过新闻媒体对政府和公共社会事务进行监督评议的新闻传播行为，是公众监督的有效途径。社会生活中，政府与民众的利益时刻在发生关系，政府能够依法施政，民众利益就能得到保障；政府违法施政，民众利益就会遭到损失。由此，政府成为媒体监督的重点，媒体成为民意表达、监督权力、推进改革、疏导情绪的利器。一是监督作用。舆论监督的威力就在于通过媒体公开报道，将事件的真相及相关问题公之于众。当然，舆论监督应该是反映党和政府愿望的监督，是代表人民利益的监督，是着眼改革、发展、稳定全局的监督，而不是反映记者个人感情的监督，不是代表某个团体利益的监督，不是热衷炒作、一味揭露的破坏性监督，更不是独立于党领导之外的第四种力量。所以，舆论监督必须是建设性监督、科学监督、依法监督。从一定程度上讲，舆论监督是社会公众的知情权、表达权、参与权、监督权的集合体和统一体。二是辅政作用。不管是大报还是小报，都要在舆论监督上做党委政府的参谋与助手。当政府的重大决策和事关全局性的工作推出之前，首先由媒体调查情况，提出各种意见，为决策提供参考；政府一旦做出决策，媒体组织大规模报道，为中心工作提供舆论支持；随后各党政部门推进落实，媒体紧随其后，进行检查监督。例如，《深圳特区报》的辅政就是一个好的例子。深圳市委、市政府每次重大决策都叫媒体参加。比如拆违工作，先让媒体去调查整个深圳市的违章建筑，登报、采访，让新闻的触角深入社会，让老百姓觉得违章搭建已经影响到深圳的城市形象，影响到老百姓的生活环境。在这个基础上，深圳市委、市政府决策拆违。此时，媒体再来督察，看哪里有违章，哪里没有拆，哪个区不到位，在媒体上曝光，有力地推进了政府工作的落实。只有着眼于"督辅"的舆论监督，才能促进中心工作，巩固党的执政之基。

（三）借助媒体之力促进社会革新

舆情事件往往会以惨痛的事实，充分展示制度不健全、有法不依带来的重大消极后果，要求制度创新、增强制度执行力也往往是舆情事件中表达出来的强烈声音。此时，某个具体的舆情事件便起到统一全社会认识到需要加强某方面制度建设的作用。我国正处在全面建成小康社会的决胜阶段，国内改革发展创新、任务异常艰巨繁重，而任何一项改革创新举措的出台，多少都会遇到一些预料不到的问题。借助媒体，发挥好媒体在社会革新方面的功能，可以帮助政府在决策制定过程中有效地了解公众对政策相关内容的意见和态度，并据此对政策作修改、调整和完善。不善于利用媒体调查了解、试探民意，则有可能让工作陷入被动。比如2003年发生在广东的孙志刚事件，推动了城市流浪人员收容办法的废除；网络上对国有企业高管人员收入过高的反复抨击，促成了国资委限制国企高管收入制度的出台；多次出现死刑判决错误进而误杀好人，直接导致国家将死刑终审权收归到最高人民法院，等等。

（四）借助媒体之力做好政府形象塑造

一个具有现代执政理念的政府，必须重视利用媒体来树立自己的良好形象。政府对于自己在公众心目中形象的塑造，是有意识还是无意识，积极主动还是消极被动，科学合理还是失策欠当，结果是迥然不同的。

【典型事例】

1970年12月7日，前联邦德国总理维利·勃兰特面对世人的眼睛，双膝跪在波兰犹太人死难者纪念碑前，向"二战"中无辜被纳粹党杀害的犹太人表示沉痛哀悼，并虔诚地为纳粹时代的德国认罪、赎罪。此举被誉为"欧洲约一千年来最强烈的谢罪表现"。它的影响和后果无疑是巨大、深刻而又持久的：一是让世人开始重新认识德国，认识到"德国不意味着希特勒"；二是让德国走上反省与和解的再生之路，为发展扫平了障碍；三是使德国树立负责任大国形象，重新回到了国际舞台。可以说，"跪下去的是勃兰特，站起来的是德意志"。

同样，在维护自身形象方面，有些地方却由于方法不当而出现事与愿违的情况。2003 年，黄河最大的支流——渭河流域遭遇了多年来最强的降雨，陕西省渭南市成为渭河洪水的重灾区。9 月 10 日晚 10 时，1000 多名驻守在渭河大堤的解放军和武警官兵经过十多个昼夜的奋战，终于将罗纹河入渭河口封堵合龙，可是由于当地领导和媒体当时没有在现场。9 月 11 日上午，当地政府在已经封堵合龙的大堤上又策划了一次合龙仪式"表演"，目的仅仅是为了让当地领导展示成功抗洪的光辉形象。事件发生后，新华社及全国 140 多家报纸报道了相关消息，中央电视台《央视论坛》对渭河市领导搞封堵仪式进行了严厉批评，称此事"骇人听闻"。一起想展示政府形象的仪式，结果却事与愿违，在全国范围内造成了十分恶劣的影响，严重损害了当地政府的形象。

政府形象不是可有可无的，而是政府软实力的重要方面。政府形象塑造必须适度，其本质上是一门说服的艺术，要讲求方式方法，尊重事实，讲求艺术。

第二节　新闻发布与媒体沟通

国务院网站的最新资料中，对宣传部的翻译不再是 Propaganda，而是 Publicity，这两个词汇有着非常重要的区别，前者强调灌输、宣传、铺天盖地的重复，后者强调公开、引导、公关，这是面对新时期媒体变化的主动应对。究竟如何应对媒体，我们唯一要做的就是直接面对和引导，就是公开、透明，抢占主动，占领新闻资源的制高点。

在现实生活中，存在着两个并不完全重叠的"舆论场"，一个是主流媒体着力打造的"媒体舆论场"，一个是人民群众议论纷纷的"口头舆论场"。两个舆论场重叠的部分越大，政府引导社会舆论的实际效果就越好；重叠的部分越小，政府引导社会舆论的实际效果就越差；如果两个舆论场根本不相吻合，政府就会丧失对社会舆论的影响力。新闻发布是引导舆论，使"媒体舆论场"和"口头舆论场"尽可能重叠的重要方式，也是政府主动与媒体沟通的重要举措。新的历史条件下，政府新闻发布工作已成为我国新闻宣传工作和政府工作的重要组成部分，能否与媒体进行有效沟通以引导舆论是我们必须关注的重要内容。

一、新闻发布概述

（一）新闻发布的定义

政府新闻发布是指各级政府或政府有关部门，通过多种大众传播方式公开其政务活动，发布有利于公民实现其权利的信息资源。

从传播学角度看，政府新闻发布活动是通过议程设置对舆论进行控制。议程设置分为三个方面，即政策议程的设置、媒体议程的设置、公众议程的设置。这三个环节相互联系，相互作用。政治学家伯纳德·科恩曾说过，媒体在使人们怎样想这点上很难奏效，但在使人们想什么这点上却十分有效。政府新闻发布体现了政府从自身的立场出发，根据国家的需要、公众的需要以及政治运作过程的需要，设置政策议程，以此影响媒体议程，进而设置公众的议程，其中更多地表现为政策议程和公众议程的引导。

从公共关系学角度看，在新闻发布过程中，政府是新闻发布的主体，社会公众是新闻发布的客体，政府形象构成和塑造是新闻发布的目标，传播媒介是联系主体与客体的中介桥梁。

（二）新闻发布的原则

新闻发布是党委、政府、机关、团体、企业等单位处理公共事务、调节公共关系的重要手段，是推进政务公开、完善政府服务的重要途径，也是引导舆论、提升形象的重要载体。

1. 时效性

时效性是新闻的第一要素，也是新闻发布的基本要求。关于新闻发布的时效问题，克林顿任美国总统期间的总统特别顾问、白宫新闻秘书帮菲利浦·J·克劳利的理解和解释是："有事情发生的时候，媒体总要发布消息，问题是他们的消息是从政府那里获得的，还是从其他渠道获得的。如果政府能够合作，为媒体提供第一手消息，那么就有利于政府对事态进行有建设性的控制。"

【典型事例】

2008年5月12日14时28分，四川省汶川县发生7.8级地震，北京、上海、重庆、河南、湖南等地均有明显震感。地震发生后，各地相关部门通过电视、广播、手机短信等各种渠道向社会发布震情公告，与此同时，此次地震波及的省市也通过电视滚动字幕、插播新闻、广播、网络等方式向公众及时、持续发布震情信息，使大家在较短时间内对此次地震情况有了总体了解，同时也对所在地的相关情况了然于心，及时权威的信息披露止住了可能蔓延的谣言，因此，震感虽然强烈，但并没有出现强烈的恐慌情绪。

2. 新闻性

公众关注的焦点、热点，即事件的新闻点，是媒体报道的核心，也是新闻发布的又一基本要求。新鲜、独到、饱满的信息，才是最能吸引媒体和公众的新闻。记者参加新闻发布会，是希望获得一些公众感兴趣的内容。新闻发布会发布的信息没有新闻价值，不能引起媒体和公众关注，新闻发布的作用就会大打折扣。

【典型事例】

2003年10月16日，国务院新闻办在"神舟五号"飞船顺利返回地球4个小时后举行新闻发布会，中国载人航天工程办公室负责人向中外记者披露了飞船在太空的飞行状况和中国首位航天员杨利伟的情况，并在回答记者提问中，介绍了中国航天工程以及未来的航天计划。由于这些信息都是最新的，又是独家的，因此被国内外媒体争相报道。

3. 真实性

真实性是新闻发布工作的灵魂。发布虚假信息是新闻发言人的大忌。新闻发布会时，新闻发言人提供的信息一定是经过认真核实的准确信息，因为真相迟早是要大白于天下的，等事后真相大白之时，新闻发言人形象就会受到严重损害。外交学院院长吴建民根据自己发布新闻的经历得出的结论是："有一些事情现在情况还不允许讲，只能说这个情况还需要再了解一下，绝对不能对老百姓讲假话。对老百姓讲假话的发言人不是好的发言人。"美国前总统里根的新闻发言人拉瑞·思派克斯曾说："为了国家利益，我可以避而不答，但不应撒谎。"

4. 策略性

一切以维护社会和公众的根本利益为出发点，是我国政府的基本职责。在此基础上，对信息披露进行适度性和策略性的把握，是政府新闻发布的一个重要原则。新闻发言人作为政府的代表和喉舌，必须有为政府把握住某一问题、某一事件上的底线和原则的职业操守，因此，对新闻发言人而言，既要代表政府把与群众密切相关的、重要的、必要的信息予以披露，也要使这种披露不至于引起负面影响。因此，有时要在时序或策略上作一些安排。当然，这样做的前提是要符合国家利益、社会利益和公众利益。

【典型事例】

20世纪50年代，在北京的一次记者招待会上，有西方记者问周恩来总理："请问，中国人民银行有多少资金？"弦外之音是中国穷，又意欲刺探中国机密。周总理对此巧言应对道："中国人民银行发行面额为10元、5元、2元、1元、5角、2角、1角、5分、2分、1分共10种主辅人民币，合计18元8角8分。"这一模糊性的回答意味深长。

5. 数量性

西方有种说法是把记者当成"野兽"，必须饱饱的喂他，这"食品"就是他所需要的信息。有了足够的信息，报道才让他有成就感，要尽量满足记者对信息的渴求，使其按照政府设置的议程去设置媒体议程，进而影响公众议程，这就需要提高新闻发布的密度，增加新闻发布的次数。美国在这方面的做法非常具有代表性。美国的白宫、国务院和五角大楼是举行新闻发布会最为频繁的地方，几乎每周都有新闻吹风会，不定期的随机发布更是不计其数。据统计，美国白宫2003年2月举行了17场新闻发布会，平均每周3至4场，其中时间最长的一场 35 分钟，回答了 82 个问题；最短的一场 12 分钟，回答了 20 个问题。

二、新闻发布中的媒体沟通

新闻发布机制是以政府为主体、社会公众为客体、新闻媒体为介质构成的一个不可分割的新闻传播整体系统。政府是新闻发布机制的主导性操作机构，社会公众是新闻发布机制的对象，新闻媒体是连接党委、政府与社会公众的纽带和桥梁。高效的新闻发布机制有利于党委和政府的工作大局，有利于维护人民群众的切身利益，有利于维护国家和地方政府的形象，有利于社会稳定和人心安定，有利于社会矛盾的有效化解和事件的妥善处理。

（一）积极配合以成为信息权威渠道

新闻发布工作是以尊重新闻规律为基础，以事实为前提，以化解矛盾为目的，以解决问题为依托的，因此，必须遵循新闻规律，及时传达民众所关心的问题，使自己成为信息权威渠道。

1. 要提供尽可能丰富的材料

有些单位组织新闻发布活动，特别是组织负面事件的新闻发布会，常常是匆匆忙忙开始、潦潦草草结束，前后不过十几分钟，这样的新闻发布会，会让带着新闻单位交给的深度报道任务、从四面八方远道而来的记者产生误会，认为没有得到起码的尊重，会有一种上当受骗、被捉弄、被愚弄的感觉。带着这样的情绪，许多记者很可能不会认真报道发布的内容，很可能找你发布内容的弱项，然后进行自行采访、公开报道。有些单位组织的新闻发布活动，往往把发个通稿当成新闻发布活动的中心内容、主要目的甚至唯一目的，错误地把组织新闻发布的核心工作和中心任务，放在了新闻通稿这一单一、具体的形式上，把主要精力全部放在了撰写新闻通稿上，组织能写善辩人员，避重就轻、闪烁其词，大做文字游戏，最终，把一篇字数少得可怜的新闻通稿改成了一篇毫无实质性内容、通篇官话、左右逢源、进退自如、十分圆滑的官样文章，然后在新闻发布会上一读了事。其实，这是"懒政"的表现。

新闻发布工作最基本的功能是公开信息。因此，新闻发布工作最重要的就是要为新闻媒体和记者提供尽可能多、尽可能丰富的直接材料和背景材料。通常，党报、党台侧重于各级党委和政府采取的有效措施和取得的最新成效；都市文化类媒体则侧重于具体细节和民意民生；以网络为代表的新兴媒体由于不受版面、时段等客观条件的限制，其对于有关材料的需求则是多多益善。所以，在新闻发布过程中，要区别不同类型媒体的情况，有针对性地准备相关材料，尽量满足各类新闻媒体的需求。这样，就能有效防止和避免一些媒体因为正当渠道的材料来源不能满足其报道需求，而进行随机、随意的自行采访，甚至从旁门左道挖掘小道消息，造成新闻传播失真。

在发布新闻特别是发布负面事件新闻的过程中，新闻通稿仍然不失为一种比较好的新闻发布形式。但是，要切记两点：一是新闻通稿应配以相关材料。也就是说，在正式发布新闻通稿的同时，要为新闻媒体和记者提供相应的背景材料，作为新闻通稿的必要补充，以有效弥补新闻通稿信息量不足的缺陷。二是新闻通稿与通讯稿紧密结合。在组织撰写新闻通稿的同时，立即组织新闻媒体的中坚力量，迅速赶赴事件现场，寻找相关人员，进行深入采访，以新闻通稿发布的内容为主线，尽快撰写更加详细、深入的通讯稿，有力地支持和配合新闻通稿。

【典型事例】

2015 年 10 月 16 日，有网友爆料称在庆丰包子铺的两家连锁店吃出虫子、蟑螂等物，有图有真相，庆丰包子铺没有搪塞，于 18 日在其官微上回应，表示经其总部调查核实，那两家店铺确实存在违反食品卫生规定的问题，已对其采取停业整顿的举措。而北京庆丰包子铺也自当日开始对全部连锁店铺进行为期 3 个月的食品安全专项检查行动。庆丰此举雷厉风行，其专项检查行动的迅速展开，亦合乎传统企业管理乃至行业管理的惯常做法与套路。此外，庆丰总部表示，为进一步加强对连锁店铺食品安全工作的督导力度，在企业内部原有督导部的基础上，扩大成立了营运督导中心，并聘请第三方专业机构"中国检验认证集团检验有限公司"为其食品安全把关。其危机公关意识，还是比较到位的。

2. 不隐瞒事实真相

媒体的义务就是信息报道。对媒体来说，新闻是稍纵即逝且竞争激烈的商品，他们希望抢得"独家新闻"在市场上打击竞争对手。刊登坏消息的报纸比刊登好消息的报纸卖的多。当有事件发生时，媒体对此就抱有特别兴趣，而事件发生期间当事单位或个人并不能改变这种状况，因此就应该接受媒体的报道，并积极同他们合作，及时努力控制局面。如果事件发生不妙，应该直接对媒体说明真相，不要试图掩盖事实，否则，你会看到更为糟糕的结局。"那种认为糟糕的局面很快会自行消失的看法是非常错误的领导行为。"对未知的事实不要推测，如果对不知道的事实妄加推测，事后又证明这一推测是错误的，那么主要利益相关各方都会认为这是不可宽恕的。如果媒体觉得你是在故意误导，他们尤其会对你产生怀疑。如果不知道实情，就直接承认，并表示将会调查并及时将结果反馈给媒体。

要以负责任的态度处理事件，与媒体保持频繁沟通；提供的信息要经常更新，防止谣言和不确定消息四处扩散；严肃对待一切提问；注意媒体的截止日期。在当前 24 小时媒体新闻循环播放的时代，甚至有必要派人全天驻守自己的媒体中心，对于事件处理的进展情况也要在第一时间通知公关，以缓解公众紧张的情绪。除了与媒体保持随时沟通之外，还要以实际行动与公众保持随时沟通，因为只有行动才能真正解决事件。

3. 内容要科学巧妙

新闻发布的内容，特别是新闻通稿，要在切实做到准确、精练、庄重、朴实的基础上，尽量做到科学、巧妙。

（1）表述要准确恰当

表述准确是对口头语言和书面语言表达最基本的要求。表述准确，才能实现新闻发布的意图，达到公开信息、说明情况的目的。否则，就会引起记者的误解，造成信息的首传失真，导致难以挽回的影响。

内容表述准确。新闻发布存在强烈的首声效应，一旦表述不准确，产生歧义，再想纠正，就会非常困难，很可能会形成误会、产生危机、加重危机或造成新一轮更大的危机。

语言表述恰当。选用最恰当、最能表达特定事物的词汇和语言，尽量做到使用的词和语言不会让人产生歧义，任何其他词汇都没有这个词汇更能这样确切、圆满、恰到好处地表述这一事实。做到这一点很不容易，必须具有较强的文字表述能力和语言表达能力。

使用词语贴切。汉语词语十分丰富，可以表达同一个意思的同义词非常多，这为语言表达的准确提供了有利的条件。要注意同义词词义的细微区别，选用最贴切、最精确的词，一是词义的程度不同，如想念、惦记、牵挂等；二是语义的轻重不同，如认可、肯定、赞成、赞扬等；三是语义的规模和范围不同，如战斗、战役、战争等；四是使用对象不同，如爱护、拥护、爱戴等。在发布新闻的过程中，有时语言使用不当，可能会伤害受众的感情，产生不必要的误会，甚至可能激化矛盾，所以，还要仔细分辨词语的感情色彩和风格色彩。感情色彩主要是指褒义、贬义，还是中性；风格色彩主要指是庄重还是随和，是口头语言还是书面语言，比如传言、传闻、谎言、谣言、造谣等。为使语言的表达准确，还要注意词语是指人还是指物，是主动还是被动。

（2）表述要简练明确

新闻发布的目的是为了尽快说明情况、充分公开信息，针对的是社会大众，所以，无论是语言表达还是文字表述，都要力求简练、明快。

语言结构要简单。要多用单句、少用复句，多用短句、少用长句，多用直陈、少用修辞。要避免语言的堆砌。新闻发布的语言力求准确、直接、简练，避免赘余，不能故弄玄虚、故作高深，切忌不管是否必要、有用无用的就将一些漂亮话、新名词堆砌在一块，此举不仅无益，而且还会造成新闻发布的中心内容被淹没、隐晦，影响新闻发布的效果。

新闻发布的表述要明确。发布新闻，特别是发布负面事件的新闻时，最重要的是要表明立场、表明态度、表明措施、表明信心。比如，"事故发生后，县政府高度重视，立即成立10人调查组，县长亲任组长，对事件展开了调查。通过一天的认真调查，初步认定，这是一起严重的责任事故。目前，调查正在深入进行，直接责任人已被有效控制。县政府决心，一定要尽快查清事实，严格依照有关政纪法律，对相关责任人严肃查处，决不姑息。"此时，绝不能遮遮掩掩，闪烁其词，让人感到政府态度暧昧、立场不明、消极观望、信心不足。

新闻发布的语言要明白。新闻发布最重要的是要把事情讲清楚,把问题说明白。要努力做到言不需解、言不费解,让人一听就懂、一看就明白。新闻发布,特别是突发事件的新闻发布,具有很强的针对性和时效性。所以,无论是语言表达还是文字表达,无论是记叙、说明还是议论,都必须开门见山、直截了当,一下子表明意图,让受众和记者从语言表达中直接了解到发布者的目的,不能有话不直接说,绕弯子,或者隐晦暗示,让人从文字的背后去解读和领会出某种意图。

(二)给记者提问的机会

新闻发布是官方新闻传播的源头之水和基础环节,所以,在新闻发布时,与新闻媒体和新闻记者无缝隙衔接和密切合作,是提高新闻发布工作效率和效益的基础和前提。

1. 回答记者提问的必要性

新闻发布主要有现场新闻发布和新闻发布会两种形式。比如,"5·12"汶川大地震发生后,时任国务院总理温家宝第一时间赶到灾区,多次在抗震救灾现场回答记者提问,通过新闻媒体向灾区人民传递信心、鼓舞士气。2008年5月24日,温家宝在汶川县映秀镇救灾现场,会见联合国秘书长潘基文,并回答了中外记者提问,温家宝忧民、亲民、平和的风范,给人留下了难忘的记忆,树立党和政府良好的国际形象。

新闻媒体是连接新闻发布主体和社会公众最重要的桥梁和纽带,以向社会公众提供最全面、最准确、最可靠、最权威的信息资讯为己任。在新闻发布现场,新闻媒体和新闻记者所代表的已经不再是新闻媒体和记者个人,而代表的是社会公众。此时,媒体记者突出的是社会属性,成为社会公众的信使、使者和代言人。

在新闻发布现场,新闻发布者突出体现的也是其社会属性,成为所属单位或组织的集中信使和代言人。所以,在新闻发布现场,新闻发布者不能以自己的个人好恶作为行为取向,如果有记者需要提问,应该持支持和欢迎的态度,尽量回答记者的提问。如果时间不允许,或记者提出的问题当场不能回答等特殊情况可以向记者索要名片，并告诉记者，条件成熟时，马上和记者联系，这样，记者会感到非常满意，对已发布内容的报道也会充满善意，并格外尽心、卖力。

2. 记者提问可以有效消除信息盲区

新闻媒体和记者是介于政府、组织和社会公众之间最重要的介质，回答记者的提问，并通过新闻媒体进行广泛传播，能够有效满足社会公众的信息需求。

相对于新闻发布者而言，新闻记者更加熟悉新闻规律。记者的提问，可以引导新闻发布者从更加有利于新闻传播的角度去发布信息，使新闻传播的效率更高、效益更好，从而提高新闻发布的质量和效益。

相对于新闻发布者而言，新闻记者更加熟悉受众对于新闻的接受特点。记者的提问，可以有效引导新闻发布者从更加有利于受众接受的心理角度传播信息，从而有效提高受众接受新闻的兴趣，使公众更易于接受，增强新闻发布的有效性。

相对于新闻发布者而言，新闻记者更加熟悉社会公众对信息需求的阶段性特征，更加清楚受众当前最需要知道哪类信息、什么样的信息。记者提问，可以有效引导新闻发布者发布受众亟须了解的现实新闻信息，有效消除信息盲区、填补信息空白，更加充分地满足公众的知情权，并及时说明疑点，避免误会、化解矛盾，增强新闻发布的实效性。

3. 记者提问可以增强组织的亲和力

记者提问，新闻发布者回答，体现了新闻发布者、新闻记者和社会公众之间的平等地位，可以有效突破"我说你听""我在上你在下""我发布你接受"等不平等的传统宣传模式，有效消除新闻记者、社会公众的逆反心理和抵触情绪，有效降低受众的接受门槛，提高新闻传播效率，拉近新闻发布者与新闻记者、社会公众的心理距离，体现新闻发布者的真心、诚意，增强所发布新闻的可信度。同时使新闻发布者及时了解新闻记者和社会公众的信息需求取向和现实行为需求，使政府或组织更加明确今后工作的方向和现实工作中存在的弱项和不足，从而有针对性地说明有关情况、发布相关信息，纠正记者和公众对某一问题认识上的偏差，以正视听，消除不应有的误会和误解。所以，在特别事件发生、出现不正常现象和公众出现疑问等情况下，组织新闻发布时，除了例行公开信息外，还要注意回应受众的质疑，消除心中的疑问，从而避免产生不必要的猜疑。允许记者提问、回答记者提问，则是实现这一目的最为便捷、最为有效的方法。

【典型事例】

2007 年 10 月 12 日，陕西省林业厅召开"陕西镇坪发现华南虎"新闻发布会。陕西省林业厅副厅长孙承骞发布了一个令人吃惊而振奋的消息："由陕西省林业厅和安康市镇坪县联合组织的华南虎调查队经过一年多的艰苦调查，终于获得重大突破，担任调查队向导的镇坪县城关镇文彩村七组村民周正龙于 10 月 3 日在该县神州湾一处山崖旁，用胶片和数码照相机同时拍摄到两组清晰的野生华南虎照片，经陕西省林业厅组织野生动物专家和影像专家共同鉴定，照片是真实的，从而宣告失踪了 20 多年的野生华南虎重新被发现！"周正龙共拍摄了 71 张照片，31 张胶片照片和 40 张数码照片，数码照片中的 5 张为华南虎的足迹，另外 35 张分别从不同角度展现了华南虎的实体，经陕西省林业厅组织野生动物专家和影像专家共同鉴定，照片是真实的。为此，陕西省林业厅奖励照片拍摄者周正龙两万元人民币。据专家分析，拍摄到的是一只青壮年老虎，并由此推断，山中生存着的至少应当是一个具有繁殖能力的小种群。

此消息一公布，立即引起了众多媒体和网民的广泛关注，新闻发布会第二天，网上论坛中就有网友对照片的真实性提出了质疑，认为照片有伪造之嫌。在接下来的几天内，报纸、电视台等众多新闻媒体相继对"虎照"问题进行了报道，网络上对"华南虎照"的真伪问题的讨论也愈演愈烈，"挺虎派"和"打虎派"展开了一系列的论战，各执己见、僵持不下。

此事件在 2007 年 12 月 19 日举行的国家林业局的新闻发布会发生了重大转折，国家林业局保护司司长卓榕生表示，国家林业局已要求陕西省林业厅委托国家专业鉴定机构对周正龙所拍摄的华南虎照片等原始材料依法进行鉴定并如实公布鉴定结果。2008 年 2 月 4 日，陕西省林业厅就"草率发布发现华南虎的重大信息"发出《向社会公众的致歉信》。经过数月的调查之后，陕西省人民政府在 2008 年 6 月 29 日的新闻发布会上就"华南虎照片事件"调查处理情况作了通报。据时任陕西省公安厅新闻发言人、副厅长白少康介绍，"华南虎照片事件"在陕西省人民政府的直接领导下，经过公安机关细致的工作，现已全部查清。经查实，周正龙拍摄的"华南虎照片"是一个用老虎画拍摄的假虎照，周正龙之所以拍摄假虎照，目的是为了骗取钱财，其行为已涉嫌诈骗犯罪。在接下来的几个月里，公安机关和检察机关主要针对周正龙造假及诈骗行为进行侦查和起诉，经过两审终审，2008 年 11 月 17 日安康市中院对该案做出最终裁决：判周正龙犯诈骗罪，判处有期徒刑 2 年；犯非法持有弹药罪，判处有期徒刑 1 年 6 个月，两罪并罚，决定执行有期徒刑 2 年 6 个月，缓期 3 年执行，并处罚金 2000 元人民币。针对"华南虎照片事件"中省林业厅、镇坪县政府及林业局相关人员违规违纪行为，有关部门给予 13 名领导干部行政处分。至此，闹得沸沸扬扬、持续一年有余的"华南虎照片事件"终于告一段落。

"华南虎照片事件"本质上是一个造假行为。如果仅仅是造假案件，政府不会成为社会公众和媒体"炮轰"的对象，但是由于政府未经核查而草率召开新闻发布会，直接导致了政府机关权威性和公信力的急剧下降，使公众对国家机关的行为产生了信任危机。从一个简单的造假行为演变为一个突发事件，数个国家机关变成了社会舆论攻击的对象，政府在处理整个事件的过程中存在严重错误，值得反思。

第三节　危机新闻处置与媒体沟通

伴随着人类文明的进步、科技的发展，21 世纪在带给人类高度物质文明的同时，也带来了一系列从未有过的严重社会问题和生态问题，如能源危机、环境危机、生态破坏、毒品泛滥、恐怖主义等一些重特大安全事故等等。这些问题都可能随时引发各种突发事件。应该说，在新的历史时期，一个政府处理各种突发事件及由此引发的各种危机的能力，是其执政能力的集中反映，也是提高政府公信力的"试金石"。

一、危机新闻处置的原则

危机新闻处置是政府危机处置中的一项重要工作。当前由于社会的变革、技术的发展、外界的冲击和人们观念的变化，人们对突发危机事件的知情渴求越来越高。加之报纸、电视等现代传媒数量的迅速增多和网络、手机短信等新兴媒体的崛起，使得危机新闻处置越发显得重要。危机的突发性、不可预知、危及公众利益、引发媒体关注等特点，决定了危机的新闻处置必须遵循如下基本原则：

（一）时间原则

危机新闻处置中的反应和处理的时间性十分关键，必须坚持及时反应、适时反应原则。

1. 及时反应

及时反应，即第一时间内做出新闻反应。其主要包括两个方面内容，即对危机事态的反应和利益相关者的反应。对危机事态发展及时反应是指对危机的现实情况的及时评估和决策，并以此为基础采取合理的行动，包括迅速到达现场、了解真实情况，果断采取采集信息、组织新闻报道等相关措施；客观分析事态发展，提出进一步行动预案；着力解决最为困难的事宜。利益相关者迅速做出反应是指在危机爆发后利益相关者立即做出必要的告知和回应，内容包括承认危机的存在，树立坦诚、负责的政府形象；警醒利益相关者做好防范，尽可能减少危机损害；在可能的条件下以事实为依据对危机的真相做出必要的解释，以避免混乱、消除疑虑，赢得利益相关者的理解和支持。

2. 适时反应

适时反应，即以时间为序确定新闻处置的流程。其主要包括三个方面内容，即与危机处置整体部署相适应的新闻处置的优先顺序、所需执行任务的分类及责任人的权责、各种资源的整合和调配等；采取必要的手段实施媒体公关，延迟负面报道；根据事件的发展及处理进展发布相关信息。以时间为主线确定新闻处置的流程，有助于避免重复劳动，节约时间，提高工作效率。这是危机新闻处置中一个通用的方法。

【典型事例】

2000 年 2 月 15 日下午，天安门广场发生一起自杀性爆炸事件，事主当场死亡，一名外国人受伤。事件发生后，为快速反应，国务院新闻办越过一些报批程序，迅速组织中央新闻媒体播发消息。北京市在事发 1 个多小时后，将新闻稿在现场散发给了外围记者。境外媒体对有关此事的报道均采用了我们提供的声明和新闻稿，报道内容客观，没有出现猜测性和歪曲性报道。对这一事件对外报道的组织，中央领导给予了充分肯定。

（二）导向原则

巩固党的执政地位，需要党不断加强自身建设。对突发性事件处理得当，就能够赢得群众的支持与信任，从而巩固执政地位；如果处理不当，就有可能失去群众的支持与信任，甚至丧失执政地位。能否做好突发事件新闻处理，关系到党和政府的形象，关系到社会稳定、改革开放和社会主义现代化建设的顺利进行。

1. 正确引导社会舆论，增强公众的信心

主要是坚持团结稳定鼓劲、正面宣传为主的方针，注意报道党和政府所做的工作，牢牢把握正确的舆论导向，及时主动、正确引导舆论，注重社会效果。例如新闻评论就是最能体现媒体立场、水平和品位，引导社会舆论最直接、最有力的形式，很多时候起到了一锤定音的关键作用。例如，薄熙来严重违纪违法问题发生后，《人民日报》连续在头版刊发《坚决拥护党中央的正确决定》《自觉维护改革发展稳定的良好局面》《自觉遵守党纪国法》3 篇评论员文章，随后又在"今日谈"连续刊发《立身不忘做人之本》等 7 篇言论，国内各大媒体、网站纷纷转载，有力地统一了干部群众思想，为事件的稳妥处置提供了强有力的舆论支持。

2. 坚持客观、准确、全面报道，营造良好的舆论氛围

新闻媒体对舆情的准确、客观、全面反映，构成危机事件的重要组成部

分，会左右危机事件的进程。对此，政府作为权威信息的掌握者和控制者，在重大突发事件发生之初，提供真实、充分的信息，尤其要充分利用各种媒体，包括网络技术，发布信息，实现公开、透明，积极主动地引导社会公众采取理性行为，避免造成舆论误区和社会心理震荡。千万不要"粉饰太平"、自欺欺人，事态不会因我们说法的"缩小"而缩小。政府最大的致命伤就是失信于民，隐瞒包庇只会使外界对政府失去信任。

3. 正确反映多元利益相关者的要求，维护社会安定

一次危机事件，往往使不同的利益相关群体卷入其中，他们对危机有着不同的反应和要求，因此，政府应在深入调研和充分沟通的基础上，了解核心利益相关者、次核心利益相关者及边缘利益相关者的不同反应，把握他们有形和无形的要求，然后通过对新闻信息的过滤、综合和解析工作，做出适当的反映，为不同群体的利益平衡寻求公共支点。当然，正确反映多方利益并不意味着"无原则的平衡"，有所侧重本就是合理的。国家和集体利益是最高利益，无论如何也不容侵犯，必须不计得失地加以捍卫。

4. 立足于对公众的教育，增强全社会的危机风险意识

社会公众既是突发事件的承受者，也是处置突发事件的参与者。社会公众的综合素质高低，在有效处置突发危机事件中发挥着重要作用。国内外很多突发事件的案例，有成功的经验，也有反面的教训。政府要调动各种媒体资源，面向公众宣传、普及各种危机情况出现时的救灾和自救知识，增强危机意识，为突发事件的应急处置工作奠定良好的社会基础。

（三）层次原则

突发危机事件类型复杂、影响面广、涉及人数多，可以说，应对突发事件是一项十分复杂的系统工程，仅凭一个地方、一个部门的努力不可能有效遏制事态的发展，并得以妥善处理。突发危机事件处理的这一特性，要求在新闻处置中必须坚持层次原则，以确保危机的妥善解决。

危机的新闻处置层次划分主要依据事件的性质来判定。近年来我国发生多起突发危机事件，有的是区域性事件，如 2006 年 3 月 26 日发生的重庆升县天然气渗漏事件；有的是地区性的，如 2005 年 11 月发生的淞花江水污染事件；有的是全国性的，如2003年发生的"非典"事件。从纵向看，这些事件分属中央、省（自治区、直辖市）、市，区（县）各级政府负责；从横向看，这些事件又分属公安、卫生、环保、农业等相关部门负责。这些事件也引起了中央和地方众多隶属关系不同的媒体关注。

1. 属地管理

国家早在2003年就出台了有关文件予以明确：突发事件新闻报道工作实行属地管理，由各地各级政府新闻办公室代表政府行使对突发事件新闻报道协调和管理职能。也就是说，不管事件发生单位的主管部门是谁，发生在哪个地方就由当地政府处置，组织好新闻发布，推动事件的妥善安置。

【典型事例】

2006年4月25日，中石化总公司所属南京化学工业有限公司一台成气净化除尘装置发生意外事故，造成多名工人伤亡。尽管这起重大安全事故的发生单位不属于江苏省及南京市管理，但根据属地管理原则，省市宣传部门迅速启动新闻处置预案，组织新闻报道，把握舆论导向，确保了事件的稳妥解决。

2. 分级负责

根据危机事件的严重程度，确定新闻处置的牵头部门。危机新闻处置应根据事件的一般、重大、特大严重程度，分别由区（县）、市及省有关部门牵头，按照对媒体、对上级等几个层面切分信息的详略程度，既要实现良好互动，又要避免不必要的恐慌。

3. 分类管理

国家有关文件规定，安全生产方面事故的新闻报道，由安全生产管理部门负责；重大刑事案件、社会群体性事件和恐怖主义破坏活动等的新闻报道，由公安局等负责；自然灾害的新闻报道，由民政及农林部门负责等等。比如"非典"的新闻处置由卫生部门牵头；禽流感防治的新闻处置由农林部门牵头负责。

4. 分层落实

分层落实主要是从内部运行体系来说，包括两个方面：一个是领导层次，如成立新闻处置的专门小组，各专门小组的条块模式，各组间的领导体系、指挥体系和协调体系应该明确。另一个是信息层次，如根据不同的决策需求，对信息进行不同层次的过滤和发布；按照对媒体、对上级等几个层面切分信息的详略程度，既要实现良好互动，又要避免不必要的恐慌。

5. 由浅入深

由浅入深主要是针对危机的新闻发布来说。把握危机的信息发布到什么程度很重要。在第一时间只介绍事情的基本情况，以及政府认为应该对公众的提醒，而不一定要披露具体细节。在告诉公众基本事实的同时，一定要告诉他们政府采取了什么措施，以安定人心，体现政府负责任形象。根据处置工作进展，不断发布有关信息，由浅入深，逐步深入。

（四）先例原则

先例就是已有的事例。先例原则最多的用于司法审判。先例原则作为判例法的基本原则、核心内容，是确保判例法的正常实施和前后连贯的必要前提。先例原则使得逐案确定的判决协调一致起来，把由成千上万个判例堆积而成的杂乱无章的集合体，按照某种原则和方式条理化，使之形成前后一致和系统化的判例法律制度；也使得判例法不至沦为法官个人专断和偶然意志的产物，以保证权利的稳固、法律的确定和一致。

在危机新闻处置中坚持先例原则，是由历史发展需要和现实要求决定的。对于突发危机事件的处置，包括如何制订危机管理预案、信息反馈机制、媒体应对措施，等等，国外许多国家积累了不少经验教训。相对于美国等国家，在很长一段时间，我国的危机事件处置工作准备不充分、信息渠道不畅通，尤其是如何应对媒体方面显得经验不足。特别是随着各种突发危机事件数量的大增，这种问题和矛盾愈来愈突出，增加了危机处置的不确定性和难度，已远远不能适应当时经济和社会发展的要求。这就需要我们坚持先例原则，不断学习和借鉴国内外已有的成功经验，做好危机的新闻处置工作。

（五）统一原则

危机新闻处置是一个复杂的系统工程，危机新闻管理和协调的复杂性，要求我们在危机新闻处置过程中必须始终坚持统一、高效的原则，否则只能造成更大的混乱，使局势恶化。

1. 管理的统一指挥

管理的统一指挥包括建立健全由各级新闻宣传主管部门牵头、外宣部门、政府有关部门和相关重要领域代表参加的新闻协调领导组织及办事机构，统一负责新闻管理和协调应急预案、方案、规定的制订，明确各自的职责和分工等；建立日常值班制度，确保"五有"，即：有新闻发言人、有新闻协调组织人、有现场保卫人员、有稿件审核人、有具体审稿规定等，一旦发生危机，新闻宣传主管部门和事件涉及的有关部门立即开展工作，统一协调新闻信息发布和新闻媒体人员采访等相关工作；加强对指挥调度的掌握，做到上下左右一致行动。

2. 信息的统一发布

口径一致对于取信于民至关重要。对外公布的口径只能是一个，不管是事件处理者还是新闻发布者，或者是政府最高首长，以及与事件有关并可能接触媒体的人，对外口径必须高度一致，不能提供互相矛盾的信息。口径不一致，就会使危机愈演愈烈。对内必须杜绝那种未经授权便擅自发声的情况。同一危机事件，内部传出不一样的声音，是危机处置的大忌，不仅会令原本简单的事态日趋复杂，更会暴露内部的"矛盾"，甚至可能由此引发新的危机。

3. 媒体的统一协调

关注危机事件的媒体较多，所属关系复杂，协调的难度很大，需要统一指挥。其中两项工作尤其重要：一要统一协调主体，原则上媒体的协调工作由宣传主管部门牵头负责，有关职能部门根据统一要求落实到位；二是统一协调要求，确保一个声音传到底。如果要求不统一，事出多门，容易引起媒体的误解、猜疑，影响媒体沟通和协调工作的效果。

二、危机新闻处置中的媒体沟通

危机发生后，政府应立即启动危机新闻处置预案，开展新闻发布和媒体应对等工作。

（一）现场控制

新闻记者的敏感性决定了他们往往会闻风而动，有可能先于政府已经到达现场进行采访。记者们无组织的采访，有时难免给危机事件的解决带来麻烦和干扰，尤其是绑架人质事件、重大事故的人员伤亡现场等。突发危机事件发生后，宣传、公安、安监等相关部门要在第一时间内到达现场，开展新闻处置工作。

1. 维护好现场秩序

重点做好四项工作：一是摸清来现场报道的媒体和记者情况，包括多少家媒体、共有多少记者采访，大概采访了什么人、什么内容；二是确认记者身份，只有资格和身份确认的记者方可进入接待区采访；三是规范记者采访活动，比如划定记者可以进入的场地，设定禁区，不允许进入和拍照等具体规定，以便相关部门尽快、集中精力处理危机；四是提出相关采访报道要求等，确保报道的准确、稳妥、统一。

2. 控制好信息源

重点是保持信息进出管道的双向畅通、准确无误，无论如何也不可让记者在失控状态下胡乱猜测。一是畅通准确无误信息的来源渠道。较多地掌握正确的信息，是做好突发事件信息控制的重要环节，也是做好突发危机事件新闻报道的前提条件，即所谓的有米才能下锅。具体地说，就是要同危机处置核心人员保持联络畅通，确保核心信息的及时获取；同时要同媒体及相关记者建立友好关系，以便了解一些正常情况不能得到的重要信息，经过梳理和确认后供决策和新闻发布之用。二是严格控制信息输出。以核心信息资源牵制记者，是约束记者的最佳途径。可以尽快设立新闻中心，告诉记者在哪里、什么时间可以得到最新信息，这样记者不会轻易离开，也不会离开太久、太远。记者们就像是"空中飘荡的风筝"，但一定要让那根"绳"掌握在拥有核心信息资源的人手中。三是要保证对外发布的所有信息都是经过精心准备、严格审核的，不允许信口开河、即兴发挥。如可以指定接受记者采访的相关人员名单，包括专家，以确保信息输出的正确性和可控性。

3. 控制好第二、第三现场

突发危机事件有第一现场，更多的有第二、第三现场。比如突发的重大安全事故，救治伤员的医院则是第二现场，伤亡人员的家则有可能成为第三现场。这些地方都是记者关注的地方，很多新闻信息包括不实信息出自那里。因此，除了控制好第一现场的记者采访报道外，决不能忽视其他现场的控制工作，实现危机新闻的可控性目标。

（二）初步表态

当今社会，电视、报纸、杂志、广播特别是网络媒体及其他新兴媒体的出现与发展，新闻传播的速度加快，一夜之间传遍全球。

突发事件又往往与公众的利益密切相关，人们自我保护的本能使得在危机发生时，第一反应和最大需求就是了解信息，了解真实的信息、准确的信息、权威的信息。而媒体往往是公众在突发事件中及时了解真实情况的唯一信息来源。在信息社会中，如果政府在突发事件发生后的新闻发布缺位，那么，各种新闻的替代品一定不会缺位，越是想"封锁"，越是谣言、小道消息漫天飞，群众越是会陷入不安之中，并且可能导致事态向不良方向发展。因此，危机事件发生后，政府及相关部门要在第一时间作原则表态，告诉媒体现在情况如何，不要等到一切搞清楚后再说，"尚无可靠结论"或者"没有确切消息"等表态，本身也就是一条重要新闻。它能够有效防止错误、虚假信息的出现和蔓延。初步表态不要怕出错，只要公开透明，媒体不会揪住个别错误信息不放；不应该因害怕出错而坐失第一时间表态的良机，以免造成负面影响的进一步扩散。

【典型事例】

据新华社消息，2006 年 8 月 21 日，在距 2005 年 11 月吉林石化双苯厂爆炸导致松花江发生重大环境污染事件不到一年的时间，吉林市境内松花江支流再次因吉林长白山精细化工有限公司的人为排放化工废水而遭污染。事故发生在 8 月 21 日，到 23 日白天松花江水被污染的非官方消息已在哈尔滨市民中广泛传播，直到 23 日晚 8 时多，哈尔滨市电视台才通报了松花江支流水污染事件的相关消息，并告知市民"放心用水"，这时部分市民已在恐慌中大量储备了自来水，在超市抢购了矿泉水、饮料等。哈尔滨市政府为了紧急避险，保护市民健康，决定于 11 月 23 日零时起，关闭松花江哈尔滨段取水口，停止向市区供水，政府公告一出，谣言即止，人心安定，社会稳定。

（三）组织通稿

迅速组织通稿的撰写是危机新闻处置的一个关键环节。新闻通稿是突发事件新闻处置中政府与媒体进行接触的最有效的渠道之一。它形式多样，可以以一篇或多篇文章的方式对外正式发布各种资讯；它内容丰富，可供发布的范围可以是具体的，也可以是宏观的，可以是对突发事件的说明，也可以是对不良舆论的回应；它普遍适应，可以针对任何媒体。新闻通稿是记者们最熟悉，也是最愿意接受的形式，它可以帮助记者直接、明了地发现信息，提供消息源，并可以保持后续接触。

新闻通稿不同于机关应用文、宣传材料，它要符合新闻写作规范，属于新闻体裁。新闻通稿主要采用消息体裁，即对有新闻价值和社会意义的事实进行及时、简明扼要的报道。它字数较短，一般在千字以内。新闻通稿运用较多的主要有以下三种：

1. 动态消息

动态消息是同经验性消息（典型报道）等相对而言的，类似西方新闻界的硬新闻。一般地以一地一事、一人一事为对象，篇幅短小，文字简洁。以事物的最新变动为主要着眼点；以时新性和重要性为主要的价值取向；以突发事件为主要报道内容；以客观叙事为基本特征；以开门见山、一事一报为主要写作原则等。

2. 综合消息

综合消息是综合反映全局性的情况、动向、成就和问题的报道。它涉及的新闻事实不像动态新闻那样直观易见，往往有一定的隐蔽性；重视新闻依据、新闻来源的交代；注重分析，但又以客观的方式来表现，尽量不直接出面议论。

3. 解释性消息

这是一种以解释新闻事件为主的新闻体裁，它不但报道事实，且侧重于阐明事实的意义、前因后果以及发展趋势等。解释性消息中的解释并非指作者的直接、明白的阐释和分析，而是指运用背景材料，比较隐蔽地表达观点或倾向。解释性消息侧重于回答新闻事件中的"为什么"。

新闻通稿的结构形式通常是"倒金字塔结构",是一种"头重脚轻、虎头蛇尾式"的结构。它常将最后或后发生的却富有吸引力的材料置于篇首,常呈现为"重要""次重要""次要""更次要""补充""进一步交待性材料"的顺序。另外,新闻通稿还有问答式和积累式等结构形式,但运用较少。

观察当前政府及部门所写的有关突发危机事件的新闻通稿,最大的问题就是不规范:一是文稿的体裁不明确;二是发布的信息量太少;三是主题反映不确定。出现这样或那样问题的原因,主要是思想上存在误区:有的认为突发事件最好不做报道,一旦见报,会影响稳定,如一定要报道,则能少就少,怕多说了引起麻烦;有的认为在事情原因没有弄清楚之前,不能报道;还有的认为虽然事件性质严重,但发布时要把事态缩小,以安定民心等等。这些想法的出发点不能说不好,但是如果在实际工作中这样操作,其结果适得其反。

(四)滚动发布

突发事件的信息发布后,媒体与公众就会特别关注,最佳方案是不间断发布新闻,做到步步为营、滚动发布。

1. 用最简单的语言告诉核心信息

新闻采访与写作的基本要素是五个"w"(who, when, where, what, why),即什么人、什么时间、什么地点、发生了什么事、原因是什么。除此之外,还有怎样发生的、后果如何、已经采取了什么措施、政府对此态度如何、如何避免类似事件再次发生,等等,这些都是记者和公众最关心的。我们不必一次披露所有的信息,事实上也做不到。只要最简明扼要地把几个核心问题讲清楚即可。如当一条河的河水被污染时,重要的是要告诉老百姓不要直接饮用从河里所取的水,至于河水被什么物质污染、程度如何,并不需要所有公众全部了解。

2. 不间断地发布最新情况

初步发布的基本信息,不一定是全面的。有了进一步的信息继续发布,对过去由于情况不清晰而发布的不准确、不全面的信息给予纠正和补充,保持政府部门是信息最权威发布者的地位。

3. 适当采取非正式的方式透露相关信息

为了防止或减少公众对事态的错觉，可以采取小型通报会，或者专家现场接受采访等非正式的方式，继续发布相关情况。这样，既便于组织，又能够尽量避免公众对事件的恐慌心理。

【典型事例】

杜邦公司对"特富龙"事件进行滚动发布的案例，思路清晰，很值得参考。

2004 年 7 月 8 号，美国环保署表示杜邦"特富龙"的关键原料——全氟辛酸铵，可能会致癌或影响生育。对此，杜邦公司立即通过多种形式进行不间断的信息发布，努力挽回负面影响。7 月 15 日，杜邦公司领导做客新浪嘉宾聊天室，就"特富龙事件"与消费者进行感情沟通。7 月 18 日，"特富龙俱乐部下午茶"活动在上海举行，杜邦中国的代表徐军接受记者访问。7 月 19 日，杜邦北京分公司公共事务部经理接受记者采访。7 月 20 日下午，杜邦中国集团在北京召开媒体见面会，杜邦中国公司总裁查布郎在新闻发布会上与记者见面，回答媒体记者以及消费者的问题。紧接着，美国杜邦总裁贺利得接受《人民日报》记者独家采访。自此，杜邦公司以一连串密集的、不间断的正面声音完全盖住了负面的声音。

(五) 防患未然

危机的不可预知性等特点，决定了危机新闻处置的超前性要求。在完成了现场控制、信息发布和媒体沟通等工作之后，政府及相关部门要根据突发危机事件可能出现的情况进行分析、研究，制订和落实下一步工作的新闻预案，防患于未然。具体有以下几个步骤：

1. 加强舆情跟踪和分析研究，把握舆情动态

危机时期知己知彼十分重要。要健全事件信息的收集机制、公众情绪和心理监测机制、系统内部沟通机制、媒体选择和互动机制、事件传播的评估机制等，组织专人负责国内外舆情（包括社情民意）的跟踪、分析、研判，定时提出分析报告供决策之用，这是进一步做好危机新闻处置的基础。

2. 认真制订下一步新闻预案，确保各项措施落实到位

要根据危机可能出现的情况，提出下一步新闻处置的总体要求、具体步骤、相关措施和预期目标；同时根据预案工作要求及不同的工作岗位，制定相应的规章制度或操作规则，确保各项工作落实到位、以防后患等等，这是进一步做好危机新闻处置的关键环节。

3. 加强新闻宣传策划，获得形象矫正效应

只要有危机产生，就会对政府带来或多或少的负面影响。对此，政府要借着前期社会关注度较高的机会，加强新闻宣传策划，让更多的人了解政府是非常有社会责任感的政府。如紧紧抓住主流媒体和强势媒体，根据不同媒体的特点，借助媒体资源，开展不同形式的合作，取得新闻宣传报道的主动权。又如充分利用新闻宣传的聚焦效应和扩大效应，组织策划一些具有"轰动效应"的新闻宣传事件，使宣传活动更具系统性、连贯性，能够形成整体推进之势，为树立良好的政府形象营造良好的舆论氛围。如果后期的宣传工作做不好，那么，危机处理的遗留问题和影响会随时席卷而来，对此不能放松警惕。

4. 总结回顾，扬长避短

要随时关注媒体的报道情况，如果发现媒体的新闻报道与事实不符，应及时、有策略地向媒体指出并要求更正。突发事件过后，要及时对突发事件新闻处理工作进行总结。要将危机新闻处置工作的始末记录在案，收集完整的新闻报道文章及影像资料等。要对预案制订、现场控制、新闻发布、媒体沟通等所有环节得失进行分析，对新闻处置结果进行评定，总结经验，查找不足，提出更具针对性的改进意见，不断完善应急预案。

（李海燕）

第六章　新闻发布与政府形象

一般来说，政府形象是社会公众对政府在行政过程中所体现出的行为特征和精神状况形成的总体印象和评价。在信息化高度发达的今天，现代信息传媒技术的快速发展使得政府的行政行为更加公开透明，给政府的公共管理带来了新的挑战，政府形象的媒体构建与传播亦将成为政府行政能力的重要体现，并直接影响政府工作成效。因而，在新闻发布与新闻传播中设计与塑造政府形象，既是传媒时代政府塑造公信力的客观要求，又是政府有效施政的现实需要。

第一节　新闻传播中的政府形象

政府形象是一个综合性的认知概念，反映了社会公众对政府的清廉程度、高效是否、政策是否民主科学、领导者素质、公务员行为规范程度等诸多问题的认知和评价。公众对政府形象的认知积累是以政府自身的素质、行为和表现为客观基础，并受到公众价值取向和主观评判的影响，同时与政府自身形象的设计与传播又有直接关系。

一、新闻传播中政府形象的要素构成

一般来说，政府形象既是社会公众的主观认定，又是政府行政行为表现的客观反映，是主客观相统一的产物，其主要由以下三个要素构成：

（一）政府

政府是行政行为的主体，在政府形象中则成了认知的客体对象。也就是说，政府并不是政府形象的主体，而是以自身的行政行为接受社会的评判和认定，从而在社会公众中形成"形象"。毫无疑问，作为行政行为的实施者，政府在公众有关政府形象的形成过程并不是完全被动的，而是有能动性的提供方，可以通过完善行政行为获得公众的"好感"。因此，政府是形象构成要素中最重要的一个要素，是决定政府形象的主导方面。

（二）社会公众

政府形象不是由政府自身而是由社会公众来确定的，公众才是认定政府形象的主体。同时，作为政府形象认知主体的社会公众，一般指公众中的绝大多数，而不是指某一部分人或者个别人。社会公众由于其存在的总体性、不确定性和主观能动性，在政府形象的形成和发展过程中具有决定性的意义。需要说明的是，社会公众并不是仅指个人或群体，也包括其他社会组织、机构或企业等政府的服务对象和沟通对象，这一概念淡化了领导和统属的色彩，显得更为中性和客观，更适合作为现代民主社会评价政府形象的主体。

（三）媒介

媒介是传递的桥梁。在政府行为和公众认知之间，无论是传统媒介还是现代传媒，通过架设现实的传播通道，在主客体中间起着连接沟通的特定作用，使客体的表现能够传达到主体中去。当然，媒体作为一个现实的通道，同时在发挥作用的过程中也有主观性的渗入。无论是人与人之间的口口相传、还是借助报刊、广播、电视、网络等现代媒体来传播，都不可能不受传播者的影响。

二、在新闻传播中树立良好政府形象的重要意义

政府形象体现着政府与公众双向互动关系，良好的政府形象具有极大的凝聚力和号召力，可以增强民众对政府的认同感和信任感，并构成政府权威的合法性基础。在社会主义市场经济的发展和民主政治建设的进程中，公众

对政府的要求越来越高，政府形象已成为衡量政府绩效的重要标准。因而通过新闻发布和媒体传播构建良好的政府形象具有极为重要的意义。

（一）良好的政府形象有助于增强政府执政的合法性

政府合法性是政府在法律上得到公众认可并且可以实施政治治理的前提，是一个政府赖以存在的最基本条件，它揭示了公众倾向于对政府表示信任、好评的内在原因。为政之要在于取信于民，根据国家一切权力属于人民的宪法原则，政府的权力来源于民众的委托。因此，政府的管理活动和行为必须符合和反映社会民众的利益、要求和愿望。如果政府在管理活动中获得了良好的政府形象，这就意味着政府的行为已经在一定程度上满足了社会公众的利益、愿望和要求，从而获得了公众良好的印象和评价，在这种情况下，政府的活动和行为就会得到社会公众的支持和拥护，政府的合法性就能得到增强，政府也就能够获得良好的生存和发展。反之，如果政府的活动和行为违背社会民众的利益、愿望和要求，不仅得不到民众的支持和拥护，而且形象也会一落千丈，甚至连生存下去的可能性也将丧失。

（二）良好的政府形象有助于提高政府行政效率

政府活动的目的，是通过政治动员、政策制定和实施来实现国家及公众利益。良好的政府形象能使社会公众对政府产生情感认同和行为认同，进而从主观意愿上服从和支持政府的决策、行动措施和法律法规，在无形之中减少了动员过程中的成本和实施过程中的阻力，从而使得行政效率大幅度提升。反之，如果形象不佳，号召发出后响应淡漠、行动迟缓甚至要动员大量人力做动员说服工作，效果就不一定好。比如，在政府推进征地拆迁、环卫建设、公共基础设施建设、招商引资等涉及社会公众切实利益的相关工作时，如果形象不佳，处事方式不当，可能会引起不必要的争论甚至触发社会矛盾，极大地降低了政府行政效率；而如果政府形象良好，工作开展就会顺利高效并卓有成效。由此可见，树立良好的政府形象，对于推动行政决策和提高行政效率具有十分重要的意义和作用。

（三）良好的政府形象有助于促进社会和谐稳定

政府形象反映政府的信誉和威望，决定政府的影响力、凝聚力和号召力，是一种重要的能力资源，是引导人民奋发进取的光辉旗帜和战胜困难的精神支柱。实践证明，良好的政府形象有助于提高政府的凝聚力和号召力，调动广大民众建设中国特色社会主义的积极性。只有良好的政府形象切实建立起来，政府的政策制度才能得到广大民众的支持和拥护，经济社会才能持续、协调、稳定地向前发展。特别是在实现"两个一百年"奋斗目标的关键决胜阶段，在经济、政治、文化、社会、生态文明体制深刻变革的关键时期，更需要树立良好的政府形象，以确保社会和谐稳定，确保经济社会持续健康发展和"四个全面"战略布局的协调推进。在全面深化改革进入攻坚期和深水区的关键时刻，树立良好的政府形象，能够在协调处理各种社会利益阶层不同利益诉求时发挥重要作用，化解利益冲突，形成改革合力；反之，如果此时政府部门和公务人员把心思放在利用改革机会谋取个人利益的最大化，则会引起民众的不满和怨恨，严重破坏政府的形象，甚至会把国家和社会带入动荡、停滞的境地。

政府形象作为政府的理念、行为及效果的集中综合表现，通过政府新闻的传播到达公众，进而影响公众的认知与判断，为政府工作创造良好的舆论环境和社会基础。当前，随着现代信息传媒技术的快速发展，新闻传播的速度和广度远超以往，政府形象建设面临着新情况、新问题。

三、现代传媒技术发展给政府形象建设带来的机遇与挑战

随着科学技术的进步，数字杂志、数字报纸、移动电视、移动互联网等新媒体进入了大众生活，论坛、社交网站、微博、微信、自媒体等传播方式也同样改变着人们的生活方式。新闻传播的媒介呈现出形式丰富、渠道广泛、互动性强、覆盖率高、精准到达等诸多特点，给公众的生活方式、社会发展、社会结构带来巨大的冲击，不同阶层和喜好的受众可以选择适合自己的媒介来接受信息并随时进行反馈，使得传播效果最大化。由此可见，我国政府在这样一个"人人即媒体"的时代环境下，在媒介高度融合的全媒体语境中，如何更好地展示自我形象，如何凝聚人心促进社会和谐稳定发展，面临着诸多新情况、新问题。

（一）现代传媒技术发展给政府形象建设带来的机遇

1. 有利于改善与公民的关系，树立政府良好的亲民形象

当前，信息技术的迅猛发展为政府新形象的塑造提供了更好的平台。网络信息的互享性、传输的便利性和快捷性，为公众参与政治，建立与政府良性互动的关系提供了前提。对于社会公众来说，通过网络能及时了解政府的相关政策，发表自己的看法，与政府保持密切联系。同时，政府通过这一平台能够更好地展现自身的形象，其所提供的各种服务比以往更快捷，对公众意见和需求的反应速度大大提高，如在一些政府网站，有关环保、社保、交通、住房等一系列与公众日常生活息息相关的信息能随时查到，这些都有助于政府为公众更好地提供服务，从而可以营造各级政府的亲民形象。

2. 有利于加强对政府的舆论监督，构建政府的廉洁高效形象

在现代信息传媒技术的帮助下，社会公众可以通过各种渠道对政府的所作所为进行交流沟通，甚至提出宝贵的意见和建议，一旦形成具有影响的舆论将对政府的管理起到监督的作用。例如，南京市江宁区房地产局长周久耕在会议桌上摆了一盒高档"南京至尊95"香烟，转眼之间就成了网络上的知名人物，并且对他是否腐败的网络质询，很快从香烟扩展到乘车、住所等其他生活方面等等。再比如，原重庆北碚区委书记雷政富正是因为2012年在互联网上流传的不雅视频，成为全国上下关注的焦点，最终锒铛入狱。无论周久耕事件还是雷政富事件，都让我们看到网络拉近了人与人之间的距离，使一个地方上的小事，能够瞬间成为全国性的新闻，使得社会公众对政府及其工作人员的监督无处不在。在当今社会，网络、微博、微信等在人们日常生活中已经可以在许多方面替代报纸和广播电视等新闻媒体，成为人们越来越依赖的信息来源，网络舆论也形成了其特有的规模和力量，网络成为对政府监督的一种新形式，这就要求我们必须注重在网络上加强措施，树立和维护政府的勤政、廉政形象。

3. 有利于提高行政决策的科学性

行政决策在现代行政管理的地位日益突出。决策的正确与否决定着社会发展的方向和速度，影响着社会的秩序和稳定。一个决策就可能会"牵一发

而动全身"，也可能"失之毫厘，差之千里"。在传统的行政决策中，我们看到因相关信息不能全面掌握而导致的这样或那样的失误，也造成了损失和浪费，甚至引发民怨，损害了政府形象。现代信息传媒技术的高速发展，一方面，能够帮助政府在决策之前高效地调查研究采集信息，充分掌握数据和事实，为科学决策提供有力支撑；另一方面，由于任何个人或组织都能通过传媒发布自己的信息和意见，这就能够促进政府更加充分全面地了解社会问题，体察民情，在决策之前广泛征求民意，集中民智，从大多数民众的利益出发进行行政决策，从而使得政府的决策更加合理和科学。

（二）现代传媒技术发展给政府形象建设带来的挑战

现代信息传媒技术也是一把双刃剑，它的特点在一些情况下也同样会给政府的形象建设带来严峻的挑战。

1. 政府公信力面临着网络谣言的挑战

在每一次因谣言而形成的政府形象危机事件中，制造谣言者固然可恨，但是事后反思就能明白，我们的政府在网络谣言面前的应对策略会直接影响政府形象并可能进一步制造混乱。例如，2009 年 7 月，一则题为"河南开封杞县钴 60 泄漏"的帖子称，当地一家辐照厂的放射源使用后无法放进深层地下冷却水而裸露在空气中，造成钴 60 泄漏直接辐射，而且随时可能都有爆炸的危险，此消息瞬时成为网民关注的焦点。由于当地政府对这一情况实行"三不政策"，即不通报、不接受采访、不许报道，谣言迅速传播后，许多杞县群众纷纷外迁"避难"，大批的人流乘坐拖拉机、马车等涌向开封市区方向，一度造成当地主要道路堵塞。眼看事件到了难以收拾的地步，政府部门才迟迟出来辟谣。随着逃难群众的陆续返乡，事件才暂趋缓和。这个事件被网络人称为"新杞人忧天"事件，极大地讽刺了当地政府反应迟钝、习惯于"捂盖子"的迂腐形象。应当看到，网络信息的不确定性对政府形象的权威性和可信度造成了负面影响，一些不实的谣言严重地挑战了政府公信力。

【典型事例】

2011 年 3 月 11 日，日本发生里氏 8.9 级大地震，地震威力巨大，导致福岛核电站发生泄漏。一时间，有关"食盐受到污染""食用碘盐可以防辐射"等谣言四起，3月17日起，中国沿海浙江、江苏、山东等地发生大规模的购盐潮，盐价一路飙升至20元每袋，各大超市盐架被扫空，供应紧张。后来，食盐污染说法被官方否定，盐恢复供应，价格也回归正常，各地又来了一出退盐记，引发网友争议。抢盐风波事件因网络谣言而起，干扰了民众的生活秩序，如果政府不及时辟谣，恐造成更为严重的后果。

2. 政府形象面临瞬间受损且难以修复的挑战

一个信息只要在网站上停留片刻，就会以各种形式存在于网络和各种信息媒体之上，很难彻底拦截和封锁。信息时代新闻传播的这一特点决定了政府形象危机事件一旦发生，对政府形象的损害是必然的，危机事件所产生的负面影响也会迅速传播开来，受损的政府形象在短时间难以修复。

从政府行为方式的角度，我国传统的行政方式缺少公众参与，政府行政过程不公开、不透明，直接导致监督权的缺失。在现代信息传媒技术高度发达的今天，政府行政行为日益公开透明化，颠覆了传统的行政行为方式。如果大量的矛盾和问题不能立竿见影地得到解决，特别是实现部分人的利益可能触及其他人的权益，传媒技术和手段就会成为某些人传播非理性意见甚至诋毁政府形象的平台，政府几乎没有时间处理矛盾、平衡利益关系，并修复受损的政府形象。

从公务人员的角度看，网络监督行政行为、反对权力腐败和纠正不正之风，将发挥越来越重要的作用，并且已经取得很多实际成效。通过网络等现代化新闻传播手段揭露官员的腐败行为已经成为群众监督的有力方法，其特点是时间短、影响范围广，但有时会产生难以预测的结果。例如，一些人可能因为个人恩怨或个人利益不能满足利用网络等手段陷害他人，甚至想尽一切办法制造更大的舆论向反腐机构施压，给政府形象抹黑。

从突发事件的角度看，有的事件刚一发生，政府尚未来得及做出反应，网络就在第一时间"爆料"，快速吸引公众的眼球。现代传媒技术成了这类信息效应的"加速器"和"倍增器"。一旦损害政府形象，不仅给事件处理带来被动局面，而且舆论引导也相当复杂，在这种情况下，任何此前看起来"微不足道"的事件也可能掀起波澜，增加了政府预防和管控的难度。

【典型事例】

2011 年 6 月 21 日，新浪微博上一个名叫"郭美美 baby"的网友称自己是"住大别墅，开玛莎拉蒂"的 20 岁女孩，并称自己是中国红十字会商业总经理，这在网络上引起了轩然大波。实际上，根据警方的调查和郭美美本人的供述，其本人和资金来源都与中国红十字会毫无关系。但此事严重损害了中国红十字会以及其他慈善机构的公信力和形象，全国各地红十字会收到的捐赠数额均出现大幅度锐减。2012 年 7 月，北京红十字会共接受社会捐款 28 笔，总计 15.44 万元，而在 2010 年这一数据为 756 万元，两相比较，差距巨大；而深圳红十字会在此事之后的一个月内收到的社会捐款仅仅为 100 元；佛山市红十字会医院学校在此事以后再未收到任何捐款。由此可见，"郭美美微博炫富"事件给中国红十字会及其他慈善机构的形象造成了严重的损害，并在很长一段时间内难以修复。

3. 政府信息安全面临网络"黑客"的挑战

网络的安全性阻碍了政府信息化建设进程，特别是对那些涉及国家安全和政府机密的部门更是如此。互联网的一个重要特征就是匿名性与隐秘性的结合，这使得一些人在"幕后"以非正常的方式诋毁攻击其他组织、机构或个人，以达成某种不可告人的目的。网上非法入侵者（"黑客"）经常对政府部门的网站进行大肆攻击和破坏，严重地影响了政府网站的正常运行，甚至破坏政府网站的体系结构，导致"网上政府"瘫痪，损坏了政府作为社会服务提供者、管理者在公众心目中的形象。

【典型事例】

2015 年 3 月 17 日，辽宁建昌县门户网站"中国建昌"被黑客入侵，在网站首页上发现了"黄叔在此"和"站长别生气"的字样，点击进入后，对方的留言是：我是黄叔，进来看看就走了。技术人员后来对漏洞进行了修复，当天中午，网站恢复正常。此事令人哭笑不得，但反映出我国地方政府网站面临着被攻击、被入侵的现实威胁，一旦被心怀不轨的不法分子攻击，极有可能使政府的正常行政活动陷入瘫痪，严重破坏政府形象。

第二节　新闻传播中政府的形象设计

树立良好的政府形象，既取决于政府及其行为的价值取向，又有赖于政府形象的自我设计。政府行为的根本价值取向，总体上说就是要符合时代进步的潮流和人民群众的意愿，代表人民群众的根本利益。中国共产党全心全意为人民服务的宗旨，决定了我国政府的形象设计必须也只能立足在执政为民上，因此，在协调推进"四个全面"战略布局的关键时期，政府形象设计应充分体现全心全意为人民服务的宗旨，树立良好的政府形象。尤其是当政府的价值判断和选择同公众的利益需求不一致时，一定要以人民群众的利益为重，走群众路线，减小社会公众对政府认知的"形象偏差"。

一、新闻传播中政府形象设计的原则

新闻传播中政府形象设计，应遵循下列基本原则：

（一）针对性原则

政府形象的功能实质，是政府向社会提供的"公共产品"。既然是政府提供的产品，既要体现政府的意愿，也要满足公众的需求。因此，政府形象设计，必须有强烈的针对性，针对客观实情，针对政府的行政目标，针对政府的行为过程，针对社会公众的需求，来设计政府形象。只有针对性强的形象设计，才能有的放矢，产生良好的效果。尤其是在地方政府的形象设计中，一定要结合地方经济、社会、文化的具体情况和特点，有针对性地进行设计。

（二）持续性原则

政府形象建设的过程性和长期性，决定了政府形象设计不可能一蹴而就，而是有个持续的延展过程。一方面，形象设计本身有一个持续过程，需要开展前期调研，经过周密论证，然后提供整体计划和具体方案；另一方面，行政过程中可能出现的变动性，也需要不断强化、充实、丰富、完善甚至适当调整原有的设计。

（三）可操作性原则

政府形象设计，既是政府的自我形象"包装"，更是为了让民众能够接受。因此，设计一定要具有现实可操作性。目标要明确，计划要周全，方案要具体，能够一步步操作下去，尤其要防止"假""大""空"。虚假的设计不是一种合理的艺术"包装"，而是"伪装"，结果只会适得其反，必须坚决杜绝。大而空的形象设计不仅会让人无从下手，难以产生应有的效果，到头来还会贬损形象设计价值，败坏形象设计者本身的形象。

二、新闻传播中政府形象设计的目标

一般来讲，公众对政府形象的认知积累是以政府自身的素质、行为和表现为客观基础，并受到公众价值取向和主观评判的影响，同时与政府自身形象的设计与传播又有直接关系。通常，政府形象设计是围绕政府职能的基本定位展开的，以充分体现政府以人为本、执政为民的形象诉求。从现实国情出发，公众对政府的期望和评价是"全能"型的，这就要求政府形象设计要兼顾到各个方面，并融入各类新闻传播中，实现政府形象的有效传播。

（一）廉洁政府

古今中外，任何政府一旦被人民定为腐败，人民就会站在政府的对立面，成为推翻这个政府的强大社会力量。政府清廉既是廉洁政治的重要内容，也是连接干部清正和政治清明的桥梁，是政府公信力的基石。廉洁是政府的第一形象，"公生明、廉生威"，廉洁政府建设关系民心得失，关系事业成败。为政清廉才能取信于民，秉公用权才能赢得人心。近年来，在新闻报道和新闻传播中，由项目审批、土地承包、工程建设、资金运作、招标采购、人事安排等引发的腐败现象时有发生，严重影响了政府形象，甚至引发了小规模群体性事件，其引发的问题足以引起我们的重视。当前在全面建成小康社会的关键时期，必须把廉洁作为政府的底线和生命线，坚持经济建设与廉政建设同步，下决心割断政府与经济活动的利益链条、人情链条，建设廉洁政府形象，凝聚人心以确保政府各项行政工作的顺利开展。

【典型事例】

2015 年 2 月 13 日，中央纪委监察部网站刊文《"自曝家丑"更彰显反腐决心》，批驳"反腐影响党和政府形象"言论。文章大体内容如下：

在关于反腐败斗争的"杂音"中，相当具有迷惑性的言论要数"反腐自曝家丑，会影响党和政府的形象"了。该论调释放烟幕弹，醉翁之意在放腐败分子"一马"。其将误导社会公众将党的形象与党内腐败分子联系在一起，严重损害党的形象，让执纪执法人员"打虎灭蝇"思想上有负担，精神上有压力，动摇反腐败的信心和决心，达到让贪腐分子被"豁免"的目的，其用心险恶。

从徐才厚被查到周永康再到令计划落马，两年来我们反腐重拳不断，"反腐没有禁区"是我们党的明确态度。"老虎"纷纷落马之际，无数"苍蝇""狐狸"被抓，既能够说明我们党反腐的决心和取得的成效，更能够说明我们党完全具备自我净化、自我完善、自我革新和自我提高的能力，能够始终保持党同人民的血肉联系，保证我们党更加坚强、更有力量。正因如此，群众才赞誉我们党是人民的福星，是腐败分子的克星。

党坚决打击贪腐，赢得群众的广泛支持和参与，连整个政治生态和社会价值观都发生了可喜的转变。反腐形成的价值磁场，正激荡起强劲的"道德向心力"。反腐败既是全社会的自我净化，也是党内的自我排毒。

事实终将证明，反腐败不是把我们党的形象抹黑了，而是让我们的党旗更新、更亮了。

（二）责任政府

责任政府是指一种负责任的行政关系，它是对公民承担责任并切实履行其职能的政府。政府的一切行为必须以最大化人民利益为根本出发点，对人民负责，当政府行为出现重大过失时，政府必须承担相应的政治法律和道义上的责任。责任政府的定位与行政问责制紧密相连，行政问责制是指政府的违法行为都必须能够受到追究的制度。建立行政问责制是现代政府强化责任、改善管理、建设责任政府的内在要求，也是推进依法行政的重要保证。

问责在作为政府行政工作机制的同时，在政府新闻传播过程中亦是新闻媒体开展舆论监督报道的诉求点。按照新闻知情原则的要求，政府及其组成部门要将政府的工作信息及时地向新闻媒体提供，由媒体以新闻的方式向公众传播，社会公众由此能够及时了解政府工作的各个方面。这样既使政府工作置于公众的监督之下，又使公众在了解相关信息的基础上理解和支持政府工作。在政府新闻传播过程中，一方面，要向公众介绍政府决策的主要内容、相关背景以及可能产生的社会影响，立足于挖掘各级政府及各组成部门在决策和工作推进中的责任意识，同时促进公众了解政府日常工作的进展和所取得的成效，着力体现政府官员积极负责的工作态度，将政府主动履责的新闻事实通过媒体加以呈现，促进政府形象的正面传播。另一方面，对于突发事件基本情况和处置措施的公开，政府要力求事件过程公开、处置措施公开、事故原因和责任认定尽快公开；在被新闻媒体和公众问责的情况下，要善于沟通，积极反馈，将政府处置和责任追究及时地通过媒体报道告知公众，使被动的负面问责转化为主动的积极负责，以实现政府责任形象的传播。

当然，政府对责任的承担并不是无条件和无限制的，同时政府所承担的责任客观上存在分级和分类的现实情况。因此，对于新闻传播中的责任政府形象的塑造，首先要通过政府立场和态度的表达来实现，即在问责过程中不推诿、不敷衍、不躲避；其次，要针对具体问题，根据政府职责的界定合理划分责任主体，将事件所涉及的责任体系完整地呈现出来，以便使媒体和公众了解各个责任主体所承担的不同责任；再次，要对问责采取分级处理的办法，实事求是地公开各级政府及其组成部门应当承担的责任，既不能将责任下放，也不搞责任上交，每一级政府都要勇于承担各自权限范围职责，使公众通过媒体报道充分了解政府责任体系的运行，展现责任政府的良好形象。

（三）效能政府

政府作为社会的管理者既要务实，不说空话，不做表面文章，又要有较高的行政效率和效能。政府效能是政府机关工作作风的直接体现，人民群众对于政府的很多评价都是建立在对政府工作效率的感受与认识上的。特别是对于一些公众要求予以解决的社会问题，虽然通过政府工作的努力，最终有了满意的结果，但是这一过程的不同工作效率则会使公众形成截然相反的政府评价和形象构建。政府工作效率高，雷厉风行，群众评价就高，政府形象就会加分；政府效率低，拖拖拉拉，群众评价就低，政府形象就会减分。在大众媒体的新闻传播中，政府要在帮助公众了解政府工作的基础上，激发和引导人们对其工作态度的认同和支持，就必须体现出高效率的办事态度和实实在在的办事结果，充分体现效能政府的形象。

在新闻发布中，政府效能有两个重要的评价方面：一是办事态度；二是办事效果。无论是对于政府主动发布的新闻内容，还是对媒体监督报道的回应，都应当首先表明政府在工作上的效率要求，既给出工作路线图，又给出工作时间表，通过媒体向公众介绍，满足公众对政府效率的预期。当然，并不是工作速度越快就越能表现政府的工作效率，必须具体问题具体分析，更不能把复杂的问题简单化，否则就会给公众带来草率和不慎重的印象或推测。特别是对由于媒体报道引发公众关注的问题，政府要予以及时回应，及时表明态度和对相关问题的处理措施，并跟踪通报问题处理的进展情况及结果，形成政府与媒体的良性互动，进而通过媒体与公众开展有效互动，强化公众对政府工作效率的认识。

政府的办事效果是政府效能的最终体现，必须通过媒体传播到公众那里，否则只有办事态度和措施而没有办事效果的新闻传播是不完整的，也无法最终形成和巩固政府在公众心目中的效能形象。如果不能将政府的办事效果及时传播出去，不但会使前期通过办事态度传播所产生的政府效能形象在公众那里逐步消解，而且，还会导致公众对政府在办事态度与办事效果认识上的反差，认为政府说了空话或是做表面文章，而相关问题的解决不能得到落实，进而形成与效能政府背道而驰的认知和判断。因此，政府新闻传播中必须形成一个完整的、闭合的信息链，将工作所达到的现实目标和相关问题的处置结果通过媒体传播给公众。这种结果也是构成媒体报道核心的新闻事实，既为新闻媒体所关注，也为公众认知所期待。

【典型事例】

2011年2月，相关媒体报道山东济宁市多个部门成立"马上就办办公室"。据济宁市优化办宣传处负责人说，"马上就办"是一种提高行政效能的精神，"马上就办办公室"在济宁已经推行了一年多，是"效能济宁"的一个部分，目前多个部门都已经成立了"马上就办办公室"，就是为了提高行政效能，增强执行力和公信力。负责人称："我们不怕别人说'作秀'，因为我们起到了实际效果。过去五年，企业与政府打交道的时间从98天下降到15天。群众对党委政府的满意度从94.2％上升到95.6％。"

（四）服务型政府

党的十八大报告提出，要按照建立中国特色社会主义行政体制目标，深入推进政企分开、政资分开、政事分开、政社分开，建设职能科学、结构优化、廉洁高效、人民满意的服务型政府。服务型政府就是为人民服务的政府，其本质要求就是坚持一切从人民群众的根本利益和现实需求出发，全心全意为人民服务。"向人民学习，为人民服务，请人民评判，让人民满意"，是我国服务型政府建设的基本要求。政府的服务性体现在政府工作运行的各个层面，如政府决策体现了对人民群众利益的发展和维护，政府管理体现了对人民群众社会生活秩序的稳定和保障，政府倡导体现了对人民群众道德文明行为的判断和激励。因而在政府新闻传播中，政府要向公众尽量提供全面的工作信息，将政府工作内容、动态和过程通过媒体展示给公众，使社会各界了解政府为公众福祉所做的努力和成效，进而树立服务型政府的形象。

（五）诚信政府

政府诚信首先意味着政府对于公民来讲是可信的。政府要实现可信的目标，就要通过媒体对公众开诚布公、坦诚以待。对于政府而言，必须建设一个透明政府，一定要让公众知晓政府的所作所为，奠定公众信任的基础。因此，与在新闻传播过程中构建责任政府形象一样，透明政府形象的媒体塑造同样离不开政府信息公开。政府应当将行使的行政权力向公众公开，从提供政府信息源到政府信息反馈，从政府表达立场到政府形成决策，从政府公开承诺到目标完成落实，所有这些都应该在新闻发布和传播过程中向公众公开。这是让权力在阳光下运行的内在要求，也是诚信政府形象战略的立足点。

当前，由于媒体对社会无序或失序现象的关注和报道更加侧重，政府形象传播的正向累积效应相对缓慢，而其破坏性传播则较快，因而，在政府新闻传播过程中，作为"易碎品"的政府诚信形象必须时时加以小心呵护，要通过主动公开政务信息，使媒体的知情权与监督权得以实现，使公民的主体意识和参政水平得到提高。要通过新闻发布等信息公开渠道及时传递政府提供的服务信息，开展互动交流，实现政府在行政服务中的善治，进而使政府公信力不断得到巩固和提升。

（六）法治政府

2014年，党的十八届四中全会通过《中共中央关于全面推进依法治国若干重大问题的决定》，明确提出要深入推进依法行政，加快建设职能科学、权责法定、执法严明、公开公正、廉洁高效、守法诚信的法治政府。建设法治政府，是推进全面依法治国战略的关键。当前，中国特色社会主义法律体系已经建成，法治建设也取得了长足的进步，但在新闻报道中，仍能看到少数政府部门我行我素，公职人员任意违法、滥权、腐败，百姓怨声载道的相关内容，这严重破坏了法治国家、法治政府、法治社会的形象。因此，政府在新闻传播中，应充分展示法治政府形象，以增强政府公信力，实现法治政府建设目标。此外，要充分利用现代传媒技术和新闻传播开展重大决策听证、重要事项公示、重点工作通报、政务信息查询等重要工作，以推进法治政府制度建设和法治政府形象建设。

【典型事例】

2013年9月22日上午，薄熙来受贿、贪污、滥用职权案在济南市中级人民法院公开开庭审理。济南中院的官方微博对庭审情况进行了实时播报，受到网友广泛关注。8时9分，济南中院的官方微博发出了第一条微博，对庭审进行预告。在案件审理的过程中，微博持续更新。截止到中午休庭时，共发布了40多条微博，包括法庭程序、"起诉书指控"、庭审现场对答以及庭审图片等等。此次济南市中级人民法院对薄熙来案公开开庭审理情况进行微博直播，是首例高级官员贪腐案件的微博直播，彰显了中国政府的反腐自信，成功地塑造了诚信政府、法治政府的良好形象，得到社会公众的一致赞誉。

三、新闻传播中政府形象设计的基本要求

新闻传播中强化政府形象设计是实现良好传播效果的关键所在，在遵循

新闻传播规律的前提下，以政府新闻事实为依据，充分体现政府执政为民、坦诚负责、廉洁高效、人民满意的形象，能够使政府工作赢得广泛的舆论支持和社会认同。

（一）凸显人性关怀，拉近受众距离

作为政府形象传播的基本出发点，人性关怀既是媒体也是公众关心的永恒主题，是人类精神和情感的共鸣点，体现在对人的生命权的敬畏与尊重，对人的生存权的关注与关爱，对人民利益的维护和争取等方面。

在政府新闻发布与传播中凸显人性关怀，就是要充分表达与公众利益关联的各个方面信息，同时这些信息本身要体现对人们生产、生活、发展等各方面权益的重视和关怀，在公众认同的基础上构建政府形象。政府新闻发布本身除了及时向公众公开政府的工作信息外，还要把服务公众利益作为新闻传播的根本诉求，以人性关怀的视角审视新闻内容，实现新闻传播效果与政府形象建构的统一。此外，每个政府公务人员都是一个隐性的政府形象代言人，其积极的工作态度、务实的工作作风、谦和的行为举止同样会拉近政府与民众的距离，进而强化公众对政府整体形象的认同。

【典型事例】

2013年12月，习近平总书记在北京一家包子铺排队买包子，还自己买单、端盘子、取包子。中午，便有网友发布了这一微博，之后，人民日报、新华社、中央电视台等官方媒体微博纷纷转载，网友踊跃点"赞"，跟帖不断。

以往，本届政府在改革上大刀阔斧，在反腐上毫不留情，获得了极高的网民支持度。此时，排队买包子的亲民之举，能让网民近距离感受到本届政府的温暖，完美地补足了政府形象的拼图。本次国家领导人出现在公共场所，与民同食，再加之其行为细节遵从社会秩序，崇尚公平，拉近了领导人与社会大众的距离，树立了良好的政府形象。

（二）表达高度负责，满足受众期待

高度负责的政府形象能够满足媒体和受众的心理期待，在新闻传播中应当予以着力体现。当前，媒体代表公众问责政府已成为新闻报道的常态，政府要主动适应新闻传播的这一新常态，表达高度负责的立场和态度，勇于承担起应尽的社会责任，向媒体和公众交出满意的答卷。

公共突发事件和危机事件的应对是考验政府负责态度的试金石，同时政府在处理这类事件时对媒体的态度也是考量政府是否履责的标尺。特别是面对重大灾难性事件时，公众对政府和新闻媒体在及时、准确、充分地发布相关信息方面提出了更高要求。通常，新闻媒体可以通过自己的努力，获得相当一部分新闻源并形成报道；同时，政府也必须加大新闻发布的信息量和发布频度，尽最大努力满足公众的信息需要。政府决不能以统一口径为由，限制或封杀媒体报道。事实证明，关于灾难性事件的信息，公开比不公开好，及时公开比延迟公开好，主动公开比被动公开好，充分公开比有限公开好。这些可以在"5·12"汶川地震的新闻报道和信息发布中得到充分印证。面对汶川地震这一空前的大灾难，中国政府信息的公开程度前所未有，新闻媒体对灾难所作报道在服务公众需要的同时，也树立了政府的良好形象。可见，政府在公共突发事件和危机面前，通过及时、准确、大量的新闻发布和信息公开，充分尊重和满足公众知情权，使得政府通过媒体报道展现出应对突发事件高度负责的姿态和高效率的工作水准，使责任政府的形象融入公众心目之中。

【典型事例】

2013 年 4 月 20 日下午，中共中央政治局常委、国务院总理李克强赶赴四川芦山"4·20"地震震中灾区。他来到医院、攀上废墟、走进帐篷，代表党中央、国务院向遇难同胞表示深切哀悼，向受伤和受灾群众表示诚挚慰问，并现场指导救灾行动，直到 21 日下午回京。期间，他早餐吃一碗米粥一袋咸菜，晚上在帐篷中打手电筒开会，凌晨 2 时依然亮灯工作。

20 日 13 时，提出挨家挨户敲门救人，强调当前抗震救灾最紧迫的问题是抓紧 72 小时的救人黄金期，采取科学施救措施，抢救人民群众生命。

20 日 16 时，改乘货运直升机直飞震中。李克强一下直升机就直奔芦山县人民医院看望受灾群众。他蹲下身查看伤员情况，对他们说："你们放心，我们不光要救灾，还会帮助大家重建家园，以后的日子会更好。"

20 日 18 时，李克强到达设在芦山龙门乡的地震前方指挥部并召开现场会。他提出，72 小时黄金救援期，一分一秒也不能耽搁，首先要把埋在废墟里的群众抢救出来。

20 日 21 时，灾区入夜后，李克强召集参与救灾工作的各部门负责人，打着手电筒，在芦山县临时搭建的帐篷里主持召开抗震救灾工作会议，部署下一步救灾工作。抗震救灾工作会议一结束，李克强很快来到芦山县中学，关心慰问在此安置的受灾群众和学生。

据央视新闻报道，深夜 2 点，芦山县城郊一块地势较为平坦的坡地上，李克强休息的帐篷还亮着灯光。

21 日上午不到 7 点，李克强在帐篷里简单用过早餐（据央视新闻报道，早餐是一碗米粥和一袋咸菜）后，即驱车前往成都华西医院，看望这里收治的地震危重伤员。

21 日下午，全面部署后乘飞机回到北京。

李克强总理在芦山地震灾区的 24 小时，充分体现了他作为国家领导人心中始终装着人民的情怀，充分表达了党中央、国务院对灾区民众高度负责的态度，充分展示了新一届政府执政为民的光辉形象。

（三）展示发展信心，赢得公众信任

公众对经济社会不断向前发展的主观愿望十分强烈，这是因为人们可以在经济社会的不断发展和进步中获得自身发展的更多条件和更广阔的空间，实现自身利益的发展和生活条件的改善。作为社会管理者的政府能否始终展示发展信心，是赢得媒体、公众信任和支持的重要方面，也是政府形象传播的内在要求。无论是在发展顺境还是在逆境中，一个充满发展信心、朝气蓬勃的政府始终是公众可以依靠和寄予厚望的。而政府的信心通过媒体加以持续不断的传播，产生累积效应，必然会在公众中形成良好的政府形象。

对历史上的灾难性事件进行一番考察，不难发现：倘若政府缺乏面对灾难的勇气和战胜困难的信心，封锁关于灾难的重要信息，新闻传媒集体失语或所作报道语焉不详，那么，公众因得不到真实信息就会转而求之于小道消息，与事实不符的谣言就会占据公共话语空间，蛊惑人心，引发信任危机和社会动荡，政府形象一落千丈；反之，政府通过新闻传播及时公开相关事件信息，并努力向公众展示战胜灾难和困难的决心和信心，尽最大努力去赢得公众的信任，公众则反而会坦然面对重大的灾难性事件，保持社会秩序的稳定。政府面对灾难事件及时、充分公开有关信息，是政府自信的一种体现，通过媒体的报道可以使公众认识到政府处理危机事件的能力和自信，进而也能够获得人民的信任、支持和拥护。

在常态性的政府新闻传播中，媒体在传播政府决策和工作推进上，是将其与公众的利益直接挂钩进行新闻价值判断的。因此，在新闻发布中，政府要真心实意地关注人民的日常生活、关注百姓的生存状态、关注群众的冷暖病痒、重视解决民生问题等，把政府发展信心通过解决民生问题、促进社会和谐稳定来加以体现。

第三节　新闻传播中的形象维护

根据政府形象的定义我们知道，政府形象既是社会公众的主观评价，又是政府行政行为客观表现的反映，是主客观相统一的产物。虽然政府自我期望的形象与公众对政府期望的理想形象从本质上是一致的，但在实际生活中也有不一致的时候，造成这种不一致的原因主要在于政府形象在其新闻传播过程中出现了失真。政府新闻发布要针对政府形象在各种情形下的失真或受损及时加以维护。政府形象塑造是一个动态的、复杂的、持续的过程，需要通过新闻传播不断加以树立、巩固、修复和提升。因此，通过新闻传播在公众中塑造良好的政府形象，已经成为各级政府为达到形象设计期望目标而实施的通用做法。

一、推动政务公开，传达政府理念和作为

政府行政管理行为本质上是一定理念指导下的产物，有什么样的理念，就有什么样的政府行为。因此，通过媒体公开政务信息向公众传达政府的理

念和作为，是明确树立政府形象的常态化方式，也构成了政府新闻传播的基本诉求。在新闻传播实践中，政府理念和作为的表达通常是与政府的公共政策和政府工作成效联系在一起的。这就要求在新闻传播中，政府要主动向公众介绍政府决策的主要内容、相关背景及其可能产生的社会影响，联系实际解读政府公共政策，促使公众了解政府工作的进展和取得的成效。

首先，要向公众介绍政府决策过程。决策是政府公共管理的核心环节，也是公众对政府工作最为关注的焦点所在。通过新闻媒体向公众介绍政府决策的主要内容、相关背景及可能产生的社会影响，在决策过程中及时了解民情、听取民意、吸纳民智，不仅可以使政府决策更加科学，而且也使得决策结果更为公众所理解、接受和支持。通过新闻发布和媒体传播实现政府决策与公众意愿的良性互动，将民意诉求与政府意志、各种社会力量与体制力量结合起来，进而形成合力，就能够促进社会的发展、稳定、和谐，同时也树立了良好的政府形象。其次，要联系实际解读公共政策。政府相关政策的出台对于不同的社会群体其效应是不同的，所以必须从不同社会利益群体的实际情况出发，有针对性地加以分析说明。再者，要使公众了解政府工作成效。政府工作从其持续性上看，包括常态化的日常事务和阶段性工作安排，这两个方面的信息都要通过新闻媒体传播给公众。对于阶段性工作安排，政府要向公众提供全面的工作信息，将工作内容、动态和过程通过媒体展现给公众，使社会各界了解政府为公众福祉所做的努力和成效，进而树立和传播责任政府、效能政府的形象。

【典型事例】

2015 年 6 月 25 日，随着浙江省政务服务网全面进驻支付宝、微信等互联网支付平台，十多项便民服务出现在这两个平台的"城市服务"功能里，大大方便了市民。

点开"城市服务"，可以看到当天的限行车辆尾号提醒、机动车违法查询、天气等 15 项便民服务，其中不少是省政务服务网里的内容。登录网站、动动鼠标，或是打开手机、点击政务 APP，就能浏览政府信息，办理户籍、教育、就业、住房等个人业务，还能进行咨询、评议、投诉等事项。

政府网站、政务微博、政务微信、政务 APP……近年来，浙江以政务服务网建设作为主要载体，将"互联网＋政务"理念渗透到公共管理、公共服务和公共政策等各个环节的实践，一个足不出户、"移动"办事、24 小时"不打烊"的浙江网上服务型政府正成为现实。

二、转变政府职能，确立服务公众的形象本位

政府形象传播首先要解决的问题就是要明确人民公仆的角色定位。在新闻传播中，要明确树立以人为本理念，转变政府职能，强化服务意识，以服务公众作为执政的根本目的，以公众的满意度为最高标准，不断提高服务意识和服务质量，为社会提供日益丰富和优质的公共服务和公共产品，为公众参与社会政治、经济和文化活动创造条件和提供保障，以实实在在地做好服务来树立政府服务公众的形象本位，赢得良好声誉。

【典型事例】

近来，"奇葩证明"备受关注。继"证明你妈是你妈"之后，媒体又曝出，一对 90 多岁的老夫妇被要求证明"老两口是老两口"，为此他们"差点跑断了腿"。奇葩证明以及它所对应的"公章长征""办证难"，是当今社会的一大痛处。一个人从出生到离世，不知道要办多少证，不晓得要盖多少章，不清楚要开多少证明。这些证明，有的相对合理，有的则完全不讲道理。出境旅游，要证明"你妈是你妈"；单位录取新人，得到社区开具"人品证明"；去银行换残币，需要提供"非故意烧毁钱币证明"，否则就不给换……凡此种种，荒唐至极。林林总总的奇葩证明背后，是叠床架屋式的行政审批。有些审批事项是计划经济时代的产物，早已不合时宜；有些审批事项则是一些部门、一些地方主观设置的关卡。时代在进步，制度要更新，过时的证明无须再开；简政放权，没有法律授权的审批事项应该彻底清除。

荒唐的奇葩证明，繁复的审批事项，本质上是权力以合法之名行非法之实，是对百姓的一种瞎折腾。在 2015 年的《政府工作报告》中，李克强总理特别强调"大道至简，有权不可任性"。由此可见，明确权力的边界，简政放权，取消不必要的审批，各种"奇葩证明"和"公章长征"才能宣告终结，

民众的幸福感、社会的活力才能从权力的关卡中解放出来。（载于 2015 年 5 月 14 日《光明日报》）

三、加强形象宣传报道，维护正面形象

政府形象与宣传密不可分、相辅相成、相互影响、相互促进，形象塑造过程也就是向外展示、宣传的过程，可以说政府形象宣传与传播存在于政府施政的全过程，呈现出三种表现形态。第一种表现形态是指政府行政的过程，政府的行政行为本身和本体状态是政府形象宣传和传播的客观基础，即政府施政就是宣传自身和塑造形象的过程。因此，塑造和宣传政府形象首先应该从规范政府的施政行为和表现入手，以设计和塑造政府廉洁形象、高效形象、法治形象和公仆形象为重点。在形象树立过程中，政府应当注意修正和矫正自己的过失和不足，勇于承担责任，改正错误，通过塑造、改善、修正、强化和提升政府形象来加强政府对公众的影响力、公信力、吸引力和凝聚力。政府形象传播的第二种表现形态，是指大众传播媒介对政府行为的解释以及人际传播、公众传播等对政府行为的解释。其受到两个方面的因素影响：一方面是政府在施政过程中客观表现出来的工作效率和工作作风；另一方面是大众传媒一以贯之的价值取向，同样的事件，不同的媒体由于立场、观点和看问题的角度不同可能出现完全不同的政府形象判断。政府形象传播的第三种表现形态是指政府行为和对政府行为的解释同时并举，即政府形象的构建需要同时从"做"和"说"两个方面去进行，即：政府行为＋政府行为解释＝政府形象传播。

【典型事例】

过生日本是件快乐的事，然而，近日河南省南阳市瓦店镇冯氏一家七口给孩子过生日，在吃过生日蛋糕后便集体中毒。让冯家人不满的是，当他们要求相关部门立案侦查并惩处责任人时，相关部门迟迟不予回应。随后，镇政府官员劝他们，"又没造成严重后果，别反映了，影响镇政府形象"。

然而，官员虽然口口声声强调"维护形象"，但做的事却恰恰背道而驰。政府如何才能受到人民的支持和爱戴？这在于做好其工作，真正做到服务人

民。所以，政府公信力的建立从来不是依靠隐瞒问题、掩人耳目的自欺欺人，而在于勤政为民，踏踏实实地解决百姓问题。公众反映问题其实是帮政府照镜子，官员应该感激并及时填补存在的漏洞，这不仅仅有助于增进政府和人民的和谐关系，更重要的是政府和人民携手将社会建设得更好。当政府与民众真正站在了一起，用实际行动帮助和服务百姓，"政府形象"自然便会提升了。

四、培养公民意识，畅通对话交流的形象传播渠道

随着网络技术的快速发展，政府与公众进行沟通的渠道越来越多，特别是微博、微信、论坛、自媒体等网络应用的出现，为政府与民众的交流沟通创造了便利条件，也为政府拓展形象传播渠道提供了契机。因此，在政府形象传播和树立的过程中，必须重视这些现代传媒手段的运用。比如，甘肃省卫生厅抓住政务微博在国内发展迅猛的有利时机，自2011年8月份以来，分别在新浪网、腾讯网和人民网建立了甘肃卫生系统微博矩阵，开通微博用户达13000多个，通过微博平台宣传甘肃卫生政策和医改成果，普及健康知识。同时，还在微博矩阵建立全省血液指数、流感指数、腹泻指数和"甘肃患者权益维护工作平台"，开通了卫生系统12320服务热线，以微博为载体实现公共卫生事件早期预警、发布健康信息、提供就医指导、收集群众建议，被评为"2011年度中国优秀政务微博（群）"，为政府部门塑造、传播和宣传自身良好形象树立了典范。需要注意的是，移动互联网时代海量信息经过多数公众简化思维的加工，容易造成网络舆论的一边倒现象，这就要求地方政府加强电子政务工作，畅通与社会公众对话的渠道，尽可能消除公众意见的一边倒倾向，同时以政府为主体传播正确、积极的信息和形象。

【典型事例】

2013年5月，中石油在昆明的PX项目（二甲苯化工项目）一直在风口浪尖上。如何推进该项目？中石油和昆明市政府一直在努力寻找解决办法。17日，昆明市长李文荣开通实名微博，与网友讨论大家关心的环境问题。一系列的沟通，老百姓逐渐了解了该项目的特点和好处，百姓最关心的问题都

得到了圆满答复。

就目前官民对话情况看，多和老百姓建立有效沟通的桥梁，百利无一害。只要沟通渠道畅通，就能让百姓明白事情的来龙去脉，了解事情的利与弊，理解政府为当地发展和民生所做出的努力。与百姓沟通最有效的方式就是与群众建立直接联系。习近平总书记给我们的官员和政府就树立了好榜样，他多次以传统的书信方式，通过"回信"与普通群众互动，得到了民众一致好评。如今，百姓都希望和官员坐到一条凳子上听听他们的想法和愿望，解决他们的困难和问题。百姓对和自己打成一片的官员非常欢迎，对架起沟通桥梁的官员也相当支持。

五、完善危机应对策略，提高应急管理能力

危机自始至终伴随人类，天总有不测风云的时候，危机总是突然到来，让人措手不及，正因为危机的不确定和破坏性十分巨大，政府必须具有一定的危机管理意识，防患于未然，将危机管理作为一项不可或缺的工作，在危机发生的第一时间里，就要及时地做好公关宣传工作。一方面，政府要加强对各级组织的管理，尽快调动人员安排，随时掌握最新信息，将主动权掌握在政府手里，先确保事态的稳定；另一方面，要正确合理地与公众和媒体进行良性沟通，不能欺骗，更不能哄骗，要健全新闻信息的发布制度，积极地与各方面进行沟通，将处理进度尽量同步发布，防止不法分子的肆意挑拨和造谣生事，避免危机扩大化，减少危机带来的破坏和不良影响。

一要摒弃封口思维，直面舆情危机。2011年8月某市近30所打工子弟学校因为存在各种安全隐患被迫关闭，影响打工子弟学生近万人，在媒体前去采访相关区县的教委时，却未能及时得到明确答复，一时间舆论哗然。事实上，该市教委在这些学校关闭之初，就要求相关区县全力做好分流安置工作。虽然教育部门做了不少工作，但面对舆情危机"只做不说"，主动放弃话语权，信息真空导致舆论一边倒，公众纷纷指责政府漠视打工子弟接受平等教育的权利，给政府形象造成了不小损害。

二要第一时间反应，把握最佳时机。对突发事件或舆情危机的处置，一

定要反应迅速，先声夺人。如果反应迟缓，一旦某种舆情成为主流，再想改变舆论风向就很难了。2009年9月25日，北京市西城区新街口一家新疆餐厅发生爆炸，导致三名员工和部分路人不同程度受伤。由于此时恰恰发生在新疆"7·5"暴力犯罪事件后不久，很容易让人产生联想。北京市公安局在组织救援的同时立刻展开调查，并在第一时间向媒体通报了结果：事故是由于工作人员操作不规范而引发的液化气罐爆燃。此消息经媒体报道之后，迅速平息了公众的猜测和议论，维护了政府的良好形象。

三要勇于承担责任，及时弥补过失。面对复杂的社会矛盾和日益多元化的利益格局，特别是在防范和处置自然灾害、事故灾难、公共卫生和社会安全等各类突发事件中，政府难免在具体工作中存在失误和疏漏，加上时常出现的个别官员在廉洁自律方面的违法违纪问题，这些都会使政府形象受损。在这种情况下，如果置媒体相关报道甚至炒作于不顾，势必使公众对政府形象的认知形成负面积累。因此，当出现涉及政府的负面事件时，政府要勇于承认所存在的局部失误，并通过新闻发布和媒体报道将政府的改进和防范措施传播到公众那里，对政府形象加以修复。2011年6月16日四川凉山自治州会理县政府网站发布了一张县领导视察新修公路的新闻照片，三位领导"漂浮"在公路上面，合成痕迹明显。26日此事被网友爆出，并戏称"悬浮视察照"，立刻引发热议。次日晚，会理县政府迅速在新浪开设认证微博，公开承认由于工作人员过失发表了一张经过拼接的照片，当事人也发表致歉信并贴出领导考察现场原图，解释了错发拼接图的原因。他们的反应速度和诚恳态度立刻得到了公众的理解，会理县政府的形象不但没有因此受损，反而"因祸得福"增加了社会知晓度。然而，在一些危机事件面前，一些政府部门反应迟钝、言语失当，不敢面对真相大白后所要承担的责任，导致危机愈演愈烈。所以，政府作为社会事务管理部门、公共政策的制定者，一定要有"有错就改"的担当，不但要改，而且要改得诚恳、改得发自内心、改得让百姓满意，不仅在改过中完善，更在改过中提高。只有勇敢地承认错误，诚恳地弥补过失，才有可能获得公众的谅解，修复受损的政府形象，避免日后更加被动。

六、提升公务人员素质，提升政府自身形象

政府公务人员包括领导和普通公务员，他们的言行举止和在新闻报道中展示出的行事方式在很大程度上影响了政府的形象。

首先，领导人作为社会的精英，是媒体和广大人民群众关注的焦点，领导人在塑造政府形象方面起着不可替代的作用。一个组织其形象的好坏，是通过"知名度、美誉度、认可度"来表现的，领导人要通过这三个方面进行塑造，要做到言必正、行必慎，言行一致，严格执行"中共中央政治局关于改进工作作风、密切联系群众的八项规定"；同时，领导人还要不断提升自己的眼界、能力等综合素质，通过塑造领导人的形象进一步塑造政府的外部形象。

其次，公务员是政府形象的重要组成部分，提高公务员的道德素质，加强公务员廉洁自律，也是美化政府自身形象的重要举措。一方面，公务员在入岗后，应该由所在机关或部门对其进行统一培训，包括个人品行、办事原则、工作态度以及如何与媒体相处等，不能匆匆了事，一定要对其进行严格教育，要求做到恪尽职守，全心全意为人民服务；另一方面，还应加强相关制度建设，建立相应的监督体系或制度，定期对公务员的作风和表现进行考核调查，以确保高质量的人员素质，并进而维护和提升政府形象。

【典型事例】

2012 年 8 月 26 日，陕西省延安市发生特大交通事故，陕西省第十二届纪委委员、省安监局党组书记、局长杨达才赶赴事故现场。在延安车祸现场，杨达才面带微笑引发网友不满，深陷"微笑门"。此后，杨达才继而被网友"人肉"出在不同场合先后佩戴 5 块不同品牌款式的名表。网友继续发动"人肉"攻势，又为杨达才找出 6 块名表，总价值超过 20 万元。自此，杨达才的名表总数已达 11 块之多，因此被戏称冠以"表叔""表哥"名号。经调查表明，杨达才存在严重违纪问题，依据有关纪律规定，经陕西省纪委常委会研究并报经省委研究决定：撤销杨达才陕西省第十二届纪委委员、省安监局党组书记、局长职务。2013 年 8 月 30 日，"表叔"杨达才受贿、巨额财产来源

不明案开庭，一审判处有期徒刑 14 年，并没收财产。"表叔"杨达才作为省安监局局长，其在公共场合不注重个人形象，不注重个人修养，长时间不提升自身素质，不仅仅使他自己身败名裂，更是伤民伤政，严重损害了地方政府形象。

总之，政府形象是一种特殊的权威，是一种无形的力量，是政府工作的外衣，决定着政府威信和政府的公信力。构建一个理想的政府形象是一个长期而且艰巨的工程，从当前我国情况来看，政府形象虽然已经取得了很大的成绩，然而面对新形势，塑造良好政府形象的道路依然任重道远，这就要求各级政府必须继续坚持为人民服务的理念，始终做到"情为民所系、权为民所用、利为民所谋"，把塑造良好的政府形象当作一项极其重要的任务来抓，认真做好涉及政府形象的每一项工作，只有这样才能够在新闻传播中塑造良好的政府形象，为建设社会主义政治文明，为全面建成小康社会、实现中华民族的伟大复兴中国梦创造有利条件。

【思考题】

阅读以下材料并思考回答问题：

2015 年 9 月 14 日上午 12 时，平邑县地方镇后东崮村发生强拆导致的火灾事件，造成一名村民死亡。

9 月 14 日晚 10 点 50 分，平邑新闻中心在官微发布此事的第一份通报："9 月 14 日 12 时许，平邑县地方镇东崮社区后东崮村一户民宅发生火情。公安、消防等部门接警后迅速赶往现场，及时控制火情并进行人员搜救。经勘查，现场发现一名死者，系户主张纪民，张妻因事外出，未在现场。事情发生后，有人在网上散布谣言，扩大事态。目前，公安部门正对火灾原因进行调查，对于制造、散播谣言者将依法严惩。本微博将对相关进展情况及时发布。"这里并未提及亲属所言的"强拆"，同时"严惩谣言"的表态也被亲属视为是当地官方的威胁。

9 月 15 日，多家媒体报道此事，引发热议。平邑新闻中心在 9 月 15 日 17 时 56 分发布第二份通报，称已对相关人员采取强制措施。

9 月 16 日 0 点 57 分，该平台发布第三份通报，称由临沂市成立了工作组，公安也已控制事件直接责任人。

9月16日中午12点26分，平邑新闻中心发布第四份通报："经调查，张纪民分别于9月11、13日在平邑县地方镇供销加油站实名购买9公升汽油。经省、市、县公安和消防部门现场勘查，走访调查，初步认定，排除他人人为纵火，火灾系死者张纪民自身行为所致。详情在进一步调查中。"

9月16日晚，临沂市委书记林峰海指出，这是一起因基层干部法纪观念淡薄、作风简单粗暴、强制拆迁引发的群众生命财产受到严重侵害的恶劣事件，令人痛心，教训深刻，要充分认识这起事件的严重性，依纪依法迅速调查处置，切实维护群众利益，维护公平正义。随后，成立事件调查组，组织精干力量查清事件真相。

9月17日，风向突变。先是平邑县的工作人员向新华网承认此事与拆迁有关，"负责拆迁的人员工作方法不对"。其后，在现场调查的临沂市公安局刑侦大队人员又向张家亲属表示："昨天发布那个是谣言"。晚21点30分，央视《新闻1+1》以"一场蹊跷的火灾"为题进行了详细的报道，质疑事件的来龙去脉。9月17日晚，事件调查组发布消息称：经调查初步确认，对该事件负有直接责任的相关人员已由公安机关刑事拘留。

9月18日，临沂市委副书记张宏伟代表市委市政府看望死者家属，并真诚道歉。9月20日，调查组发布消息称，此事排除他人人为纵火，火灾系张纪民自身行为所致。

问：

1. 根据新闻传播中政府形象设计的目标和要求，当地政府在此次事件的新闻发布和传播中，有哪些方面做的到位，又有哪些方面不到位，并说明理由。

2. 谈谈当地政府在新闻发布与传播中形象维护的得与失。

（许云超）

第二编　舆情应对

第七章　舆情收集

舆情收集，是运用各种方法监测、搜集、汇总网络舆情信息的工作。它既是舆情工作的开端，也贯穿舆情工作的全过程。在当前信息高度饱和的背景下，新闻的生命周期是 4～6 个小时，如果不能尽早报送并及时拿出应对方案，舆情处置工作会陷于被动，没有舆情监测与收集，其他舆情处置工作就会陷入"巧妇难为无米之炊"的尴尬境地。因此，舆情的监测与收集工作至关重要。

舆情收集工作主要包含"3W1H"四要素，即舆情收集的主体（Who）、舆情收集的客体（What）、舆情收集的渠道与范围（Where）、舆情收集的手段（How）。其中，客体、渠道和手段是舆情收集的重点和难点，它解决的是"收集什么"和"从哪里收集"的关键问题。

第一节　舆情收集机构

建立舆情信息汇集工作机构，形成"层层把关、级级落实"的工作流程，是舆情收集顺利开展的基础和保障。目前，我国从事舆情收集的机构按其依托的平台及工作侧重点大致可以分为党政机关和准政府组织的舆情收集机构、学校和科研单位等学术团体舆情收集机构、重要新闻媒体成立的舆情收集机构、从事舆情监测系统开发的软件公司及调查机构。这四类机构及其成员在研究上相互借鉴，共同构成了多元化的舆情收集系统。

一、党政和准政府组织的舆情收集机构

党政和准政府组织的舆情收集机构依托中央和地方宣传思想工作系统，专门组织开展全国性舆情信息的汇集、分析，并以咨询报告的形式报送至相关决策部门，具有很强的针对性。这类有官方背景的组织基于其垂直的组织结构和拥有的行政资源，为社情民意调查的顺利进行提供了不少便利条件。它们通常进行全国范围内的研究，涉及的具体调查问题尺度较宽，调查研究的经费较为充足，时间跨度较大，有较强的连续性，把握全局能力力强，具有丰富的实践经验，研究成果通常在第一时间上报至相关决策部门，它为我国民意的变化趋势提供了一个历史的角度。

一般来讲，地方各级党委、政府是本区域内突发事件舆情应对管理工作的领导指挥机构，负责本区域各类突发事件的舆情应对。各级党委宣传部、宣传文化单位设立专门的舆情信息处（科室、中心），各级政府设立舆情应急管理办公室，负责舆情信息收集的具体工作，履行值守应急、信息汇总和综合协调职责，是舆情收集的具体办事机构。当然，社会舆情涉及领域宽泛，而且变化万千，加之舆情收集工作政治性、政策性强，绝非个人或个别部门单打独斗所能完成的，因此，必须有一个强有力的联动协调机构，动员各方力量共同参与。联动机构由党委政府办公厅（室）或党委宣传部（政府新闻办）牵头，主要有两方面职责：一是与公安、城管、司法、信访、工商、税务、统计、教育、卫生等政务部门建立共享与协作机制，扩大舆情信息来源；二是加强与新闻媒体、高等学校、科研院所、行业协会、信息监测机构（境内外）等非行政社会组织的联系合作，整合信息资源，形成全覆盖的社会舆情收集网络。

二、以高校和科研单位为依托的学术机构

高校和科研单位的研究者学科背景多元，有着较高的专业理论水平，能够灵活地设置研究课题和设计调查问卷，其特有的学科敏锐性与研究方法的科学运用能够更好地看到舆情背后的本质问题，它们善于将网络舆情的变化

和特点归纳、梳理，总结出一般规律。这类舆情服务机构以中国人民大学舆论研究所、天津社会科学院舆情研究所、中国传媒大学网络舆情研究所、复旦大学传媒与舆情调查中心、华中科技大学舆情信息研究中心等为代表。

三、重要新闻媒体成立的舆情收集机构

重要新闻媒体成立的舆情收集机构依托自身的信息平台优势，把舆情服务与新闻报道相结合，在近年来获得了迅速发展。这类舆情收集与服务机构主要通过开设"舆情调查"版块，选取热点话题，采用投票、留言等方式让读者网民表达观点，获取分析数据，掌握舆情动态；此外，媒体记者利用经常到一线采访报道的优势，获得来自基层群众的原始数据。这类舆情服务机构具有很强的新闻性、舆论导向性和时效性，以人民日报社舆情监测室、新华网主办的《新华网络要情》为代表。

四、舆情服务软件开发公司和调查机构

舆情服务软件开发公司和调查机构是随着舆情研究及舆情信息的数据搜集而产生的，它们的工作重点是为以上三类舆情服务机构和需要舆情监测的企业提供监测工具，或是按照客户的要求进行有针对性的舆情服务。它们很少直接参与对舆情数据的研究与分析，且开发的监测工具主要是针对网络舆情监测。这类机构技术实力较为雄厚，抓取网络舆情数据能力较强，具有很强的服务性和商业性质。

第二节　舆情收集客体

舆情收集的客体解决"收集什么"的问题，其主要包括重大决策部署类舆情信息、社会热点类舆情信息、经济发展类舆情信息、重大突发事件类舆情信息、意识形态类舆情信息、重要境外涉华类舆情信息、互联网发展类舆情信息等方面内容。

一、重大决策部署类舆情信息

重大决策部署类舆情信息，主要包括重大问题决策、重要会议及讲话、重要干部任免、重大项目投资决策和大额资金使用等。这类舆情信息由上而下，主要包括媒体、公众对重大决策部署的意见和建议，在时间上相对集中，因此舆情监测与搜集也相对集中。舆情路径为：新闻类网站首发，各大论坛和微博转发，微博舆论场中的意见领袖和公众积极参与。因此，新闻跟帖、论坛和微博是监测重点。

二、社会热点类舆情信息

社会热点指在一段时期内人们普遍关注的重点问题或事件。社会热点问题主要反映在六大关系上：官民、警民、城乡、劳资、贫富和医患。此类议题指在一段时期内民众普遍关注的社会事项，如：医疗卫生、公共安全、公共教育、社会就业、权力腐败和通货膨胀等。此类舆情首发舆论场主要集中在微博及论坛，如天涯社区的"天涯杂谈"、凯迪社区的"猫眼看人"和新浪微博、网易微博等微博平台。

三、经济发展类舆情信息

经济发展类舆情主要包括和经济发展密切相关的重大决策或问题，如中央关于经济问题的重大决策、通货膨胀、国企改革、宏观经济环境、金融环境等。此类舆情要重点关注社会各界声音，尤其是研究机构、专家学者等的分析评价。在场域上，首先关注新闻类网站的跟帖及财经类网站的论坛，其次重点关注一些微博意见领袖发表的言论。

四、重大突发事件类舆情信息

2006 年 1 月国务院颁布的《国家突发公共事件总体应急预案》规定："根据突发公共事件的发生过程、性质和机理，突发公共事件主要分为自然灾害、事故灾难、公共卫生事件和社会安全事件。"重大突发事件根源于社会民生经济问题，往往对社会产生很大的冲击，甚至影响社会秩序与安定，舆情一旦扩散开来会造成难以挽回的影响。重大突发事件主要指向三个方面：一是指向事件本身，关注事件的起因、经过和发展；二是指向政府，政府部门的处理态度和措施直接影响公众的矛头指向；三是指向社会制度、体制等更深层的原因。

重大突发事件舆情的传播路径有以下几种：第一，由传统媒体或记者介入曝光、调查、报道；第二，拥有众多粉丝的微博意见领袖转发，推动舆情事件走向高潮；第三，伴随着事件的发生、谣言和流言流传，影响舆情走向；第四，当事人深谙互联网信息扩散之道，雇用网络推手公司，联合推动舆情爆发。

五、意识形态类舆情信息

意识形态类舆情信息，主要包括宣传思想文化工作、社会思潮和敌对势力网上颠覆渗透活动三类信息。宣传思想文化工作领域包括理论武装、新闻出版、文化艺术、思想道德建设和对外宣传等诸多领域。社会思潮领域重点加强对高等院校、社科机构和社会上论坛、讲座等方面的舆情搜集。西方敌对势力对我国实施意识形态渗透，国内一些别有用心者受境外势力的扶植和影响，利用网络鼓吹西方价值观，错误解读国家政策，这些都需要重视。对意识形态类舆情信息的监测，既要对国内的一些网络社区论坛、某些人的微博进行重点监控，也要对境外敌对网站进行全天候监控。

六、重要境外涉华类舆情信息

搜集境外涉华舆情信息对于中国的国际传播和国际形象至关重要。境外重要涉华舆情信息主要包括：境外各主流媒体对我国重大决策、重大事件，我国主要领导人重要活动、重要讲话的重要报道和评论；涉及我国西藏、新疆、台湾等问题的报道和评论等。针对此类网络舆情，主要应监测境外敌对网站，要对其实行全天候、全网式舆情监测。

七、互联网发展类舆情信息

在互联网领域，主要监测和搜集互联网业界发展动态、国外互联网发展和管理的经验、国际互联网管理法规、互联网新技术和新业务的发展情况、国内互联网管理动态、电子商务、电子政务、互联网疆界的保护、网络黑客、网络水军、网络犯罪、网络色情、网络游戏等方面的舆情。重点监测和搜集新技术、新业务和新应用对社会生活、宣传思想的影响。

第三节　舆情收集渠道

舆情存在于一定的社会空间中。法国社会学家布迪厄的"场域"理论认为，社会空间中处于不同位置的各种力量为争夺制度高位或权力资本，不断地展开彼此间的博弈和竞争。在突发事件舆情的扩散过程中，每一个舆情场域的信息传播模式、场域中角色及其功能都有明显差别，因此，舆情收集必须全面覆盖这些不同场域。国内近年来突发事件舆情主要集中在网上（新媒体）和网下（传统媒体、信访等）两大场域。

一、新媒体

新媒体是相对于传统媒体而言的媒介形态，通过互联网、无线通信网、有线网络等渠道以及电脑、手机、数字电视机等终端，实现"所有人对所有人的传播"。目前已出现的新媒体形式有：网站、论坛、博客、播客、微博、微信、即时通信工具、数字电视、手机媒体、户外媒体等。

近年来，互联网、手机媒体等新媒体在我国的发展势头十分迅猛。据中国互联网络信息中心发布的《第36次全国互联网发展统计报告》，截至2015年6月，我国互联网普及率为48.8%，我国网民总数已达6.88亿人。互联网已经成为人们信息获取的常规来源、娱乐休闲的重要方式和商务交易的便捷渠道。虽然网民并不代表全体公民，但多种研究显示，网民作为中国公民中社会参与热情程度最高的一个群体，积极地关注和反映社会现状，为网络舆论的形成提供了庞大的人群基础。另据工信部网站报道，至 2015 年 10 月，我国移动电话用户规模突破 13 亿，移动互联网用户更是达到 9.5 亿，4G 用户占比超过四分之一。手机媒体在很大程度上打破了时空界限，使得人们能够随时随地发送和接收新闻消息，使得各种舆情信息都可能会以病毒式的无限传播。

互联网、手机媒体等新媒体在网络舆情生成发展中扮演了关键角色。有关调查表明，目前我国逾七成社会热点事件都由网络爆料而引起公众关注，即便是传统媒体率先报道，其后的舆论发酵、扩散过程也多由网络主导。社交网站几乎成了网民爆料维权、揭露社会假恶丑的"出气筒"，而微博、微信的强势崛起又把网络传播力和舆论影响力推向新的高峰。可以说，互联网已经改变了民意诉求的表达渠道、表达方法和表现形式，成为社会各阶层利益表达、情感宣泄和思想碰撞的重要平台，成为中国新闻舆论的独立源头，而移动互联网也已成为强势的舆论媒体，中国由此进入了"传媒聚光灯"和"大众麦克风"时代。

作为社会舆情的风向标和放大器，互联网、手机等新兴媒体必须纳入舆情收集的工作范围。然而，在信息爆炸时代，要想监测所有网站和网页的海量信息，既不现实，又耗费时间和精力。因此，要根据本地区社会发展状况和舆情特征，确定舆情监测和收集范围。

（一）重点网站

重点新闻网站和知名商业网站是网上信息发布和交流的重要平台。这些网站提供大量的新闻事实和评论，在信息传播、意见表达、社会动员等方面的影响效果已经超过传统媒体，成为当前舆论引导、思想宣传的主要力量。在国内，人民网、新华网、中国新闻网、凤凰网、环球网等综合性新闻网站以及新浪、腾讯、网易、搜狐等知名商业门户网站都应列为监测对象。对境外网站来说，联合早报网、星岛环球网、亚洲时报网、日本共同通讯社中文网、读卖新闻网、朝日新闻网、俄罗斯新闻网、金融时报中文网、泰晤士报网、路透社中文网、华尔街日报中文网、纽约时报网、华盛顿邮报网、美国之音网、今日美国网、美国有线电视新闻网（CNN）、澳洲日报网、大公网、文汇网、台湾"中央"社网站、联合新闻网等境外媒体网站可纳入监测范围。

（二）新闻跟帖

新闻跟帖是在新闻报道后开设的供网民发表意见的 BBS（Bulletin Board System，电子公告牌系统），集中体现了网民个人的情感，是反映网络舆情的重要窗口，直接反映社会公众对某一事件或现象的看法和态度，是网络舆情的重要组成部分。随着网络媒体的深入发展，网络新闻日益成为人们接受信息的重要渠道，网络新闻跟帖日渐成为网民情感的宣泄平台。一旦碰到某些容易触发网民各类情绪的敏感新闻，网民的情感宣泄很容易通过新闻跟帖大量汇聚。近年来，发生在国内的各类网络事件，其在发生与发展过程中，存在一种网络情感动员的过程，没有网民充分的情感表达，网络事件的话语力量就无法彰显。与传统媒体中新闻的单向传播模式不同，新闻跟帖实现了民意的汇聚和意见的可视化，便于舆论的监测和引导，具有重要的社会意义。

【典型事例】

2012 年 5 月 28 日，网易转载央视新闻"广东湛江市长因 700 亿元项目获批亲吻文件"，该新闻称，国家发改委正式核准广东湛江钢铁基地项目动工建设，湛江市长多次亲吻拿到的核准批文。该基地从提出设想到核准，历时 34 年。该项目总投资 696.8 亿元。消息一出，立即引发网民广泛关注，网民跟帖参与人数超过 15 万。

目前，国内门户网站大都开通了新闻跟帖的功能：网易新闻频道的跟帖广场设有"热门跟帖""精彩盖楼""跟帖热榜""小时跟帖排行榜"等栏目；腾讯的每条新闻后都显示"我要发帖"，还有定期（每日、每周、每月）热帖排行榜；搜狐网的新闻报道后设置"我来说两句"板块，用户可查看他人意见并进行回应；新浪网的新闻跟帖也标明了每条新闻的评论人数和关注度。同时，国内主要新闻网站如人民网、新华网、凤凰网等都开设了"跟帖区"，方便网民就新闻事件交流看法和意见。

（三）网络论坛/社区

作为网民意见的集散地，网络论坛/社区通过汇集内容丰富的帖子而成为公共话语的传播空间和多元舆论的表达平台。

我国的网络论坛/社区同世界各国的网络社区一样，都起步于 BBS 站点。1994 年 5 月，国家智能计算机研究开发中心开通国内第一个真正意义上的网络 BBS 站点——曙光 BBS 站点，尽管服务内容和版面形式单一，但它突破了单向传播的界限，开始了真正的社会化互动交流。因此，它聚集了国内最早的一批网民，也成为中国网络社区文化的开端。但直到 1998 年的"西祠胡同"和 1999 年的"全球华人虚拟社区"（ChinaRen）的创办，我国成规模的网络论坛/社区才宣告出现。目前，规模最大的要数天涯社区，其内容已从单一的 BBS 论坛，发展成为以论坛、博客、微博为基础交流方式，综合提供个人空间、企业空间、购物街、无线客户端、分类信息、问答等一系列功能服务，并以人文情感为特色的综合性虚拟社区和大型网络社交平台。目前覆盖用户超过 2 亿，注册用户超过 8500 万，拥有上千万高忠诚度、高质量用户群，是华语圈最具影响力的网络事件与网络名人聚焦平台。此外，百度贴吧、猫扑网、凯迪社区、人民网强国论坛、西陆网、西祠胡同、铁血社区等社区/论坛在网民中也具有很大的影响力和号召力。

舆情收集应重点监测以下几类论坛/社区：一是综合性论坛，如天涯社区、猫扑网、凯迪社区、西祠胡同、西陆社区、百度贴吧、搜狐社区、网易论坛等。这类论坛是网络舆情的主要发源地，曾经轰动一时的"最牛团长夫人掌掴讲解员""辽宁庄河千人跪倒市长""湖南衡南松江校车坠河""广西局长日记门"等事件，均在天涯社区首次发布信息，进而引发舆情狂潮。二是专题性论坛，如人民网强国论坛、新华网发展论坛、央视国际复兴论坛、中青论坛等。三是地方性论坛，主要包括各地开通的集中反映本地社情民意的地方论坛。

（四）博客、播客、维客

博客作为个人色彩浓厚的媒体，综合反映个人的思想感情和价值取向。一些持续更新并拥有大量人气的博客对于舆情的形成和发展具有强大的引导作用，因此，应重点加强对意见领袖博客的监测。在新浪博客、博客中国、博客大巴上汇聚了大量的意见领袖，这类明星名人、专家学者依托自身的职业背景、专业知识和独特的信息获取渠道，在网络信息严重超载的时代，充当着"引路人"的角色。例如，韩寒的新浪博客开设5年来，其浏览量已经超过5亿次，他的言论和思想对其粉丝（以年轻人为主）产生了巨大的影响。当年红极一时的徐静蕾在新浪的博客（老徐博客），仅用了620天时间、100多篇博文，点击量就突破1亿大关，其影响力可想而知。

播客以发布和传递音频和视频信息为主，YouTube、土豆网、优酷网、酷6网、奇艺网等播客上聚集了庞大的音像资源。随着摄像技术尤其是手机的普及，越来越多的网民开始在网上发布个人视频作品，越来越多的突发事件现场情况出现在视频网站上，使网络视频成为中国网民继即时通信、搜索、音乐、新闻之后的第五大应用，给电视媒体带来较大冲击。从国内来看，如深圳海事局原党组书记林嘉祥涉嫌猥亵小女孩事件、"兽兽门"不雅事件、雷政富不雅视频事件等，都是因其视频在网上被疯狂点击与转发而迅速成为舆论热点；国外事件中，如英国伦敦骚乱、美国占领华尔街运动等，都因播客传导效应而引起全球多地效仿。

维客是一种在网络上开放，可供多人协同创作的超文本系统，在协作编辑、修改的过程中，人们得以交流思想和达成共识。在维客页面上，每个人都可浏览、创建、更改文本，系统可以对不同版本内容进行有效控制管理，所有的修改记录都保存下来，不但可事后查验，也能追踪、回复至本来面目。这也就意味着每个人都可以方便地对共同的主题进行写作、修改、扩展或者探讨。同一维客网站的写作者自然构成了一个社群，维客系统为这个社群提供简单的交流工具。维基百科是使用最为广泛的维客。2010年7月26日，"维基解密"网站在美国《纽约时报》、英国《卫报》和德国《明镜周刊》的配合下，在网上公开了9.2万份驻阿富汗和伊拉克美军的秘密文件，引发美国政府的震怒和谴责。该网站创始人朱利安·阿桑奇因而名声大噪，并遭到英国警方拘押。

（五）即时通信工具

即时通信（Instant Message，IM）是指能够即时发送和接收互联网消息等的业务。当前，即时通信已经发展成集交流、资讯、娱乐、搜索、电子商务、办公协作和企业客户服务等为一体的综合化信息平台。微软、腾讯、AOL、Yahoo 等重要即时通信提供商都提供通过手机接入互联网即时通信的业务，用户可以通过手机与其他已经安装了相应客户端软件的手机或电脑收发消息。在中国，即时通信市场长期以来一直是腾讯 QQ 的天下，与此同时，微软也不断推出新的即时通信产品，通过操作系统以及 Outlook 等附属软件巩固其即时通信工具的地位。

QQ、MSN 等即时通信工具在舆情传递和引导中的作用不可小觑。2010年 3 月 5 日 19 时 52 分 58 秒，腾讯 QQ 同时在线用户数突破 1 亿，标志着即时通信工具已全面融入人们的在线生活，完成了从沟通到生活的角色蜕变。目前，QQ 注册用户过 10 亿，活跃用户逾 6 亿。这意味着，一旦突发事件发生，相关舆情的传递速度和广度将大为提升，舆情引导面临更为严峻的挑战。

2008 年北京奥运会时，中国网民利用 MSN 和 QQ 群掀起"红心CHINA"热潮，强烈反对西方媒体对我国的歪曲不实报道，充分表达爱国热情。而 2009 年新疆"7·5"暴力事件中，有人利用 QQ 群散播煽动性、行动性信息，给事件处置工作造成严重干扰。如何驾驭网络这把"双刃剑"，做到趋利避害、可管可控，考验着执政者的决策眼光和政治智慧。

（六）微博

2006 年，以美国推特（Twitter）为代表的微博客相继兴起之后，由于简便、即时、实用，赢得了广大用户的喜爱。通过手机以短信息的形式更新微博，传播更为快捷、方便；同时，相别于博客的长篇大论，能够识字、写字的任何人都可以使用微博，参与信息传递，发表观点、意见和建议，获得交流、分享的心理满足。

2007 年 5 月，我国诞生第一个微博网站"饭否网"。自 2009 年下半年开始，同学网、聚友网 9911、139 移动说客网、新浪网、人民网相继进入微博市场。随后，网易、腾讯、搜狐、凤凰等大门户网站陆续开通微博服务。据《第 29 次中国互联网络发展状况统计报告》显示，2011 年，BBS/论坛的使用率下降了 2.3%，而微博的使用率则增长了 296%。2012 年 1 月初，新浪微博、腾讯微博用户分别超过 2.5 亿和 3.5 亿。

微博的创新应用，至少带来了两大革命性的转变：

一是改变了信息传播方式。传统媒体的信息传播，是以自上而下的方式实现的，人们被动接受信息。即使是后来的互联网，也是网站主导的单向信息传播。而微博这种社会化媒体的传播方式，则是通过人与人之间的"关注""被关注"网络，将自己或自己所关注的人发布的信息，通过"转发"，一层层地对外传播开来。这种裂变式、病毒式的点对点网状传播一旦成功发起，就会四处蔓延、快速复制，并在极短的时间内获得极大的传播效果。假如一个人的微博拥有 1 万粉丝，每个粉丝再有 100 个关注者，仅两次传播，影响就能达到百万量级。微博影响力如此之大，无论好的效应还是坏的效应，都会呈几何级数放大，瞬间聚集起巨大的言论能量。它的出现极大提升了整个社会的信息透明度和意见表达的均衡与多元。

二是改变了普通人的社会影响力。在微博平台上，每个人既是媒体，又是新闻源头。你可以是信息的接受者，也可以是信息的传播者，还可以是信息的创造者、发布者。微博的直播、转发和评论，巧妙地将个人声音放大到了公共空间，将个人行为放大成为社会性行为，使得每个普通人均可以此获得影响社会的能力，进而影响整个社会的舆论走向。

有关调查显示，微博已成为仅次于新闻媒体的第二大舆情源头，相当多的突发事件均由微博爆料、发酵、扩散而成为社会热点。如 2010 年上海"11·15"特大火灾开始的一个小时内，新浪微博就出现了超过 1000 条博文；江苏溧阳卫生局"微博开房"、湖南常德抢尸、腾讯与 360 大战等事件，均是公众借助微博进行舆论监督的典型案例，2010 年也因此被称为"微博元年"。2011 年温州动车追尾、汕尾乌坎村民维权等事件中，微博更成了新闻传播和舆论形成的主要舞台。这表明，传播力强大的微博已经成为突发事件的传播中心，是政府舆论引导工作的又一重点。

当前，许多地方政府已经意识到，将微博作为政府关注民意和服务民生的新窗口，可以更及时、更直接、更真实地了解民众的所思所想和正在发生的社会事件，充分发挥微博快速传递政务信息的作用。

一年一度的地方及全国"两会"，是微博舆情的活跃期。这期间，不仅普通网民、意见领袖通过微博表达意见诉求的热情空前高涨，不少人大代表、政协委员也纷纷借力微博参政议政，于是网民与网民之间、网民与意见领袖及代表委员之间的互动剧增，使得微博成为整个"两会"舆论和热点话题的主要发酵地。各大微博平台也纷纷推出诸如"围观两会""两会微访谈"等关注形式，聚集了大量的网民意见与相当的人气。如知名博主、全国人大代表、浙江省委蔡奇每年都在微博上征集网民对"两会"的建议，并带此赴京议政。因此，每年"两会"期间，可以从微博上收集到诸如楼市物价调控、收入分配改革、上学看病就业、食品安全监管、社会道德建设、反腐倡廉建设等方面的热点舆情。

微博舆情监测应从以下几个方面入手：一是以新浪微博、腾讯微博、人民微博三大微博平台为监测重点，也可将网易微博、搜狐微博、凤凰微博等纳入监测范围；二是重点监测媒体、媒体人、意见领袖、资深网民、"公知"和"大 V"开设的微博，以及粉丝过百万的微博；三是加强对微博内容、转发量和评论数、热点话题的监测。

（七）微信

微信是腾讯公司于 2011 年 1 月 21 日推出的一个为智能终端提供即时通信服务的免费应用程序，微信支持跨通信运营商、跨操作系统平台通过网络快速发送免费（需消耗少量网络流量）语音、短信、视频、图片和文字，同时，也可以使用基于位置的社交插件"摇一摇""漂流瓶""朋友圈""公众平台""语音记事本"等服务插件。据网易科技 2015 年 6 月 12 日报道，截至 2015 年第一季度，微信已经覆盖中国 90％以上的智能手机，月活跃用户达到 5.49 亿，用户覆盖 200 多个国家和地区、超过 20 种语言。此外，各品牌的微信公众账号总数已经超过 800 万个，移动应用对接数量超过 85000 个，微信支付用户则达到了 4 亿左右。

作为社交化媒体，微信的传播主体是个人及其组成的微信群、朋友圈，微信使用者的行为主要包括语音聊天、发送图片、查看新闻、推送文档等等，其信息资讯来源主要是个人、公众平台、自有媒体、朋友圈和个人媒体。借助智能手机本身具有的文字、语音、摄影、摄像功能以及连接移动互联网的便捷性，传播主体可以很方便地与圈里和群里的个人或机构进行实时通信。每个微信使用者发布的微信通过积累功能完成了自媒体的书写，这种书写可以记录其传播轨迹，且可以通过云端传输实现智能手机等移动终端和 PC 等固定终端之间的无缝隙转换。微信使用者甚至可以运用软件对自己发布的信息进行编辑，生产制作成电子杂志。事实上，微信改变了人们接收信息的习惯，快速、碎片、直线跳跃、空间转换、多种符号、不同的兴趣，这些越来越成为微信时代的传播"印记"，乃至成为人们的"思维方式"。

微信作为一种新型人际交流工具，对社会舆情产生越来越大的影响。在一系列热点事件中，特别是突发性新闻事件中，微信引导的舆论爆发出的巨大能量，能将一般性的公共话题演变为社会公共管理危机事件。

在微博时代，应对舆情的人比较头痛，汇集舆情的人比较省力。舆论的主舞台很集中，海量的信息经过意见领袖们的筛选加工，变的数量精简、议题集中、观点鲜明。而在微信时代，舆情工作面临两个难题：一是信息封闭、分散；二是信息多源、过载。就微信圈而言，信息分散在无数个内部群体，圈外人看不到。就微信公众号而言，变成了一种特殊的电子杂志，数量巨大，信息混杂，内容大量重复，且账号还不断有新老更替，靠有限的人力汇集分析变得越来越吃力。种种迹象表明，被视为"信息传递私密，但社会动员功能更强"，用户数量也更为庞大的微信，将成为舆论引导和舆情监测的新"阵地"。

包括微博、微信等移动互联方式的兴起，不断改变传统的信息传播机制。一条信息从出现到形成舆论热点的周期，从原来的 24 小时缩短到现在的 4 小时、1 小时甚至更短。如果不能在短时间内做出解释、反馈、制定应对策略，就可能出现舆论一边倒的局面，甚至可能面临铺天盖地的误解、质疑与责问。"这对政府机构以及企业都是一个极大的挑战，传统的信息采集方式很难做到在黄金 4 小时内做出反应，必须借助新的技术手段。"中国人民大学舆论研究所所长喻国明称。

（八）网络问政

随着网络的日益普及，互联网在中国民众的政治、经济和社会生活中扮演着日益重要的角色，中国公民以网民的身份通过互联网行使知情权、参与权、表达权和监督权，这就是网络问政。舆情收集必须将网络问政平台纳入监测范围，随时了解民众的利益诉求、思想动态和行为倾向，倾听民意、化解民怨，实现科学决策和民主决策。

2008 年 6 月，时任国家主席的胡锦涛在人民网"强国论坛"与网友进行在线交流，这是中国党和国家最高领导人首次在网络上与公众直接沟通，加上一系列网络事件，2008 年被内地媒体称为中国的"网络问政元年"。

当前，全国各地大兴网络问政之风，群众通过网络参与政治决策、实现官民平等对话、推动政府治理能力现代化，已成为不可逆转的时代潮流。不少党政高官也带头上线"触网"，体验网络问政于民、问需于民的妙处。许多民众也发现，"信访不如上访，上访不如上网"，网络迅速成为一个巨大的公民问政平台。

在相对虚拟、隐秘的互联网上，很多人平时在现实社会中不敢说、不方便说的话与事，往往都能原汁原味地展现在各级政府官员面前。这些海量、及时、真实的网络原生态信息，不仅使中国民众的知情权、参与权、表达权、监督权得到前所未有的保障与扩展，同时也给各级政府的执政方式与执政智慧带来了新的机遇与挑战。因为能不能获得真实、高效的社情民意，能不能积极参与、影响并引导网络民意，并与之形成一种良性互动，不仅直接关系政府官员能不能打赢信息战，更是直接考验着一个党与政府的执政能力。

【典型事例】

"两会"前夕，新华网以及搜狐网、腾讯网等各大网站相继推出的"总理请听我说""我有问题问总理""为省部委建言""人大代表、政协委员意见征集"等互动平台，吸引了数以亿计的网民积极参与。一位新华网友认为，只要符合法律，每个普通网民都可以通过发帖子、写博客等形式自由表达意愿，并对党和政府的政策提出意见和建议，互联网已经成为中国公民参政议政、表达诉求的重要平台。同时也为两会代表、委员以及各级政府领导打开了一个了解社情民意的崭新窗口。

可以预见，随着三网融合和第四代移动通信技术的不断发展，各种新媒体之间的界限将日益模糊，突发事件的舆情传播将呈现出"牵一发而动全身"·的趋势。因此，舆情信息工作者必须深入了解各类媒体的特征和作用，全方位、多渠道收集舆情信息，但网络舆情监测对象并非一成不变。网络是发展变化的，不断有新网站、论坛出现，也不断有网站、论坛关闭，要根据实际情况增删监测对象，保证监测媒体清单的科学和完整。

二、传统媒体

尽管新媒体首曝舆情事件的比重越来越大，但传统媒体在舆情传播中的作用仍然举足轻重。传统媒体可以加速某一事件的舆情扩散，使之由网上的碎片信息或分散观点集中转为公众共同关注的焦点话题。调查显示，在通过网络获取信息后，70%的人会再通过传统媒体验证所获信息的准确性，这表明传统媒体在公众心目中的权威性和公信力仍然高于网络媒体。

北京、上海、广东是中国媒体最发达的三大地区，特别是广东开明开放、宽松宽容的言论环境孕育了大批有影响力的传统媒体。这些媒体特别是都市类媒体高度关注社会热点，舆论监督异常活跃，加之广东作为改革开放先行地，经济社会转型快，流动人口多，各种矛盾问题暴露得更早、更充分，使得广东的舆情热点事件相对易发、多发。因此，政府机构的舆情信息工作必须重视对传统媒体监测，其中包括对传统报刊、电视电台、广播电台等传统媒体的监测。

在传统报刊方面，可列为监测对象的报刊如下：一是全国性报刊，如《人民日报》《经济日报》《光明日报》《新华每日电讯》《中国青年报》《经济观察报》《瞭望新闻周刊》《瞭望东方周刊》《新民周刊》等；二是地方性报刊，如北京的《新京报》、上海的《东方早报》、广东的《南方日报》《南方周末》等。各地监测对象可视情确定。

在电视电台方面，应该重点监测中央电视台、凤凰卫视、东方卫视、深圳卫视等电视台的重点频道和节目。各地监测对象可视情确定。

在广播电台方面，中央人民广播电台、北京广播电视台、安徽人民广播电台等应作为监测对象。各地监测对象可视情确定。

今天，面对纷繁复杂的矛盾问题和多元多变的社会舆论，传统媒体只有时刻铭记"角色意识"，以敏锐的新闻嗅觉和高度的社会责任感，以积极负责的态度和理性建设性的思维，提供优质信息，传播事实真相，彰显主流价值，倡导社会互信，引导热点舆情，才能消除网络传播中的"偏激共振"，破除焦虑情绪下的"谣言法则"，驱散心理逻辑上的"腐败猜想"，化解争夺受众的"眼球情结"，从而让自身成为保障社会秩序的"稳压器"、疏导社会情绪的"整流器"、化解社会矛盾的"安全阀"。凡是有此担当的传统媒体，其舆论导向值得信赖，其舆情反映更为准确，从中获得的信息更客观真实可信，更具有决策参考价值。

【典型事例】

2013 年 7 月 17 日，湖南郴州临武县瓜农邓正加在县城卖西瓜时被临武城管暴力执法打死，引发网络舆情大爆发。事发当天下午，临武县政府网站发布通稿称，城管执法人员与邓发生争执，邓"突然倒地死亡"。而网上的说法与官方信息在细节上大相径庭。其家人四处寻找能证明城管围殴邓正加夫妇（包括用秤砣打击邓头部）的目击证人。事件真相到底如何，一时间引发舆情爆发。7 月 22 日，《京华时报》等媒体报道称目击者证实确有城管用秤砣伤害瓜农。而在整个临武城管打死瓜农事件中，有三个媒体引导着舆论的态势：新京报（26%）、京华时报（20%）、新华每日电讯＋新华网（13%）占据了发布稿源的绝大部分。可见在此次事件中，传统媒体发挥着极其重要的作用，推动了事件的调查和真相的揭露。

三、信访

信访作为我国最重要的民意反映渠道之一，自然是汇聚舆情的重要窗口。信访工作对舆情收集的贡献主要体现为两点：一方面，人们可以反映问题、表达意见、宣泄不满；另一方面，信访部门可以从群众的来信、来访、来电中获取有价值的情况和信息，收集、分析、整理群众反映的热点、难点和重点问题，判别群众反映的倾向性、苗头性问题的重要程度，及时向上级报告。

信访工作的关键是处理公众迫切需要解决的问题。畅通的信访渠道可以防止事件发生、事态扩大和舆情聚集。但由于种种原因，在实际工作中，信访没有得到应有的重视，群众反映的一些问题长期得不到解决。不少突发事件正是由于当事人通过信访申诉多年未果，产生不满和愤懑情绪，最终酿成了惨剧。

【典型事例】

因为对房屋拆迁补偿不满，江西抚州市民钱明奇一路逐级上访，讨要说法，连国家信访办也去了，但上访 10 年仍未获满意答复，终至心力交瘁，制造了 2011 年抚州"5·26"爆炸案，造成严重不良影响。

我国《信访条例》规定：各级人民政府、县级以上人民政府工作部门应当向社会公布信访工作机构的通信地址、电子信箱、投诉电话、信访接待的时间和地点、查询信访事项处理进展及结果的方式等相关事项，畅通信访渠道，为信访人反映情况、提出意见建议或诉求提供便利条件。

党和政府设立信访局就是给老百姓提供一个讲话的地方，而且是讲那些难以解决问题的话的地方。信访部门就是最直接联系群众、最直接倾听群众意见、最直接为群众排忧解难的部门，是真正想群众之所想、急群众之所急、解群众之所需的部门，所以在一定意义上是最能反映执政党执政特色的部门。

由此可见，只有建立健全信访工作机制，完善诉求表达渠道，做到"体察民情、珍惜民力、集中民智"，将实现好、维护好、发展好最广大人民群众的利益作为舆情信息工作的出发点和落脚点，才能有效化解利益冲突、安抚群众情绪，才能制造稳定的政治氛围，促进社会和谐。

【典型事例】

党中央、国务院高度重视信访工作。党的十八大以来，习近平总书记等中央领导同志做出了一系列重要指示和批示，指明了信访工作的目标和方向。习近平总书记在地方工作时就非常重视信访工作。1988 年在福建宁德工作时，他就提出"四下基层"制度（信访接待下基层、现场办公下基层、调查研究下基层、宣传党的方针政策下基层），当地至今还在坚持这一做法，并推广到全省；在浙江省工作时，他多次到信访工作任务重的市县接访，亲自协调解决群众生产生活中的实际困难和问题。此外，总书记在《之江新语》《摆脱贫困》等著作中也多次讲到信访工作，体现了一切为了老百姓的公仆情怀和执政理念。例如在《习近平在福建：百姓安危冷暖不离心头》一文中，他鲜明提出："信访工作的首义，在于时刻把自己看成人民中的一员，把心贴近人民。在新形势下，各级领导必须放下架子，打掉官气，主动上门，把信访工作做到基层，把党的关怀和政府的济助送进普通群众的家庭。"

四、调研

调查研究是获得"第一手"舆情信息的主要途径。2013 年 7 月 23 日，习总书记在湖北省武汉市主持召开部分省市负责人座谈会时指出，调查研究是谋事之基、成事之道。没有调查，就没有发言权，更没有决策权。研究、思考、确定全面深化改革的思路和重大举措，刻舟求剑不行，闭门造车不行，异想天开更不行，必须进行全面深入的调查研究。中国共产党 90 多年的历史表明，什么时候全党重视调查研究，制定的政策就符合客观实际，党的事业就顺利发展；什么时候忽视调查研究，政策就偏离实际，就会使党和人民的事业遭受损失甚至挫折。因此，加强调查研究绝不仅仅是一个工作方法问题，而是一个关系党和人民事业得失成败的重大问题，是党执政治国须臾也离不开的重要"传家宝"。

调研的方式有两种：一是舆情收集部门直接开展调研；二是委托中介组织进行调查研究。

如果部门信息工作人员专业性强，舆情工作者可以设定主题，采用科学的调研方法，深入基层，与群众面对面交流，了解他们的愿望、要求和呼声，实地收集舆情信息。同时，由于经济社会的快速发展和各种矛盾问题的集中显现，突发事件发生的频率日益增长，类型更加多样，而政府的力量有限，难以对多元化的舆情做出及时地收集与回应，因此，吸纳中介组织支援舆情信息工作就显得很有必要。中介组织拥有大量专业人士，他们经常深入民间，了解基层情况，能够丰富舆情收集的方式和渠道。

委托调研需要对中介组织进行鉴别，最好选择那些成立时间较长、在专业领域影响较大的权威组织。可通过专家座谈、问卷调查、请教咨询、课题委托、开展合作与交流等方式，与他们形成长期合作关系；亦可建立舆情研判"智库"，物色有关单位负责人和舆情领域专家组成"智库"成员，定期召集他们分析本地舆情现状和发展动向，提出防范和处置建议。

五、会议和机关公文

国内外各类会议的报告、发言、简报、纪要、参考资料中往往包含大量信息，是捕捉舆情的重要渠道。此外，上下级机关之间、不相隶属的部门之间的日常工作，通常都是通过公文完成信息沟通与传递，因此公文也是舆情收集的有效途径。机关公文包含上级命令、决定、通告、批复、下级请示以及各种内参、函件等公文材料。

内参是舆论监督的重要工具之一，也是舆情收集的特殊渠道。对于一些暂不宜公开的敏感事件或问题，可以内参形式在行政系统内部传递信息，为领导机关和职能部门的科学决策提供参考依据。一份好的内参，集及时性、准确性、建设性于一体，扮演着"耳目"和"参谋"作用，往往能够帮助政府部门及时消除舆情危机。

【典型事例】

1994年3月31日，24位台湾旅客乘坐"海瑞号"游船在杭州千岛湖观光时，与大陆6名船员及2名导游共32人在船舱内被烧死。事发后有关部门封锁消息，除禁止媒体采访外，还密切监视台湾家属，严禁台湾旅游业代表到现场勘察及摄影拍照，引起港台媒体连篇累牍的歪曲报道，导致台湾内民意强烈不满，台湾"立法院"的各党派"立法委员"，纷纷要求删除两岸交流的预算和中止两岸谈判，并要求宣布大陆是"高度危险旅游地区"。在海外谣言四起、两岸关系日趋紧张的情况下，上海《文汇报》驻浙江记者万润龙的一篇内参直接推动了真相的公开。在这篇题为"千岛湖'3·31事件'搞新闻封锁适得其反"的内参中，万润龙认为，新闻封锁堵不住海外的声音，海外媒体的歪曲报道造成了难以弥补的政治损失和极为恶劣的影响，他建议中央尽快采取措施，公布千岛湖惨案真相。该内参获得时任中共中央总书记江泽民的重要批示后，新闻封锁得以取消，事件真相终于披露。4月17日，浙江省公安厅宣布：千岛湖"海瑞号"游船失事，是一起"特大抢劫纵火杀人案"，3名涉案犯罪分子已被抓获。此后，台湾内舆情慢慢平息，两岸关系逐渐恢复正常。

实践证明，内参等机关公文是舆情收集的重要途径，工作人员必须善于从内参中发现苗头性、倾向性信息，透过现象看到本质，预测事件和舆情的发展趋势，形成舆情报告，为上级领导提供决策依据。

第四节　舆情收集手段

舆情收集手段分为网上舆情收集手段、网下舆情收集手段等。

一、网上舆情收集手段

网上舆情收集手段主要是通过购买网络舆情监测软件和人工收集手段进行。

（一）购买网络舆情监测软件

目前，国内许多公司开发出多种网络舆情检测平台，通过对传统媒体网络版、新闻网站、论坛、博客、播客、微博等网络媒体实施24小时监测，进行内容采集、主题分析、关键词统计、定向统计（包括媒体关注度、媒体转载率、用户关注度、地域范围、论坛帖子、博客文章统计等），形成周期性的监测数据报告，全面反映舆情动态，供使用者决策参考。

在这些舆情监测平台上，工作人员可多人同时在线协同办公，多角度查看不同阶段的数据变化，第一时间了解到与本部门相关的事件、追踪事件或现象的传播源头，捕捉舆论拐点，分析舆情趋势，做到"先知先觉"。

党政部门可购买互联网舆情监测系统，进行网络舆情的收集汇总、亦可自行组织技术力量，开发适合本单位本部门的舆情监测软件。当前，鉴于微博、微信的高度社会化和巨大影响力，急需加强对微博、微信信息分析方法和分析工具的研发，以实现对海量微博信息的分析和整理，剔除虚假信息，将民众真正关心的舆情热点或民生问题及时筛选出来。在热点舆情爆发期，可按照舆情主题进行设置，例如"地震""上访""拆迁"等关键词，从而准确捕获舆情动态信息。

但是，智能软件永远不能完全替代人脑。文章的导向问题、图片的敏感程度、信息的弦外之音等等，软件都无法识别和判断，需要人脑的判断。因此，人工收集也是舆情收集重要的不可或缺的手段。

(二) 人工收集

如果资金有限，无力购买舆情监测软件，则可通过人工方式进行收集：一是重点关注网站、论坛、微博、微信、博客、即时通信工具等，根据点击量、转发量、评论数等指标，记录与本地区本部门相关的热点话题，形成信息文档；二是在百度、谷歌等搜索引擎输入本地区本部门单位名称或领导姓名，查看是否有相关负面贴文或信息爆出，并做好统计分析，定期向上级报告。其主要方法是通过搜索引擎技术进行信息检索。目前，国内主要有百度、搜狗、有道、狗狗等搜索网站，而百度是全球最大的中文搜索引擎网站。

人工收集舆情信息对工作人员的素质要求较高，需要工作人员有较高的新媒体素养，有较丰富的社会阅历，有较丰富的文化知识，有较强的新闻敏感和政治敏感度，等等。例如，2013 年 7 月初，南方某报刊发文章《地主周扒皮的"土改"命运》称，"他省钱就奔着买地，自己家开油坊，有豆油，但不舍得多用"，"没有人会预见到，他身后将被冠以'周扒皮'的绰号，永远活在'万恶的旧社会'的暗角，接受鞭尸"，引发网友热议，甚至有许多网民发帖对"周扒皮"表示同情。对这个问题，我们必须用辩证唯物主义和历史唯物主义的观点和方法进行分析判断，它否定中国共产党领导人民推翻"三座大山"的革命历史，否定阶级斗争的历史作用，是典型的历史虚无主义。应该说，在当时的政治背景和历史条件下，少数地主的罪恶可能有被放大的问题，但是绝大多数地主是活生生、狰狞狞的剥削者。该文章表现出个别媒体历史观扭曲、舆论导向错误，完全是别有用心。由此可见，在网上舆情收集过程中，应该把人工收集和机器软件收集有机结合起来，才能做到高效准确地把握舆情信息和舆论导向。

二、网下舆情收集手段

网下舆情的收集主要依赖人工完成。根据舆情的收集渠道和监测范围，网下舆情的收集方式有以下几种：

（一）畅通信访渠道，准确收集舆情

信访工作是直接为人民服务的工作，是党和政府联系人民群众的桥梁和纽带，做好信访工作可以疏通和拓宽党和政府体察民情的渠道，使各级党委、政府能够及时倾听群众的呼声，了解群众的疾苦，发现和解决关系群众切身利益的问题，进一步把人民群众的利益实现好、发展好、维护好。信访是促进社会和谐的"润滑剂"，调节利益关系的"减压阀"。做好群众接待工作，建立信访档案，将经办信访问题的原始真实情况记录、归档，为正确处理信访问题提供依据。同时，要定期分析信访问题，找出潜在舆情隐患，预测舆情发展态势。

当前，在各类社会矛盾凸显的关键时期，各级政府和党政干部要提高对信访工作重要性的认识，增强群众观点，努力实现信访工作"两个转变"：一要变群众上访为干部下访。要经常深入基层、深入群众、深入实际，调查了解群众信访反映的问题，密切关注群众的思想动向，掌握第一手材料，有针对性地解决好群众信访反映的问题，从而实现变群众上访反映问题为领导干部主动下基层为群众解决实际问题。二要变被动应付为主动预防。各职能部门、基层单位，尤其是信访部门，要充分发挥桥梁和纽带作用，拓宽信息渠道，了解社情民意，及时获得预警性、超前性、深层次的上访信息。

（二）建立举报制度，鼓励群众说话

日常信访工作一般是上访者主动提出诉求，而举报制度则是政府为掌握舆情，发动和鼓励人们积极提供舆情信息。举报分为实名举报和匿名举报两种。实名举报是指举报人使用自己的真实姓名，通过不同形式，向纪检监察机关检举、控告党员、党组织以及行政监察对象违法违纪问题的行为。实名举报对于反腐败来说，至关重要。与匿名举报相比，实名举报通常是案件的知情人，提供的线索会更具体，信息会更准确，成案率会更高，这也很大程度上缩小了案件查处范围，有效降低办案成本。然而，当前我国对于实名举报并没有完善的规章体系，实名举报者的结局不尽相同，不过很多实名举报者的下场都不怎么美好，有的甚至被报复丢掉了饭碗。

【典型事例】

2014 年 8 月，深圳沃尔玛洪湖店使用过期原材料制作熟食，煎炸用油"一个月不换"，被内部员工通过视频举证，但这家著名超市品牌店在丑闻曝出的一个月后，以举报人的行为"严重违反公司规章制度，同时给公司造成重大损害"为由，解聘了 4 名参与举报的员工。

建立健全举报制度可采取以下做法：一是通过设立举报信箱、举报电话、调查问卷等多种方式，提供举报渠道。二是建立相应的保护制度。国家要在法律上保护好实名举报人的合法权益不受侵害。对打击、报复、伤害举报者的违法犯罪行为，必须以法律的强有力手段，从严处罚。三是要建立相应的激励和补偿制度。实名举报是一项高风险作业，但为了惩罚违法犯罪又不得不为之，这就需要国家加大奖励和激励力度，更要建立相应的补救措施，让举报者为正义而失去的能得到弥补，坚决杜绝举报者因举报而受到不公正对待的现象发生。

（三）深入基层调研，倾听干群心声

舆情信息工作者要主动到群众中去，实地调查采访，掌握第一手资料。2009 年，中共中央办公厅、国务院办公厅转发《关于中央和国家机关定期组织干部下访的意见》指出，中央和国家机关定期组织干部下访，是推动落实中央决策部署、及时了解社情民意、督导解决信访突出问题、促进社会和谐的有效举措，对于转变干部作风、加强干部队伍建设、提高科学决策和依法行政的能力和水平、保持同人民群众的血肉联系具有重要意义。同时，下访也适用于地方政府深入基层收集舆情。

各级领导干部要深入基层、深入生产一线开展走访调研，采取上门走访、个别谈话、集体座谈、问卷调查、随机交流等多种形式，与企业负责人代表、基层干部、群众拉家常、增感情，讲政策、谋发展；要深入查找群众反映强烈的"四风"问题，查找影响转型发展的诸多现实问题，查找损害群众切身利益的问题，查找影响党群、干群关系的问题。要使各级干部思想进一步提高，作风进一步转变，党群干群关系进一步密切，为民务实清廉形象进一步树立，基层基础进一步夯实。2012 年 12 月 4 日，中共中央政治局召开会议，审议并通过了中央政治局关于改进工作作风、密切联系群众的八项规定。其中第一条就是要改进调查研究，内容是：要改进调查研究，到基层调研要深入了解真实情况，总结经验、研究问题、解决困难、指导工作，向群众学习、向实践学习，多同群众座谈，多同干部谈心，多商量讨论，多解剖典型，多到困难和矛盾集中、群众意见多的地方去，切忌走过场、搞形式主义；要轻车简从、减少陪同、简化接待，不张贴悬挂标语横幅，不安排群众迎送，不铺设迎宾地毯，不摆放花草，不安排宴请。

第五节　舆情收集环节

通常，舆情收集需要及时迅速地汇集最新信息，通过多种途径和方式，全面准确地汇集舆情，并分析舆情信息反映出的诸多问题，最后为行政决策提供重要信息支持。因此，舆情收集工作包括鉴别与筛选、分类与归纳、汇总与存储三个环节。

一、鉴别与筛选

舆情监测软件收集的信息数量大、种类多，内容庞杂烦琐，需要人工筛选与鉴别。一是鉴别信息是否属于本地区或本部门的职能范畴；二是鉴别信息是否准确完整；三是鉴别信息是否具有决策参考价值。

二、分类与归纳

按照主题、内容、时间等要素对信息进行分类和归纳，明确各类事件舆情特点的差异，为下一步舆情信息工作做好准备。

三、汇总与存储

信息汇总是在对信息进行鉴别、筛选、分类和归纳后，把有用的信息重新汇集起来。信息存储则是根据舆情信息的呈现形式，存储为纸质信息或数字信息。

【思考题】

阅读以下材料并思考回答问题。

2013年，网友"@作业本"等人在微博上"侮辱烈士邱少云和赖宁"，引发网友强烈不满。加多宝在微博里"力挺其为烧烤摊CEO"，当然是完全知道"@作业本"曾经干了什么，所谓的"烤肉"指的是什么。同期的"@加多宝"活动其他微博转发量一般为零，多的一般也不超过三位数，而与有800多万粉丝的"大V""@作业本"的互动使"@加多宝"活动的这条微博转发量有近8000。加多宝为商业营销已经到了肆意侮辱烈士，毫无廉耻、毫无道德底线的地步，引发网友铺天盖地的批评和骂声。

自"加多宝感谢@作业本"的营销微博发出后，加多宝火速道歉，网民则继续展开"英雄保卫战"，只有"@作业本"一直没有发声。终于，2015年4月25日0时01分，"@作业本"发布几百字的长微博正式道歉。文中，他连用四个"深"（深表歉意、深感内疚、深感惭愧、深觉不安）对卷入事件的多方做出回应，随后转入对自己的谣言的"澄清"环节（未拿加多宝一分钱，只有新浪微博一个账号等）。最后，他回顾自己写微博五年来的"危机四伏的时刻"，表达了对支持自己的网友的"感激"之情。

问：在网络舆情收集过程中，微博所体现的重要作用有哪些？应该如何利用微博、微信等新媒体收集舆情？

（许云超、袁金明）

第八章　舆情研判

舆情研判，就是对监测得来的舆情信息进行认识、分析、研究和甄别，判断舆情信息价值。舆情研判是舆情信息工作和舆论引导工作的一个重要环节，需要保持更加清醒的思维和运用科学的理论和方法，分清虚实、去粗选精，去伪存真，抓住要害，形成判断。

第一节　辨别真伪

鉴别舆情信息的真伪通常并不影响舆情信息的价值。但是，鉴别信息真伪对于舆论引导工作十分重要，不仅在于它的真伪决定了舆情信息工作的后续进展，而且直接决定了舆情应对的策略。鉴别信息真伪，说到底就是判断舆情信息"是真还是假"，主要有以下几种方法：

一、检验舆情的来源是否权威

检验舆情的来源是否权威就是从舆情信息的来源是否权威性、可靠性、诚信度来判断信息的真实性。来源主要有主流传统媒体、非主流传统媒体、网络媒体新闻、民众互动信息等。简单说，如果所检测到的舆情信息是来自人民日报、中央电视台、中央人民广播电台、新华网、人民网、各地党报、权威媒体等的新闻信息，那就基本比较真实，如果来自一些都市小报、边缘媒体以及民众互动信息等，那么，是需要认真对待的。总之，从来源鉴别信息的真伪，主要通过信息提供者的身份、科学态度、工作作风和获取信息方式等来判断。

【典型事例】

2012年2月19日，名叫"米朵麻麻"的民众通过微博发布"今天去打预防针，医生说252医院封了，出现了'非典'变异病毒，真是吓人"的信息。该微博迅速在网络上传播，引起关注。从鉴别信息真伪的角度看，事件信息源自微博，可信度不高，需要进一步核实。23日，252医院院方和保定市卫生局辟谣称，经调查为普通感冒。25日，卫生部表示，252医院收治的发热病人已经排除患有"非典"的可能性，确诊为腺病毒55型引起的呼吸道感染。

二、检验舆情的逻辑是否合理

逻辑就是思维的规律，它的本质就是寻找事物的相对关系，并用已知推断未知。其中，概念、判断、推理是三种基本的逻辑思维形式。概念是反映客观对象特有属性的思维形态；判断是对思维对象有所断定的思维形态；推理是依据思维形式之间的真假联系规律，有一个或几个已知判断推出一个新判断的思维形态。概念构成判断，判断构成推理，推理构成论证等更复杂的思维。只要是判断，总是有真有假的，二者必居其一。

我们常说"你这话不合逻辑"，是指他的话违背常理，违背思维逻辑的规律，也可以指话语前后矛盾。这种"不合逻辑"的非逻辑思维的外在表现形式有很多，比如偷换概念、虚假假设、误用传统、滥用专家意见、分类错误、混淆视听、以泪掩过、以先后论因果、情感误导、功利误导、简化推理等。而正确的逻辑思维是一种确定的、前后一贯的、有条有理的、有根据的思维。我们所说的运用逻辑检验舆情信息真伪则重在通过分析舆情信息的具体细节来鉴别。

《舆情信息汇集分析机制研究》一书认为，可运用实用的逻辑推论方法有：递推法，根据已知材料，层层向下分析，搞清问题的来龙去脉；倒推法，从最后的结果开始，一步一步往前推，在大量原始资料的各种关系中，推出可能相反的结论；内推法，在一系列已知结论和事实之间，运用逻辑推理的方法寻找论据和相关因素，填补空白；外推法，就是根据已知推未知，根据现在推未来。但是，也不要迷信逻辑推理，合乎逻辑更多地是指理性和正常的思维和表达所遵循的逻辑，而舆情信息有时候看起来不合常理，而这种"不合逻辑"的情况可能恰恰是深入解读一些信息的"金钥匙"。因此，有时也不能仅仅根据"不合逻辑"来判断舆情材料的真伪，相反还应该格外认真地重视和研判。

三、检验舆情的内容是否符合常识

检验舆情的内容是否符合常识就是依靠我们所具有的一般的、普通的、众所周知的，涉及社会生产、生活方方面面的知识和经验，对一些舆情信息进行真伪判断。

【典型事例】

2012年3月间，家住山东青岛的白女士反映，自己在超市买了两袋"昆虫鸡蛋"，其中一枚鸡蛋蛋清竟然是红的。3月4日下午，有媒体记者联系了该鸡蛋生产厂家，一位张姓负责人说："如果只是发现一两枚鸡蛋有这个问题，那肯定是特殊情况，因为母鸡到生理期，来例假了。"作为专业的鸡蛋生产厂家，对"血鸡蛋"现象理应知晓原委，即使是说谎也得说得像，而不能胡编乱造，用"生理期""来例假"这样的借口来搪塞，未免太小看消费者的智商了。"生理期"也排卵？"例假"又如何进了鸡蛋里？很快，有畜牧专家否定了"例假说"，认为出现血色鸡蛋清可能有两个原因：一是母鸡因大肠杆菌感染而引起输卵管重度发炎；二是在饲养过程中添加了问题饲料。而所谓"昆虫鸡蛋"只是饲料中添加了昆虫成分，说得难听点纯属噱头而已。

第二节 分析研判

舆情分析研判的过程，也可以理解为舆情研判的主要环节、主要任务、主要方法。舆情研判是一个系统工程，需要把握舆情研判的基本要点，主要包含以下三点：分析研判舆情的价值、分析研判舆情的关注度、分析研判舆情的实用方法。

一、分析研判舆情的价值

筛选舆情信息，关键是要衡量和判断舆情信息价值的大小，而其价值的大小主要取决于舆情信息的重要性、典型性和危害性。尽管可能因为主体各异、角度不同，对舆情信息价值的判断也不同，但是有一些总体的判断是相通的。重要性、典型性和危害性，并非完全独立、界限分明，而是相互渗透、相互关联的。

（一）掂量重要程度

掂量重要程度就是要判断信息的重要性。所谓重要，就是看其是否涉及更高层面、具有或导致重大影响或严重后果等。一般来讲，这类信息多为一些涉及国家安全、涉及国内国际重大事件、涉及国家政治经济社会文化环保及国计民生问题等的信息。

【典型事例】

2008 年是改革开放 30 周年，网上就出现了很多诋毁改革和反对改革的言论。很多人借教育体制、医疗体制等领域改革的不尽如人意甚至不成功，从而全盘否定改革开放，认为要推倒重来。2012 年是邓小平南方谈话 20 周年，一些人针对贫富悬殊、社会不公等改革开放中出现的新问题，反对改革开放。这些都属于具有重要性的舆情信息。

（二）审视典型与否

舆情信息是否具有典型性，就是看它是否具有代表性。如果一个点的事仅代表一个点，那没有代表性；如果一个点的事能代表一个面问题，那么它就具有代表性，具有典型性。事实性舆情如此，意见性舆情也是如此。

【典型事例】

全国舆情技能水平考试管理中心专家委员副主任蒲红果 2003 年 6 月 23 日所撰写的舆情性质的报道《10 万流动党员如今找到了"娘"》，揭示了当时的一个极具典型性的现实状况：2003 年，参照权威机构的统计结果的不完全统计得出，全国当时的 6400 万党员中流动党员大约有 120 万名。若以北京市 1998 年的对既没有转移党员组织关系也没有持流动证参加组织生活的流动党员所占流动党员的比例计算，全国至少有 10 万流动党员处于游离状态找不到组织。

文章写道：随着改革开放和社会主义市场经济的不断发展，外出务工经商和人才流动中的党员越来越多，流动的范围越来越广。我们知道，在几年前，由于档案、组织关系调转的不顺畅等各种原因，造成一部分流动党员，想转组织关系无处接，想参加组织生活无处去，想交党费无人收，想找组织谈心无人听⋯⋯流动在外找不到党组织，就像孩子找不到娘一样。

流动党员的管理，的确成了新时期党组织面临的新问题。对于流动的党员来说，最直接的困惑就是一地管不到，一地不愿管。很多企业公司都不负责档案及组织关系方面的事务。尽管党章明确规定"党员如果没有正当理由，连续六个月不参加党的组织生活，或不交纳党费，或不做党所分配的工作，就被认为是自行脱党"，但据四川省人才交流中心流动党员党支部反映，截至 2000 年，半年以上未交党费的流动党员占组织关系在该中心党支部党员的 41.6%。据了解，这之中大部分是在外务工或经商。这类流动党员长时间游离于党的组织之外，与党组织之间长期无法"亲近"，成为挂名党员。一些党员长期游离于党组织之外，脱离党组织的管理教育，组织纪律观念日渐淡薄，有的甚至出现了违法乱纪等问题。流动党员的出现以及他们的生存状态、思想状况，给新时期党的建设、党员的管理、党员如何发挥先锋模范作用提出了严峻的课题。但是，不少地方对流动党员的管理还有不少困难，如流动党员管理工作尚不配套、流动党员党支部的职能定位尚不明确等。这些都需要党委组织部门通过创新工作方式来解决。关心每一个流动党员，加强对他们的教育和管理，应该做到一个都不能少。加强和改进对流动党员的管理，使他们在流动中能够及时参加党的组织生活，接受党组织的教育、管理和监督，发挥先锋模范作用，是党员管理的一个新课题，也是新形势下加强党的建设的一项十分紧迫的任务。

在现实情况的催生和大量"舆情报告"的呼吁下，中央高度重视此事。

中组部和各级的党组织意识到了这个发展中的新问题，开始逐步采取措施，比如加强社会中介组织党建工作和制度建设，并探索出了一些解决的办法。一些地方党组织通过开展活动，有效地增强了凝聚力和吸引力，使零散务工党员"打工不脱党"，外来流动党员"离乡不离党"，符合条件、表现突出的流动人员"能入党"。流动党员不再游离了，管理逐渐走向规范化。中央《关于加强党员流动中组织关系管理的暂行规定》和《关于试行〈流动党员活动证〉制度的通知》，以及一系列新时期加强流动党员管理的通知，得到了更好的执行和贯彻。

【典型事例】

2012年5月21日，搜狐转载经济参考报文章称，改革开放30多年来，我国经济持续快速增长，到2008年，按汇率计算的我国国内生产总值（GDP）已跃居世界第三位。但是，由于长期积累形成的收入分配四大失衡，导致我国消费开支对GDP的贡献率一直呈下降趋势，而内需和消费不振又直接造成我国过分依赖外部市场，降低了我国的经济安全性和长远发展的潜力，甚至已经影响社会稳定。对此，民众在互动中形成了一些共同的观点，或称为"意见性舆情"：希望政府立即着手采取措施逐步解决分配不公问题；收入分配应向广大中低收入者倾斜，缩小贫富差距；国家应制定政策遏制少数垄断行业的收入水平，真正创造财富的是那些从事实体工作的劳动者等。尽管这样的意见性舆情有偏激甚至错误的成分，但是，这就是舆情，具有典型性的舆情。

（三）判断危害大小

舆情研判，研什么？判什么？直接来讲，主要就是研判其危害性大小。危害性大小与舆情信息价值大小成正比。

【典型事例】

2011年7月30日，一个原本平凡的星期六。这一天，是"7·23"甬温线特大铁路交通事故死难者的"头七"。自"7·23"事故以来，由于对铁道部的不满，对事故处理的不满，网上不断出现以抗议铁道部，悼念遇难者的煽动性信息，如号召路过铁道部时开车鸣笛、号召到铁道部静坐等。此类舆情信息的危害性，可谓不言而喻。

【典型事例】

2009 年 3 月 23 日出版的第 412 期《中国新闻周刊》，一篇名为《孙东东：把精神病人送到医院是最大的保障》文章中，北大教授孙东东公开宣言："对那些老上访专业户，我负责任地说，不说 100% 吧，至少 99% 以上精神有问题，都是偏执型精神障碍。偏执型精神障碍属于需要强制的一类，因为它扰乱社会秩序。"为什么需要对"访民"实施强制性措施？孙东东说："因为它扰乱社会秩序，他们为了实现一个妄想症状可以抛家舍业，不惜一切代价上访。你们可以去调查那些很偏执地上访的人。他反映的问题实际上都解决了，甚至根本就没有问题。"该番话语在网络上被广泛转载后，即引起轩然大波，民众在论坛博客上纷纷发表帖文进行声讨。

短短的两天时间里民众便在百度"孙东东吧"发了数页带有辱骂性质的帖子，而孙东东的家庭住址、电话等等信息也被民众公布在网络上，有的民众在网上还扬言要去北大与孙东东教授面对面讨论老上访者问题。而有的民众呼吁北大应该开除孙东东教授，称他不配做北大教授。网络上知名的博客作家赵牧在其私人博客上发表题为"请北大开除孙东东"的文章，在文章中称，孙东东公然诬蔑那些被侮辱、被残害的上访者，其言辞就像法西斯。并且还以卫生法学专家的身份公然为持续多年生产毒奶粉的企业辩护，为虎作伥。他呼吁相关部门除了应该立即将其从北大除名，以防伤害学生外，还要立即把孙东东押进精神病院，以最大的限度保障他的人权不受侵害！

当时，此事导致一些上访者和"抱不平者""围攻"北京大学，要求见到孙东东，要求北大处理孙东东，要求孙东东道歉等。气氛很敏感，局面很复杂甚至危险。这同样是一个非常具有典型危险性的舆情信息。后来，由于来自网络上和现实中的压力，北大教授孙东东通过中新网发表道歉声明。在声明中称，"其中一些内容因我语言表述不当，引起一些争议和误解，对此深表遗憾。如果因这些内容伤害了一些人的感情，在此我诚恳地向他们致以深深的歉意，也衷心地希望他们能够通过法定程序解决自己的问题。我本人一向关注民生、关注弱势群体反应的问题、关注全民的精神卫生健康促进，绝对没有歧视上访人员的思想和言论。通过此事，我会认真反思总结。今后将更加努力学习，谨言慎行，为社会的和谐稳定尽我所能。"道歉后，此事才慢慢趋于平静。

二、分析研判舆情的关注度

所谓关注度，就是指事件或人物所受关注的程度。关注度也可以理解为影响力的大小。一个涉我信息，在研判了它的重要性、典型性、危害性以及真伪之后，最重要的就是分析它的关注度和影响力大小。以网络舆情为例，主要从以下几个方面分析它的关注度：

（一）浏览量

简单说，浏览量又称点击量，就是指有关的网页被浏览的次数。浏览量大小与关注度大小成正比。这个很好理解，就是一个信息，看的人多，说明关注的人多；看的人少，说明关注的人少。新闻、博文、帖文、微博等均同此理。也就是说，如果浏览量大，那么必须要立即行动；如果浏览量极小，看的人寥寥无几，而且没有快速增长趋势，那么，可以继续观察，不必急于行动。

【典型事例】

2011年10月一篇题为"湖南衡阳被打副局长称被逼和局长签言和声明"的新闻，当日浏览量76082次；2011年12月间，题为"山西焦煤董事长失窃案调查：劫匪认定其不敢报案"的新闻，当日浏览量167392次。2012年3月间，题为"南车否认动车天价采购媒体称必要时公布名录"的新闻，当日浏览量1117481次。

（二）回帖量

网络信息互动的特点让民众逐渐形成了一种有别于传统阅读方式的网上二次阅读习惯：在网上阅读新闻报道后，翻阅文章后的民众自由发表的大量跟帖并加入讨论，已经成了大多数民众的一种习惯。越是受到广泛关注的重大新闻、突发事件，或是观点存在争议的言论，其后的跟帖往往越多，大多数还会再转移到论坛里，遍地开花。无论是新闻跟帖、博文帖文的跟帖，还是微博的跟帖评论等，这些回帖量的大小都是考量信息关注度的重要指标。如上面提到的"南车否认动车天价采购媒体称必要时公布名录"的新闻，仅新浪 2012 年 3 月 7 日的跟帖量就达 886 条，属比较"热"的情况，而且跟帖意见以质疑为主。而同日像"某某领导参加某某代表团审议"这样的新闻的跟帖量就很小，有的只有个位数。

（三）转帖量

转帖量大小也是衡量一条信息关注度大小的指标之一。转帖通常指新闻信息、评论文章、论坛帖文、博客文章被转帖；微博广泛应用后，其功能之一的"转发"，成为扩大信息影响力的主要环节。转发量是信息价值大小的试金石。

【典型事例】

2012 年 2 月 23 日晚，处于"活熊取胆汁"事件风口浪尖的归真堂开通官方微博，结果遭遇上万民众排队转发说"滚"。24 日，归真堂连续发布两个分别为 45 秒钟和 55 秒钟的熊场真实环境视频，称希望大家了解熊场的环境及熊的真实生活状况。结果也引来民众一片"滚"字转发和评论。

【典型事例】

2011 年 10 月间，女大学生微博救弟。"请大家救救我病危的弟弟吧。他是一个品学兼优的好孩子，我们一家人真的不能失去他！"这条求助微博在网上引起广泛关注，民众们纷纷转发消息，积极募捐。不到一周，这位姐姐就从民众处收到 5 万多元善款。经有关媒体核实，微博发布者名叫刘海燕，是武汉工程大学工商管理专业大二学生。弟弟刘望因患急性再生障碍性贫血入院治疗，因无力支付巨额医疗费用而断药。刘海燕试着发布第一条微博，并上传弟弟近照、医院检查单等图片，每天坚持"直播"病情进展，解答民众各种问题。微博一经发出，爱心迅速传递。6 天时间，这条求助微博已被转发970 多次，其粉丝达 1500 多人，各地热心民众为她捐款超过 5 万元。

【典型事例】

2011 年 12 月 2 日，成都民众"艾瑶丫头"在新浪微博号召民众体贴身边的环卫工人。她提议，丢垃圾时，先用胶带缠裹碎玻璃等，以降低保洁人员或拾荒者受伤的概率。一时间,这条微博迅速蹿红,短短5天,16万余次转发,上万条评论,并引发上万民众"自我检讨"。

(四)跟进量

跟进量主要指互动言论的跟进程度。我们已经看到,越来越多的人不仅仅想通过互联网获取信息,他们也想参与到互联网中来,在网上发表自己的见解。写作的本质就是给更多的人看,在网络发言的民众,只可能有两种目的,要么是希望得到别人的响应,要么是响应别人的发言。"我来说两句""我要说""发表评论""评论"等新闻跟帖、博文帖文回复、微博评论等互动服务将网络互动和自由交流的特性发挥到了淋漓尽致的地步。仔细观察新闻跟帖和论坛,我们可以发现,对同一新闻事件或者社会万象的指点评说,汇聚在这里碰撞,宛如意见的自由市场。集中的反馈能激发更多反馈,而且往往越是偏激、越是激烈的言论,越是容易引起人们的注意并得到追捧。多数事件之所以被大众广泛关注,很快形成强大的舆论,主要源于相关发帖人或其他民众持续不断地在一些有影响的网站论坛或点击率高的文章后面跟帖、互动。因此一个舆情信息出现之后,跟进的评论越多,关注度自然越高,影响力自然越大。

三、分析研判舆情的实用方法

当前,舆情分析的实用方法并不十分丰富,但在近年来高强度舆情信息工作实践中,已经形成了一些主要的实用方法。

(一)定性分析与定量分析相结合

定性分析,是对事物性质的分析,提供的是事物性质的认定和价值的判断。它重在分析舆情的倾向、立场和动机,抓住基本特征,发现关键问题和主要矛盾。而定量分析主要是采用数量描述、图表统计、建立相关数据库等方式,对信息进行量化处理。根据信息在媒体和网络出现的频率,如新闻跟帖的数量、微博信息转发和评论量、论坛帖文和博客文章的转贴量、浏览量、跟帖量,以及媒体对其报道的频度和各方评论等,来分析舆情影响的大小和总体态势。一般都把定性分析与定量分析结合起来运用,这样能使舆情分析的结果更客观和准确。也就是说，全面准确的分析舆情，既需要对舆情进行价值判断和性质认定，又要求对它的传播方式、影响范围以及不同人群的认知差异进行数量上的把握。科学运用定量分析与定性分析的方法，并把二者有机地结合起来，不仅能够帮助我们清晰地认识舆情的整体轮廓和发展脉络，而且能够使我们透过现象看本质，揭示舆情的根本特征和内在规律。

【典型事例】

2012 年春节，网络爆出游客"海南三亚吃海鲜被宰"的新闻，由此引发社会强烈反响。管理方无视当地宰客风盛行之实，先后以"零投诉""无法举证"等借口消极应对，三亚一时间被推至舆论的风口浪尖。后来管理方通过媒体发布会的形式道歉，并表示将以此次事件为契机，努力做好市场监管，杜绝类似事件再次发生。中青华云舆情监测系统数据表明，自 1 月 28 日民众罗迪发布微博称其朋友在三亚吃海鲜被宰后，网络上开始大量出现有关三亚宰客事件的文章。截止到 2 月 28 日，从该系统采集的文章来看，总文章数为12338 篇，其中新闻 9706 篇，论坛 1747 篇，博客 885 篇。文章总阅读数超过88 万次，回复量达到 62132 次。事件发生以来，民众纷纷以各种形式参与到此事件的讨论当中，各大媒体也争相关注事件的持续发展。短时间内，三亚宰客事件就被推至舆论的中心。对此，定性分析主要观察公众"打抱不平"的情结和"号召不去三亚"以及质疑当地政府公信力的言论倾向；定量分析则在于通过数据表现这些意见倾向，把握其社会关注度和影响力。

（二）横向分析与纵向分析相结合

横向分析是指与同类舆情进行比较分析，强调舆情分析的宽度；纵向分析是指结合具体舆情的历史背景和发展脉络进行分析，强调舆情分析的长度。横向分析与纵向分析，也类似于综合分析与专题分析。综合分析是对同一舆情事件的多方向、多角度的综合分析；专题分析则是揭示某一舆情事件的深层原因，挖掘深层次的信息内容，如变化趋势以及影响后果等。横向分析重在"全面思考"，纵向分析重在"深入分析"。横向分析与纵向分析相结合，才能使舆情分析既有广度又有深度。

【典型事例】

据美国华盛顿邮报 2011 年 2 月 17 日报道，隶属于美国国务院的以 44 种语言对全球广播的美国之音（VOA）同月 16 日向国会提出 2012 年年度预算，其中大删中文普通话广播预算 800 万美元，裁员 55％。其中，有两种语言的广播预算遭删减：一是克罗地亚语；二是中文。其中克罗西亚语是小删，中文普通话则大幅裁员 55％，中文广东话更全部删除。据报道，当时美国之音普通话广播有 69 名员工，依据新会计年度预算计划，将裁员 38 人，只剩 31 人；广东话广播的 7 名员工则全部被裁撤。这是美国总统奥巴马财政预算的一部分。美国之音中文部员工是在预算送达国会前夕才风闻裁员计划，听到裁员消息都非常错愕。美国之音员工表示，奥巴马政府可能借此向北京释出善意，借以改善双边关系，加强在国际议题上的合作。美国之音是 20 世纪 90 年代初加强对中国的广播，扩大中文部编制。许多台湾派驻美国的记者都陆续被高薪聘用，加入普通话广播行列。美国之音终止对华广播，仅保留美国之音中文网站。外媒纷纷对此事表示了关注，对于美国关闭美国之音这个美国最强有力的对华宣传机构表示惊讶。对此，加拿大《星岛日报》感慨道："这将意味着美国政府对中国广播时代的终结。"华盛顿邮报在刊登题为"美国之音对中国广播削弱，而中国却大力加强世界公关"的文章分析说，中国政府大力增加对西方的宣传攻势，作为美国政府的主要宣传机器，这个时候却挥刀自殇美国之音，显示了中国政府和西方媒体对抗的消长。英国 BBC 的评论文章发问，是西方世界把仅余的力量集中处理本身经济问题，无暇顾及宣传，还是中国要表现大国崛起，西方声音逐渐消失？美国《思想者》杂志则认为，奥巴马通过关闭美国之音对华广播，来向美国人表示他新的世界宣传的策略，数字媒体是奥巴马将要转向的方向。对此舆情就需要既横向分析又纵向分析，才能比较准确地认识和把握美国之音"拟停对华广播"背后西方对华传播战略转型的现实情况，才能清楚地认识到美国此举绝非美国政府对华示好而放松意识形态攻势，而是美国之音结束广播而转战互联网的标志。

【典型事例】

2011 年 10 月 13 日，两岁的小悦悦在佛山南海黄岐广佛五金城相继被两车碾压，7 分钟内，18 名路人路过但都视而不见，最后一名拾荒阿姨陈贤妹上前施以援手。经医院全力抢救无效，于 10 月 21 日零时 32 分离世。此事引发民众广泛激烈讨论，道德失范问题成为焦点。凤凰卫视 2011 年 10 月 18 日《总编辑时间》节目中，主持人、资深新闻评论员何亮亮的观点成为代表言论。他说，近几年来，中国的国力迅速增强，社会在迅速地发展。但是另一方面文化的核心问题始终没有解决，中国人的核心价值观念到底是什么，中国人有没有一个很坚定的信仰。我说的这个信仰不是一个宗教信仰，是对于一套良好的价值体系的信仰。现在中国社会上这种人心的冷漠，这种道德的低落已经到了令人吃惊，到了令人震惊，乃至于到了让人麻木的这个地步。一个两岁的幼童两次被汽车碾压，走过的 18 个人没有一个人加以援手，活脱脱就是当前中国社会的一个写照。国际的媒体对于在一个世界第二大的经济体、一个有着古老文化传统的中国，居然会发生这样的一件事情都觉得非常震惊。从这里也可以看得出来，中国要发展文化，它的问题就不仅仅是用金钱来解决的问题了。何亮亮的这种代表性观点，虽然脱离不了片面性，但这至少是一个时期社会现实现象的反映。对此舆情则既要分析同类事件和综合分析各种观点、态度、情绪，更要分析市场经济对人们思想观念的影响、当前社会普遍存在的一些道德失范问题等，只有这样才能比较全面地把握社会现实情况。

（三）内容分析与实证分析相结合

内容分析法是一种对信息内容做客观系统的定量分析的专门方法，它对舆情信息进行客观、系统和定量的描述，揭示舆情信息所含有的隐性情报内容，对事物发展做情报预测。我们知道，公众往往通过新闻跟帖、微博、即时通信、博客、论坛帖文等方式传播舆情信息，在这些具体形态的舆情信息中常常隐含着民众情绪，彰显着民众的社会政治态度，对这些隐性舆情的产生根源、发展态势以及可能产生的后果，都需要进行相关方面的深层挖掘。互联网为这种内隐的情绪和态度提供了一个理想的表达渠道，而内容分析法则为这些舆情信息的深层挖掘提供了有力的方法论支持。简单地说，内容分析法就是由表征的有意义的词句推断出准确意义的层层推理的过程。客观、系统和定量是内分析法的显著特征。实证分析法则比较好理解和运用，它是一种实证的分析工具，通过分析大量案例和相关数据后得出某些结论的一种常见研究方法。比如：通过对许霆案、姜岩事件、虐猫事件、王千源事件、艳照门事件、辽宁女辱骂抗震事件、奥运冠军寻父事件等新闻事件的实证分析，得出民众具有一种相对简单的公平正义和真善美观。分析表明，公平正义是民众心中一杆无形的秤，是民众言行的根本指针。在许多事件发生后，民众的言论所酝酿成的舆论，成了推动社会进步的强大力量，甚至成为社会公平正义的风向标。分析还表明，真善美，是民众永恒的追求。无论何事，只要真正是利国利民的事，只要你是真实的、坦诚的、善意的、抱有美好意愿的，你都会得到民众的理解和支持；反之，你将被淹没在骂声之中。分析同样表明，民众的公平正义和真善美观念和情感，总体上表现得比较绝对和单纯，有时甚至不顾具体情况，只要"说法"，不管不顾，极度情绪化，言论常常显得失之偏颇、矫枉过正。

第三节　预测走向

预测走势是对舆情研判的更高要求，就是要对所掌握的舆情信息所具有的苗头和倾向做出判断，对所掌握的舆情信息的发展趋势做前瞻性的判断。这是舆情信息研判的一个重要环节，可以从以下几个方面来把握舆情信息的苗头和趋势：

一、把握舆情信息的导向

导向问题至关重要。江泽民曾指出："舆论导向正确，是党和人民之福；舆论导向错误，是党和人民之祸。"（《江泽民文选》第一卷，第563页）足见舆论导向在党和政府工作中的重要地位。而我们这里说的导向，概念要狭窄一些、微观一些，是分析具体的舆情信息所包含的主要观点、情绪倾向和所反映问题的性质等。同样，导向好、导向不好还是导向极不好，所导致的舆情是完全不一样的，不一样的舆情自然应对的力度和方法也不一样。

【典型事例】

2012 年 3 月新京报报道，2 月 10 日开始，河北 15000 多名干部将进驻 5010 个村，吃住在农村，帮助农村发展经济，同时做好维稳工作。这一消息引发了民众的热议。有较多民众认为河北的做法过于形式主义，劳民伤财，也有民众认为多关注民生问题更有利于维稳。此舆情正反两方面态势总体平衡，信息的导向没有"致命"攻击点和极端倾向，可以保持密切观察，暂时不必急于出面解释。因为舆情信息所质疑的方面并无"硬伤"，不大可能会引发其他问题。

【典型事例】

2011 年 8 月，天涯社区"天涯杂谈"版块出现题为"枣庄市高新区教师招聘，规定父母必须是干部，这世道啊，苍天啊"的帖子。次日《羊城晚报》对此事进行了报道，称此次招聘条件要求"父母为高新区区属单位人员或为街道办事处机关、事业单位职工"，并质疑考试公正性，引发民众热议，观点和言论激烈程度不言自明。同月 23 日，《人民日报》在"每周一画"栏目刊发"干部权力"漫画，对此事件进行了简短评论，再次引发热议。这样的舆情，其导向直接涉及违法、违规和社会公平问题，就必须给予高度重视并迅速应对。通过相关报道得知，枣庄进行了积极有效应对，迅速表明态度，做出暂停招聘工作、彻查事件真相的决定，全面复核招聘流程，加强严格监督，与权威媒体沟通，及时发出《招教师入围名单体现一视同仁》等文章回应社会关切，说明"在拟录取的十人中无一人为干部子女"等真相，舆情才得以逐渐转向平稳和淡化。

二、把握舆情信息之间的联系

事物的联系是普遍存在的、多种多样的。马克思主义的世界观和方法论告诉我们，世界上没有孤立的事物存在，各种事物之间都存在着普遍的联系。所谓联系，一般含义是联络、接洽，复杂含义是事物之间的有机关联。联系同时也是一个哲学概念。马克思主义哲学中的"联系"是指事物内部各要素之间和事物之间相互影响、相互制约和相互作用的关系。因此，研判舆情信息要看联系，就是说有些舆情信息孤立地看显示不出其价值，看不出它带有某种普遍性、倾向性、苗头性特征，但是把它和一些与之相关联的信息放在一起来考察，或从横向的对比中寻找视角，或从纵向对比中挖掘深度，其价值就能显现出来了。不要单纯地看一桩事，要把大量零散的事件或信息素材贯通起来，透过现象看本质，发现其内在的关联。

【典型事例】

2012年3月8日，南方都市报报道，湖南人彭炜大学毕业后，骑一台价值4000元山地自行车游历全国，已行经10余省市。同年2月16日到广东东莞后自行车被盗，无奈滞留。这一消息引起了较大关注，新浪微博相关讨论近8万条。此事显然是有背景关联的。这个最直接的背景（当然还有其他更深层次的社会背景）就是：2月17日晚，武汉市武昌公安分局东亭派出所接到从日本来武汉旅游的河源启一郎报警，称其自行车在汉街入口处被盗。东亭派出所询问、调查后，根据案情，予以立案，并连夜组织开展侦查工作。武昌公安分局同时抽调刑侦力量，参与此案侦查。经过细致工作，办案民警于20日晚11时在武昌南湖将被盗自行车追回，并发还。河源启一郎对警方帮其找回爱车表示感谢。由此，民众不满当地警方的处理态度，认为彭炜丢车事件和不久前发生在武汉的日本人寻车事件形成强烈对比，"迅速破案难道仅仅是演给外国人看的吗？"还有不少民众戏谑，"同学，可惜你不是日本人。"因此，不能单纯看这一件事这一件事，要是没有上述背景的话，就不是个事，每年各地被盗的自行车不计其数，没人关注和热议，但是在特定的条件下，这就成了焦点话题。

三、把握舆情信息所反映事物的矛盾的演变趋势

矛盾是事物发展的源泉和动力。唯物辩证法告诉我们，矛盾无处不在，无时不有。毛泽东在《矛盾论》中讲道，矛盾是普遍的、绝对的，存在于事物发展的一切过程中，又贯穿于一切过程的始终；一切事物中包含的矛盾方面的相互依赖和相互斗争，决定一切事物的生命，推动一切事物的发展；没

有什么事物是不包含矛盾的，没有矛盾就没有世界；要善于去观察和分析各种事物的矛盾的运动，并根据这种分析，指出解决矛盾的方法。

研判一个舆情信息的苗头和发展趋势，关键就是要分析舆情信息所反映的事物的矛盾的演变趋势。区分是内部矛盾还是外部矛盾，即内因还是外因问题；区分是对事物的性质起决定作用处于主导地位的根本矛盾还是对事物的性质不起决定作用处于次要地位的非根本矛盾；区分是主要矛盾还是次要矛盾、主要矛盾方面还是次要矛盾方面；区分是对抗性矛盾还是非对抗性矛盾等。认识矛盾的目的是为着解决矛盾。以对抗性矛盾与非对抗性性矛盾为例，对抗性矛盾是指矛盾双方带有根本对立的性质，必须通过尖锐冲突的方式去解决的矛盾；非对抗性矛盾是指矛盾双方不带有根本对立的性质，在发展中不采取尖锐冲突的方式去解决的矛盾。这在政治上就是正确区分敌我矛盾与人民内部矛盾的问题。

【典型事例】

2012年3月7日上午举行的十一届全国人大五次会议新疆团开放日结束后，全国人大代表、中共新疆维吾尔自治区党委书记张春贤被80多家媒体记者围堵。在记者"围攻"的11分钟里，张春贤说："新疆对暴力恐怖分子不能施仁政，希望大家能理解。今后发生一起坚决打击一起，发生一件解决一件，绝不能让他们的屠刀对准我们的妇幼儿童，对准我们的人民，对准我们无辜的群众。"张春贤说，对于这些暴力恐怖分子，大家不要以常态的论点来推断他们，他们不是宗教问题，不是民族问题，而是以反人类为基础，残忍地发起暴力恐怖案件的恐怖分子。而国内其他省市地区近些年来也频频发生群体性事件，但绝大多数均是人民内部矛盾所致，采取的政策与上述对抗性矛盾相比较是有本质区别的，也体现了"具体问题具体分析"的矛盾分析法精髓。因此，我们说，抓住了矛盾就抓住了认识事物的关键，也就能比较清楚地把握舆情发展的苗头和趋势。

四、把握舆情信息的走势

辩证唯物主义认为，世界是物质的，物质是永恒运动着的。把握舆情信息的走势，这是一项难度极高的工作，需要立足舆情信息现状，综合考虑背景、原因等多方面因素，对舆情发展动向做出逻辑推论，还需要从多角度预判多种可能，思考种种可能出现的情况。从具体方法上讲，主要有几种：一是具体事件矛盾运动变化曲线比较规律的，可以根据其运动变化规律来推测走势；二是具体事件因果关系比较明显的，可以通过分析舆情变化的原因与结果之间的关系来预测走势；三是借助智囊团、专业机构或专业人士的经验和智慧，综合分析来预测舆情和事件以及社会关注度走势。

【典型事例】

2011 年 4 月 25 日，北京市大兴区旧宫镇南小街一栋四层楼发生重大火灾事件，共造成 17 死 25 伤。经火灾事故调查组勘查鉴定，认定大兴区旧宫镇火灾起火原因为现场存放的电动三轮车电气故障引起。事故相关责任人受到严肃处理，其中 7 名责任人被移送司法机关依法追究刑事责任。对"4·25"大兴旧宫火灾舆情媒体关注度走势，人民网舆情监测室分析道：从媒体报道曲线图上我们看到在事件发生期，媒体报道数量呈现出了突发事件特有的形式，即事发新闻量猛增，随事件淡出公众视线报道量显著减少。从新闻可以看到：4 月 25 日当日的报道量猛升至 1170 篇，主要报道内容为新闻内容通稿，报道事故本身。次日新闻报道量有所减少，伴随着公安部门的出面调查并一再澄清，死亡、受伤数字的最终确定，并及时辟谣了有儿童受伤的说法。随即，4 月 26 日下午，北京市警方针对此次事件召开了新闻发布会，就相关的问题进行了情况通报。4 月 27 日，媒体主要针对发布会进行了例行的通报。媒体热度持续走低。从微博的相关话题数量我们看到，事发当日转发量最大。随着时间的推移，相关的话题讨论量在逐渐地减少。但是应该看到的是在此期间有人在微博中转发的"有两名女童死亡"形成了一定量的传播，让微博客成为谣言的一个传播载体。后经公安机关的辟谣，在 4 月 26 日发布新闻稿进行了辟谣。在突发事件的应对中，微博客往往起到的传播作用是"补充""说明"，但是也容易引发谣言等，起到更为严重的副作用。

【典型事例】

广西镉污染事件舆情走势。广西龙江镉污染被媒体披露后，虽然正值春节前夕，但仍然迅速引发了广大媒体的关注。据新华网舆情监测分析中心监测，截止到 2012 年 2 月 6 日 9 时，关于"广西镉污染"事件的网络信息更新量为 29113 条，相关帖子的民众跟帖评论数为 74089 条；以"广西镉污染"为关键词，新浪微博搜索结果为 81962 条，腾讯微博则为 99500 条。在结构上，新闻报道走势和总体舆情信息走势高度一致，在各种报道（不含微博）中，新闻报道无疑占据最大的比重（75.0％）。而属于互动性质的论坛报道则占比较低，仅为 12.6％。从论坛报道的走势可以看出节假日对该结果的影响，而后一个小高峰的出现，则或和 2 月初广西当地集中回应事件进展有关。此时应急处理已"告一段落"，给了民众"一个交代"，事件随即进入善后阶段。

【典型事例】

2012 年 1 月 21 日北京晨报消息，从当日起，北京市环保监测中心网站将实时发布 PM2.5 研究性监测的小时浓度数据，市民可登录该中心网站查询。中心负责人表示，目前公布的数据只代表单点水平，不是全市情况，结果仅供市民参考。我们知道，2011 年 10 月，地产大亨潘石屹在其微博中转发美国大使馆的空气质量监测数据，从而激发了民众对官方数据和大使馆数据的讨论，PM2.5、PM10 这两个极其专业的环保领域的术语让市民所熟知，并持续成为网络上热议的热点话题。相关的新闻量一直呈上升趋势，网络互动环节的关注度攀升的速度更甚于新闻媒体关注度走势，民众不再关注相关的新闻话题，而且更愿意表达自己的看法和情绪，在微博中，PM2.5 也是出现频率极高的词汇。由此可以看到，PM2.5 的话题将是很长一段事件的热门话题，而且可能随时因为极端天气等原因而暴热。

第四节　提供建议

提供建议就是提出科学对策，就是在舆情分析研判的基础上，在经过舆情信息的前期工作搞清"有什么""怎么样"之后，要对"怎么办"形成一个基本的判断和初步的结论。

提供建议是舆情研判的阶段性目标，也是舆情引导的承前启后的关键环节。总体来讲，需要把握以下几点原则：

一、提供建议需把握实事求是原则

（一）把握实事求是原则

所谓对策是要解决实际问题的。对策建议不是决策，但是影响决策。不是决策有时却甚是决策。因此，对策建议必须要立足于所掌握的真实情况和扎实的分析研判得出结论，不渲染、不遮掩、不夸大、不缩小，杜绝故弄玄虚、主观臆断、信马由缰。

（二）把握有针对性原则

根据所要面对的舆情和所要解决的问题提出的对策，一定是要有很强的针对性，即所谓对症下药、"一针扎出血来"。失去了针对性，舆情引导就失去了正确的方向和中心，变得漫无目的，得不到药到病除的效果。

（三）把握可操作性原则

所提对策既要有一定高度和远见的战略思路，更要注重可操作性。天马行空落不了地，就成了纸上谈兵。具有可操作性是对策科学性的一项重要标准，也是检验其实用价值的一项重要指标。

（四）把握积极稳妥原则

这是对所提对策科学性的又一个高级指标。无论党政机关还是企事业党委，在应对舆情和进行舆论引导时，要着重考虑解决到舆情信息反映的问题，更要十分顾及积极稳妥、平稳有序，尽可能平滑过渡，有效而稳妥地应对舆情。

二、做好舆情研判工作需要把握的几点要求

舆情研判是舆情引导的前提和基础，也是舆情收集和舆情引导的承前启后的关键环节。总体来讲，做好舆情研判工作必须把握好以下几点：

（一）实事求是地做好舆情研判工作

做好舆情研判工作必须实事求是。实事求是指从实际对象出发，探求事

物的内部联系及其发展的规律性，认识事物的本质。通常指按照事物的实际情况办事。毛泽东在《改造我们的学习》中指出："实事"就是客观存在着的一切事物；"是"就是客观事物的内部联系，即规律性；"求"就是我们去研究。毛泽东认为，"是"就是事物的规律，"求是"就是认真追求、研究事物的发展规律，找出周围事物的内部联系，作为我们工作的向导。分析研判必须从舆情的真实情况出发，探求舆情的内部联系及其发展的规律性，认识舆情的本质。实事求是是杜绝"谣言止于下一个更大谣言"的根本，也是分析研判舆情过程中必需始终坚守的原则，更是化解恶意的诋毁与攻击、消除信息不对称带来的误解和争议的武器。因此，要尊重客观事实，准确、全面调查事实真相，实情决定舆情，以真实性和权威性的真相信息和进展情况，立足于所掌握舆情的真实情况和扎实的分析研判得出结论，不渲染、不遮掩、不夸大、不缩小，杜绝故弄玄虚、主观臆断、信马由缰，努力提高舆情分析研判质量。

（二）有针对性地做好舆情研判工作

在舆情研判过程中，有针对性的求证是必不可少的关键环节，舆情研判工作失去了针对性，舆情引导就失去了正确的方向和中心，变得漫无目的，得不到药到病除的效果。在舆情研判过程中，要注意加以多方验证，特别是事件中的利益相关方的分析是否齐全，信息源是否可靠；是否只存在单方表达而没有多方说法；要注意观察民众倾向中存在的"沉默的螺旋"效应，看利益诉求的相对方所表达的是否一致。此外，在舆情研判过程中，有针对性的做好舆情研判工作还要准确分析研判舆情传播中的关注点、转折点和峰值点，精准定位舆情传播各节点，通过分析社会关注热点、网络舆情走势、网上代表性观点、传统媒体报道重点等方面情况，准确抓住事初、事中、事后等关键节点，利用相对应手段将事件的原因、经过等要素适时进行公开发布，使事实真相和官方声音能够更快、更广地占领舆论主流阵地，为实施有针对性的舆情引导策略提供前提和基础。

（三）有操作性地做好舆情研判工作

做好舆情研判工作要具有一定高度和远见的战略思路，更要注重可操作性。天马行空落不了地，就成了纸上谈兵。具有可操作性是舆情研判的一项重要标准，也是检验其实用价值的一项重要指标。舆情涉及多个变量，有些变量是难以进行量化测量的，因此舆情研判的各个指标应具有可操作性，并能够客观、准确地反映舆情风险的本质。可操作性是舆情研判的必然要求，要论证预期研判指标体系能否符合实际需要，指标的数量不宜过多，层次不能过于复杂，评估方法应该能够实现自动化。做好舆情研判工作要充分利用大数据技术，应建立在对社会舆情大数据进行充分的数据挖掘、分析研判的基础上，应用社会学、政治学、传播学、管理学等交叉学科的理论、原则、规律和方法，通过互联网和计算机软件技术平台，坚持定量研判、科学决策、多重模拟、人机结合的原则，通过网络数据搜集的爬虫技术，360度全视角获取纯粹的事实、一手的材料，即不经过修饰、篡改的全部的事实性数据，并应用虚拟现实技术，对舆情风险进行研判，对舆情走势实行模拟预测，对重大突发事件提供有针对性的危机处理对策，为党和国家的科学决策服务。

（四）积极稳妥地做好舆情研判工作

舆情传播对社会舆论的影响日益显著，已成为各级政府及其组成部门高度重视的问题。政府不仅通过设置专门机构负责舆情研判工作，以提高应对效率和决策水平，而且也向一些专业研究和咨询机构提出舆情研判的诉求，听取他们对相关决策的意见参考。因此在把握舆情传播特点和规律的基础上，做好舆情研判工作必须按照"搜集—筛选、分析—归因、报告—决策、预测—干预"四个方面积极稳妥地开展工作。积极稳妥地做好舆情研判工作，首先，就是要将所预设的目标舆情或热点舆情及时从信息海洋中提取出来，用于进一步的分析、决策和干预等；其次，在对舆情进行筛选后，从政府工作的传播诉求和舆论环境建设的目标要求出发，要对有价值的网络舆情进行分析和归因，找出其生成、发展、演进的内在规律，进而把握好其对整个社会的舆论影响，使之向有利于政府执政为民、构建和谐社会的正确方向发展；第三，在完成舆情的搜集和分析之后，就要形成相应的舆情报告，为政府的相关决策提供依据，这是舆情研判工作中不可或缺的重要环节，舆情的报告时效和报告质量直接影响到政府的相关决策行为；最后，舆情研判的最终结果要体现在对舆情发展预测和必要的干预上，这是舆情研判工作的关键一环，以引导舆论沿着正确的方向发展，成为社会和谐发展的建设性、推动性的积极力量，而不是任其无序蔓延，成为破坏社会秩序、阻滞社会进步、有损公平正义的消极性因素。

（梅伟）

第九章　舆论引导

目前，传统媒体与新媒体的互动已经较为普遍，其舆论宣传效果及影响力都应引起足够重视，应当看到，虽然全社会对舆论引导的重要性已有共识，但基于对舆论引导存在主体不够明确、时机不够准确、原则不够清晰、方法不够灵活等现实困境，致使舆论引导的说服力与引导力还相对薄弱，很难达到预期的舆论传播效果。应充分发挥各级党组织、政府、司法部门、社会组织、公众和媒介的舆论引导作用，准确把握舆论引导的时机，树立正确的舆论引导态度，改进和创新舆论引导方法，全方位提升舆论引导的社会效益和舆论效益。

第一节　舆论引导的主体

2009年7月，在《媒介融合方向下的四个关键变革》中，中国人民大学新闻学院教授彭兰明确提出了"全媒体"的概念。她指出，全媒体是指一种业务运作的整体模式与策略，即运用所有媒体手段和平台来构建大的报道体系。她强调，从总体上看，全媒体不再是单落点、单形态、单平台的，而是在多平台上进行多落点、多形态的传播。在这样的全媒体时代，大规模的媒介融合已成必然趋势。信息传播个人化、透明化的现象日益凸显，"沉默的螺旋"理论所警示的强者越喧嚣、弱者越沉默的螺旋发展过程似乎已不复存在，众声喧哗，一切均让位于信息自由传播的狂欢。但究其实质，由于从众惯性与技术侵压等因素的存在，"沉默的螺旋"发展过程非但没有消失反而被强化。在这一情形下，加强和改进舆论引导就显得极为迫切。

一、加强各级党组织在舆论引导中的主体作用

（一）认清形势任务，保持战略定力

2015 年 10 月 29 日党的十八届五中全会胜利闭幕，面对国内外形势的深刻复杂变化特别是经济下行压力加大的挑战，全会通过了《中共中央关于制定国民经济和社会发展第十三个五年规划的建议》，全会提出了"十三五"时期我国发展的指导思想，提出了全面建成小康社会新的目标要求。为实现"十三五"时期发展目标，必须破解发展难题，厚植发展优势，必须牢固树立并切实贯彻创新、协调、绿色、开放、共享的发展理念，这是关系我国发展全局的一场深刻变革。

应当看到，在国民经济快速发展、政治和军事等各项改革逐渐推进的关键决胜期和社会矛盾突现的转型期，我们更应当坚定我们的发展思想，高举中国特色社会主义伟大旗帜，全面贯彻党的十八大和十八届三中、四中全会精神，以马克思列宁主义、毛泽东思想、邓小平理论、"三个代表"重要思想、科学发展观为指导，深入贯彻习近平总书记系列重要讲话精神，坚持全面建成小康社会、全面深化改革、全面依法治国、全面从严治党的战略布局，坚持发展是第一要务，以提高发展质量和效益为中心，加快形成引领经济发展新常态的体制机制和发展方式，保持战略定力，坚持稳中求进，统筹推进经济建设、政治建设、文化建设、社会建设、生态文明建设和党的建设，确保如期全面建成小康社会，为实现第二个百年奋斗目标、实现中华民族伟大复兴的中国梦奠定更加坚实的基础。

（二）强化责任担当，把握舆论导向

我们要从加强党的执政能力建设的高度来认识舆论引导工作，定位各级党组织在舆论引导工作中的主体作用。毛泽东、邓小平、江泽民、胡锦涛都在不同时期明确指出：新闻是重要的意识形态，新闻事业是社会上层建筑的重要组成部分，党的新闻事业与党和人民的祸福攸关，必须坚持新闻的党性原则，坚持正确的舆论导向。党的十六届四中全会继承和发展了马克思主义新闻观，将"牢牢把握舆论导向，正确引导社会舆论"专节写进《中共中央

关于加强党的执政能力建设的决定》中，第一次将新闻宣传工作同党的执政能力联系起来，把舆论部门的新闻宣传功能提到了更加重要的地位。

全媒体时代带给受众的最大便利即信息传播的个人化。在这一语境中，传统媒体的受众同时接受多种媒体的洗礼，各种信息纷至沓来，使人应接不暇。海量信息的冲击使受众急需切实有效的信息梳理。

（三）创新方式方法，提升引导水平

各级党组织应真正从服务人民、相信人民、尊重人民和依靠人民的立场上做好舆论引导工作。紧密结合当下的时政热点事件，重视移动终端特别微信公众号等舆论引导的影响力，及时发布真实公平公正的信息，宣扬和弘扬社会正能量，敢于刀口向内，不回避人民群众关心、关注和关切的热点、难点和焦点事件，不掩盖各级在工作中出现的不足和问题，并善于从中发现和把握舆论引导的着力点。

在舆论引导过程中，敢于摒弃简单说教与传统语录宣讲的习惯做法，使舆论引导生动顺畅，更有感染力。当然，舆论引导不应该仅仅停留在热点的表面，要从文化与时政的双重视角，关注舆论引导的时效性，注重解决根源性问题。自觉克服传统的"酒香不怕巷子深"带来的舆论引导缺陷，不断改进工作方法，力争让"真相走在谣言、谎言的前面"，防止给党的形象造成不可挽回的损失。

【典型事例】

2014 年 4 月 17 日，秦志晖（网名"秦火火"）诽谤、寻衅滋事一案在北京市朝阳区人民法院一审宣判。朝阳法院以诽谤罪判处秦志晖有期徒刑两年，以寻衅滋事罪判处秦志晖有期徒刑一年六个月，数罪并罚决定执行有期徒刑三年。2011 年"7·23"动车事故发生后，"秦火火"通过微博造谣，故意编造、散布中国政府花两亿元天价赔偿外籍旅客的谣言，两个小时就被转发 1.2 万次，挑动民众对政府的不满情绪；引发大量网民对国家机关公信力的质疑，原铁道部被迫于当夜辟谣。秦志晖的行为对事故善后工作的开展造成了不良影响。他还参与一系列网络炒作事件，编造雷锋生活奢侈情节，称"雷锋1959 年为自己添置的皮夹克、毛料裤、黑皮鞋等全套高档行头，皮夹克、毛料裤、皮鞋加起来当时在 90 元左右，而当时雷锋一个月才 6 块钱"，污称这一道德楷模的形象完全是由国家制造的。利用"郭美美炫富事件"蓄意炒作，编造了一些地方公务员被要求必须向红十字会捐款的谣言，恶意攻击中国的慈善救援制度。捏造全国残联主席张海迪拥有日本国籍，并将著名军事专家、资深媒体记者、社会名人和一些普通群众作为攻击对象，无中生有编造故事，恶意造谣抹黑中伤。他们的网络造谣行为引起了许多网民强烈不满，并向北京公安机关报警，要求彻查诋毁雷锋形象的谣言制造者。2013 年 8 月 20 日，在全国公安机关集中打击网络有组织制造传播谣言等违法犯罪专项行动中，北京警方打掉一个网络推手公司——北京尔玛互动营销策划公司，秦志晖（网名"秦火火"）、杨秀宇（网名"立二拆四"）及公司其他两名成员被警方抓获。

新媒体在中青年群体中有压倒性的优势，要有强烈的思想引导、舆论占领和观念影响意识，在加大新媒体对中青年影响研究力度的同时，还应加大资金投入，提高舆论引导硬件建设实力，使舆论引导策略贴合媒介特征与接受群体的特征，关注互联网网民民意与传统意见领袖的融合引导，关注手机报、短信、微信和视频短片的信息监控与多平台传播，加强全媒体时代舆论引导的跟进策略研究，发挥各级党组织在舆论引导下的主体作用。

【典型事例】

2010 年 10 月 16 日晚，一辆黑色大众迈腾轿车在河北大学校区内撞倒两名女生，一死一伤，司机不但没有停车，反而继续去校内宿舍楼送女友。返回途中被学生和保安拦下，该肇事者不但没有关心伤者，甚至态度冷漠嚣张，高喊："有本事你们告去，我爸是李刚！"后经证实，该男子名为李启铭，父亲李刚是保定市某公安分局副局长。10 月 18 日，猫扑贴贴上，网友的一篇帖子引爆了网络，截止到 2010 年 10 月 18 日傍晚，点击量已达 143 万。如普希金版"不要悲伤，我爸是李刚"；李白版"床前明月光，我爸是李刚"；凤凰传奇版"我在仰望，月亮之上，我的爸爸是李刚"以及特仑苏版"不是所有爸爸都叫李刚"等多个版本。10 月 21 日下午，河北大学校园交通肇事案犯罪嫌疑人李启铭的父亲李刚接受央视独家采访，向受害人及家属表示诚恳道歉，并深深鞠躬。采访中李刚多次哽咽，不能自已。10月24日，犯罪嫌疑人李启铭因涉嫌交通肇事犯罪被望都县人民检察院依法批准逮捕。

保定市公安局新闻发言人表示，法律面前人人平等，无论是谁，只要触犯法律，将严格依法予以惩处。在11月初，李启铭家人和陈晓凤父母已达成民事赔偿协议，现在陈晓凤父母已经拿到了协议中约定的46万元赔偿。2011年1月27日，河北大学"10·16"校园车祸案26日在河北省望都县人民法院公开开庭审理。2011年1月30日（农历腊月二十七），河北保定李启铭交通肇事案一审宣判，法院以交通肇事罪判处李启铭有期徒刑六年。法院认定李启铭违反交通运输管理法规，发生重大交通事故，致1人死亡1人受伤，负事故全部责任。经鉴定，李启铭当时车速达每小时45到59公里，远超校园内每小时限速5公里的规定，血液中酒精含量每百毫升达151毫克，系醉酒驾驶，并且肇事后逃逸。法院认为，李启铭犯罪情节恶劣，后果严重，但是鉴于案发后，李启铭的父亲李刚积极赔偿死者家属46万元，伤者9.1万元，取得了被害方谅解，并且李启铭当庭表示认罪，悔罪态度较好，因此法院酌情采纳了辩护人对李启铭从轻处罚的意见。

二、加强各级政府在舆论引导中的主导责任

在社会公共领域里，政府、社会组织、公众和媒介都是重大或突发事件的积极参与者、舆论引导者。其舆论宣传效果和影响力各不相同，由于各级政府具有较大的公共权力支配力和影响力，重视自身在突发公共事件的作用，引导社会舆论情绪，影响公共事件最后是否得到相对圆满的解决。因此，各级政府应当重视并做好在各种突发事件中的舆论引导工作，在舆论引导中发挥主导作用。

（一）制度规范，提高舆论引导的有效性

我国政府2006年出台了《突发公共事件应急预案》，对突发公共事件的类型、特征、解决原则和责任机构进行了界定；2007年《中华人民共和国突发事件应对法》开始施行，标志着我国突发公共事件应对法制体系的初步形成。在各级政府的具体实践中，经过"非典""禽流感"等事件中得到的经验

和教训，各级政府都加强了公务人员的应急管理培训和教育，强化了信息公开和舆论引导方面的制度建设和行为规范，这在一定程度上促进了我国突发公共事件的解决效率。应当看到，制度建设是保证各级政府维护公共利益、妥善开展舆论引导的基本前提，而制度缺失容易导致各级政府在舆论引导作用被弱化。在改革进程中，公共事件作为新常态社会现象，各级政府在其信息公开和舆论引导中作用不容忽视，也容易暴露出制度建设方面的缺陷，具体表现为监督和民主决策机制的缺失，易导致侵犯公共利益甚至降低公众参与程度，进而影响各级政府的舆论引导效益。

（二）总结经验，提高舆论引导的针对性

有学者研究信息本身、政府与社会关系，也有学者从信息传播规律等技术问题进行思考。如惠志斌（2010）认为，在新媒体环境下，公众、媒体和政府已经成为信息传播的主体，并且从法律体制安排、政府管理机制等方面对信息的监测、预警和干预提出对策建议，强调了政府要运用新媒体技术加强对网络日志和搜索引擎的监管。陈虹、沈申奕（2011）主张政府应采取开明态度，重视谣言产生的社会心理因素，通过基于信息源优势采取多元的信息发布形式，降低谣言的损害度。而谢耘耕、徐颖（2011）认为新媒体发展导致信道和信源扩张，强调政府应通过公信力建设、舆情监测和研判、议程设置等策略优化信源管理。还有学者侧重于从政府主导参与的主观问题提出观点。如李尚（2011）主张通过建立舆情监测机制、构建政府与民众的互动平台、建立应急网络舆论监管体系等方面来强化政府在舆论引导中的作用。周葆华（2011）以厦门PX事件为案例研究媒体接触、政治参与和政治效能的关系，并认为话语参与和网络参与是公众参与突发事件主要的舆论参与方式，体制型参与比例相对较低。袁建军、金太军（2011）认为，政府是突发公共事件中的主要负责方，政府应对相关资源进行有效整合，并运用分工协作理论，强调了政府与企业的协作，并通过法律、行政、市场和道德机制的构建，促进突发公共事件的解决，提升政府形象进而提高政府在突发公共事件中信息公开和舆论引导的行政能力。

突发公共事件会影响到社会公共利益，各级政府在突发公共事件中是主要的负责方，信息公开和舆论引导是地方政府解决突发公共事件的重要手段，各级政府能否有效运用这两种方式，是关系到突发事件成功终结的关键。在实践中，政府的舆论行政具有复杂化和非规范性，使地方政府在信息公开和舆论引导中面临一些现实困境。

一是主导作用发挥受限。随着社会多元、新媒体和自媒体技术的普及，使政府的主导作用受到影响，甚至出现边缘化现象。舆论引导需要政府通过合法与合理的程序、方式，进行公开。政府的权威性，会为程序繁杂、表述不准、细节失真等原因，出现滞后甚至失真、失信的不利舆论局面。

【典型事例】

2012 年 8 月 26 日，在延安发生了一场让人揪心的特大交通事故。事故里，一辆卧铺客车与一辆油罐车发生撞击，并燃起大火，造成了 36 人遇难。正当社会及民众感慨、悲伤时，一张陕西官员在惨烈事故现场笑容满面的照片在网络流传开来，网友们自发开始"人肉搜索"照片中的当事人。搜索的结果使得陕西省安监局局长杨达才浮现到了公众的面前。随后杨达才出席各类会议场合的照片大量被挖掘出来，病毒式的微博传播效果让这位杨局长再次被"人肉"出爱好名贵腰带及价值数十万的眼镜等。虽然杨达才曾在微博答疑回应公众的质问，适得其反的却是对他质疑和声讨一浪高过一浪。9 月 21 日，杨达才因存在严重违纪问题被解除第十二届陕西省纪委委员、省安监局党组书记、局长职务，同时纪委开始展开对杨达才的调查活动。短短 27 天，"表哥"杨达才的落马让社会各界目睹了网络舆论的力量。2013 年 9 月 5 日，其因受贿、巨额财产来源不明被判 14 年。

二是权威地位受到冲击。受传统思想影响，政府与社会组织、社会公众等社会多元主体的协调不够，会基于利益因素选择舆论引导方向，有目的的舆论取舍会影响舆论权威，容易使舆论引导变异甚至失控。从"表哥"事件中我们可以看到，随着新媒体技术的迅速发展，论坛、微博等社交工具在现代人的生活中扮演了不可或缺的角色。在当今网络发展比较成熟的阶段，以微博为代表的新媒体成为新的网络舆论阵地，也引发了诸如"表哥"杨达才事件等舆论议题。同时，这些舆论议题也往往会引起传统纸媒、电视等关注，推动两个舆论场相互融和，催生了舆论传播的新格局。

三是途径渠道受到挑战。新媒体、自媒体的迅速发展，受众获得信息的途径更加多样，基于电视、电台、报刊等政府主导的传统媒体受到挑战，影响人们的价值认知、价值判断和价值选择。逆反心理滋生受众对传统正规渠道政府信息的不信任，影响了政府对舆论引导的效果，反而网络社区、网络论坛、微博等信息内容和舆论动态，越来越影响公众的认知。

（三）正视问题，增强舆论引导的影响力

在突发公共事件中，信息公开与舆论引导都是地方政府与公众直接联系的方式，各级政府公信度的高低直接决定着公众的行为选择，积极合作行为或消极排斥行为。由于渠道不畅、方法不准、信息不实等因素的影响，公众会采取漠视、排斥甚至极端的方式排斥政府的舆论引导，进而影响政府舆论形象受到负面影响。究其原因主要有以下因素：一是政府往往会基于自身利益的考虑，忽视公众诉求，有选择地进行信息公开和舆论引导，容易出现舆论失控。另一方面，政府会选择强势介入，扩大自己舆论主张，容易出现舆论专断。这种现象使政府与社会公众之间产生隔阂。二是公务人员的官本位思想和利己主义行为也极大地降低了政府舆论引导的公信力。事件发生后，部分公务人员不愿意面对部门利益有影响的负面信息，存在避重就轻、遮掩等现象，容易发生公务人员与社会公众的互不信任和相互猜疑。

当前，我国正处在突发公共事件频繁的社会转型期，同时，也是全面建成小康社会的决胜期，各级政府及其所属相关部门的不当行为也会成为公共事件诱发因素，另外各级政府又是突发公共事件的解决主体，不当舆论引导也是导致公共事件的催化剂。比如违法参与和不合理参与公共事件的处理，为了刻意维护政府形象和稳定社会公共秩序，会选择牺牲部分相关方的利益，违法进行信息公开和舆论引导，直接引发了政府与利益方的对立情绪。有的地方政府则因为参与时机、参与方式的不合理，在信息公布中不及时公布、不全面公布，引起社会公众的厌烦情绪而引发社会舆情危机，最终难以实现舆论引导。

（四）改进方法，增强舆论引导的亲和力

我国自提出建设服务型政府建设以来，善治理念逐渐被认可和推崇。徐晓林在《中国公共管理精粹》中指出："善治就是使公共利益最大化的公共管理过程，它的本质特征，就在于它是政府与公民对公共生活的合作管理，是政治国家和市民社会的一种新颖关系，是两者合作的最佳状态。"一般来说，善治特性主要包括：合法性、法治性、透明性、责任性、回应性、有效性、参与性、稳定性、廉洁性和公正性。政府在突发公共事件中更应贯彻善治理念，可以说善治理念在舆论引导中的执行程度高低直接决定着政府行为的成功或失败。在政府实践中出现善治理念执行异化的现象，严重影响了政府在突发公共事件中的作用发挥。

行政文化对于行政人员具有导向功能，有利于政府目标实现和公共利益的维护。传统行政文化作为行政文化的积淀，在我国政府转型中发挥了积极作用和价值，防止"官本位""权本位"等思想，应加强调查研究，加强各社会组织、公众和媒介的联系，重视其价值和作用，建立畅通有效的协同机制，形成合力做好舆论引导工作。

【典型事例】

2008 年 12 月 10 日，江苏省南京市江宁区房产管理局原局长周久耕一句"对于开发商低于成本价销售楼盘，将和物价部门一起进行查处，以防止烂尾楼的出现"，将自己推到了舆论的风口浪尖，其不当言论引发公众对其履职行为的关注。有网友将其开会时的照片公开，周手头的 1500 元高档烟和万元手表引发网友关注。随后，周 5 年受贿 25 次，总额达上百万的腐败问题被曝光。2009 年 10 月 10 日，南京市中级人民法院一审判决：周久耕犯受贿罪判刑 11 年，没收财产 120 万元。

最为典型的就是 2008 年的汶川大地震，官方在获知地震消息后便公开报道，允许媒体事无巨细地报道整个救灾过程，媒体迅速刊登地震相关的防范知识，消除了人们恐慌。在整个过程中，官方掌握了舆论主导权，在很大程度上稳定了群众的情绪和社会的秩序。而民间话语除了对官方权威信息的传播和肯定外，还迅速组织起民间救援队伍，呼吁更多的人投入到救灾行列，甚至主动帮助官方辟谣，谴责制造谣言的不法分子，帮助官方的寻人行动，以人多力量大的信念帮助灾区度过灾期。

三、加强个体在舆论引导中的直接责任

舆论引导效果如何，关键在于是否有一支高素质的新闻队伍。新闻工作者是新闻传播者，更是舆论引导的主体。在媒体的引领下，受众对社会现实的认知可能是极端的、片面的。一旦遇到类似"阶层对立""官民对立""贫富对立"等敏感问题时，公众的情绪十分容易被媒体或自媒体煽动起来。如何信息发布者缺少基本判断，即使虚构的事件也会被受众当作不容置疑的事实来接受，而真相则会在众生喧嚣声中被埋葬。这种媒体的失范行为与公众的偏激行为会形成恶性循环，从而对媒体和社会的发展造成不良影响。

（一）坚持政治首位意识不动摇

广大新闻工作者，必须认真学习马克思主义、毛泽东思想、邓小平理论和"三个代表"重要思想，提高自己的政治理论水平，打好理论根底，自觉坚持正确的立场和政治方向。从我们党执政起，党的舆论工具就掌握着、引导着主流舆论。

（二）坚持服务人民思想不动摇

要树立牢固的群众观点，深入基层，贴近实际，贴近群众，贴近生活，紧扣时代脉搏，倾听群众的心声，写出反映时代的好作品，还要勤奋学习，不断丰富自己的能力素质。一代又一代新闻工作者历经半个多世纪的奋斗和探索，创造了巨大业绩，积累了宝贵经验。壮大主流舆论、提高引导能力是一项系统工程，需要从政策导向、体制创新、人才培养、干部配置等各个方面多管齐下方能奏效。有些问题需要党委、政府在充分调查研究的基础上做出决策。但主流媒体毕竟是主流舆论的主要载体，有自身不可推卸的职责。

（三）坚持正确舆论导向不动摇

党的新闻工作者尤其是舆论部门的负责人，对此务必保持清醒头脑。在媒体市场竞争炽烈化和报业经营企业化的环境中，要注意防止过度的商业化倾向淡化党报的基本属性、削弱党报的主要功能。我们任何时候、任何情况下都应记住，党报是党和人民的喉舌，是党的重要思想舆论阵地，是党的重要执政资源和执政工具，从而把握定位恪尽职守，不负党和人民的重托。

（四）坚持基本用人原则不动摇

一是把好"入口关"。建立和完善全国统一职业资格考试准入制度，经过实习、帮带适应工作需求方能上岗，以持续提高舆论引导从业人员职业素养。二是做好"提高关"。探索开展可持续的业务学习、在职培训、工作业绩、成绩考核、舆论评价等制度，不断提高舆论引导从业人员能力素质。三是严格"淘汰关"。加大对舆论引导从业人员的监管力度，发现不能适应舆论引导工作发展需要的人或事，应发现问题并及时解决，不回避掩饰，不遮丑护短。

第二节　舆论引导的时机

在信息时代背景下，网络技术丰富多样，每种技术手段都有各自特点规律，包括主体、传播方式、传播速度和受众。从与政府的关系来区分，可分为主流技术手段和非主流技术手段。主流技术手段是指与政府关系密切，为政府传统采用的正式技术手段，包括电视、报刊、电台等传统媒体。信息的传播速度和获取途径更加多样化，舆论引导时机把握就显得非常重要。非主流技术手段是指受政府影响小，为所有社会主体均可采用的技术手段，包括手机、微博、电邮等新媒体。如过多依赖于传统媒体、排斥现代媒体，即使采用现代媒体，也因为技术问题或体制问题，难以有效发挥现代媒体的作用，甚至出现负效果。因此，舆论引导的时机把握就显得非常重要。

一、在舆论引导的反应速度上把握即时性

传统舆论引导习惯于采用官方技术手段，通过电视、报刊进行。具有及时性但缺乏即时性，导致信息公开和舆论引导的速度落后于微博等非官方技术手段，容易导致信息公开和舆论引导在反应时间上滞后、反应速度上落后，进而影响舆论引导的效果。要重视信息公开的及时性，更要体现舆论引导的即时性，推动突发公共事件的理性解决。

公共突发事件一旦爆发就会迅速集中公众的视线，不论其性质如何都会

成为媒介和公众的关注重点，也成为舆论焦点。由于互联网和手机等技术的支持，事件在发生的那一刻就已经传播出去，在经过手机用户的相互转发，互联网用户发散性的转帖，有关事件的信息比事件本身的发展速度还要快。公众集体关注事件之后，有关事件的任何进展我们都能共时获知。在整个过程中，所有的信息形成网状的扩散现象。在广东佛山小悦悦事件中，该事件在媒体曝光后受到了各方的关注，小悦悦在医院里的状况公众都是在第一时间获知，有关小悦悦的信息在这一期间铺天盖地。

【典型事例】

2011年10月21日，广东佛山的两岁女孩小悦悦被两辆车先后碾轧，7分钟内，18名路人视而不见，漠然离去。最后一刻，是58岁的拾荒阿婆陈贤妹把一双温暖的手伸给了小悦悦。10天后，小悦悦不治身亡。广东省佛山市被碾压的两岁女童小悦悦离开了人世，《佛山日报》头版曾用"这一天，她使佛山蒙羞"为题撰文。人们记住她的名字，这是一个让社会反思、一个考问社会良心、质问公民道德的名字。两岁女童逝去，引导了舆论的强烈关注和国人的深刻反思。

二、在舆论引导的反应渠道上体现交互性

传统的舆论引导虽然具有广泛受众，但由于缺乏与受众的充分互动，都可能错失最佳的舆论引导时机。在舆论引导中具有重要作用的各级党组织和政府，虽然使用现代技术手段，但会因使用不当而产生不利后果；虽然也通过党政机关网站、政务微博等与社会公众进行互动，但大多流于形式。一些地方政府网站自建成就几乎没有更新过，很难想象若出现突发公共事件，政府会有效地通过政府网站进行信息公开和舆论引导。使舆论引导在公平公正公开的舆论环境中实现充分交互、良性互动，才能真正把握和掌控好舆论引导。

不可否认的是，在互联网络中，仍然存在许多理智、客观、真实的话语表达。许多公共知识分子、学者、政府官员和网民在很大程度上对事件和话语都保持着应有的理智和分辨能力，他们会在充分了解事件之后才做出表态，而他们的观点会得到更多网民的支持和转发，在很大程度上，这样形成的话

语表达会促进网络话语的正常发展。如在小悦悦事件中，何炅的一条微博"其实，结局不应该是这样……其实，人心不应该是这样……其实，你和我都有责任……"被转发近 7000 次，评论近 5000 次。也正因此，才能形成与官方话语进行互动的强有力的民间话语。

受信息传播自身因素的影响，以及受众的认知深度、关联程度等影响，不同受众会对相同信息产生不同意见和看法，而他们的想法在传播过程中会影响其他受众，在这个过程会形成所谓的"意见领袖"。他们的意见更加科学、灵活并且具有针对性，所以具有较高的说服力并且容易被大众相信和接受。受众会增强对意见领袖或者说权威的依赖程度。因此，在舆论引导工作中，应加强和重视对"意见领袖"的培养工作，积极引导这部分权威参与交流和互动，能够对舆论引导起到很好的导向作用。

三、在舆论引导的具体内容上注重真实性

在舆论引导中，如果选取的技术手段的反应周期过长，公众就会对舆论引导产生不信任，在一定程度上削弱了舆论引导的影响力。对舆论引导主体缺乏与受众相适应的专业人员，使用现代传媒的技术手段落后，或者不能适应受众对信息的需求，就会在舆论引导的内容上出现偏差或者失真，其危害必然是多方面的。要实现舆论引导效果明显、作用突出，必须在舆论引导的内容上体现真实、透明。

【典型事例】

说到微博炫富，不得不提郭美美。她曾自称是"中国红十字会商业总经理"，因在网络炫富引起舆论哗然，并令中国红十字会陷入信誉危机。2011 年6 月，在郭美美的微博照片里，不同颜色的爱马仕包包整齐排列，而那辆价值240 万元的玛莎拉蒂，郭美美是以主人的姿态斜倚着白色的车身。跑车是郭美美的"干爹"王军买的。因为郭登峰的关系，郭美美与王军结识并成为"男女朋友"，随后以"干爹"相称。微博秀跑车只能引起小部分人的嫉妒，真正点燃网民愤怒情绪的，是她"中国红十字商会总经理"的微博加 V 认证，尽管中国红十字会多方澄清，郭美美也承认这个称谓是胡闹，这场风波还是把

她拽进舆论的漩涡。2014 年 6 月 11 日，郭美美发布一条微博，"世界杯要开始咯，今年我也要参与一下，看看我猜的准不。"又过几天，她发微博说"这次输大了"。确实是"输大了"，7 月 9 日，因涉嫌在巴西世界杯期间赌球，郭美美被北京警方控制，再后来是刑事拘留。郭美美向警方供述，世界杯期间，她在网上下注，买了 3 天球，赢了几万块。这对她来说算是"小利"。

2014 年 7 月 10 日，北京警方证实，郭美美因涉嫌赌球被警方控制。据警方介绍，7 月 9 日，北京警方在掌握大量证据后，打掉一个在世界杯期间组织赌球的犯罪团伙，抓获团伙成员 8 名。该团伙在境外赌博网站开户，通过电话、微信等形式下注，进行赌球违法犯罪活动，郭美美是参赌人员，其被控制后对参赌事实供认不讳。8 月 13 日，北京市东城区人民检察院受理了北京市公安局东城分局提请批准逮捕的郭美美涉嫌开设赌场案。经东城区人民检察院审查，于 8 月 20 日以涉嫌开设赌场罪依法对郭美美批准逮捕，由公安机关对此案继续开展侦查工作。

2015 年 5 月 21 日，北京市东城区人民检察院以被告人郭美美、赵晓来涉嫌开设赌场罪，依法向北京市东城区人民法院提起公诉。起诉书指控，被告人郭美美、赵晓来多次组织他人进行赌博活动，情节严重，应当依法追究刑事责任。9 月 10 日北京市东城区人民法院一审中郭美美被判处有期徒刑 5 年，并处罚金人民币 5 万元。

四、舆论主体的相互关系上兼顾协调性

舆论引导主体在相互关系和应对策略上应坚持与时俱进，认识新常态、适应新常态并引领新常态，主动担当起时代赋予自己的社会职责，高度重视并积极参与和其他参与主体的协同，扎实做好价值认同在舆论引导中的作用。另一方面，在任何舆论引导与参与主体、参与平台、参与行为和参与心理的协同方面，建立健全信息追踪反馈机制和相互交流的工作流程，以恰当正确的舆论引导促进社会发展和进步。"钱云会事件"是典型的由网民"合理推测"、媒体跟风炒作出来的"假"事件。但很多人不去探讨事实，也不愿意相信当地公安部门政府提供的证据，他们在媒体的引导下始终认为死亡背后必

然是一场蓄意已久的阴谋。一旦有人提出不同意见，这些人不会从事实上去探讨其说法是否客观属实，而是直接猜测此人发言的动机，用诛心之言代替论据。最初关于"钱云会事件"的相关报道，媒体对事件真相的报道漏洞百出，疑点纷呈。但是，如此缺乏有力证据，媒体通过构建一系列传播行为影响并引导了受众的情绪和行为。这是缺少舆论协同的表现，也说明官媒与民众传播目的、方法和途径方面出现了较大差异，致使受众产生了不信任心理，也极大地浪费了舆论传播资源。

【典型事例】

2010 年 12 月 25 日上午，浙江乐清市寨桥村，原村委会主任钱云会在村口被一辆工程车碾轧致死。有人声称目击钱云会是被人按在车轮下害死的，又由于死者"失地农民、民选村委会主任、顽强的拆迁上访户"的特殊身份，这一事件迅速成为网上的热议话题。媒体在报道中不断强调钱云会的家属称他在接了一个电话后出门，出门后不久就被车碾轧身亡。他死亡时姿势是身体俯卧，面部朝下，很像被人按在地上形成的。有两位村民称自己目击了钱云会"被害的过程"，新安装的摄像头未能记录下当时的场景。其后，又有报道称目击者被警方关押、当地村民被迫噤声。这一连串的信息很容易对受众进行引导——钱云会是被人诱骗出去谋害的，相关人士为了掩盖事实真相，想要"销毁"证据。

事发后，虽然当地公安部门先后两次召开新闻发布会，宣布经调查，此事件是"普通的交通肇事"。但质疑之声并没有因此停止，反而愈演愈烈，直到钱云会装有微录设备手表的出现，事件的真相得以清晰呈现，公众也才相信这只是一场普通的交通肇事，一切猜测和质疑才得以烟消云散。

第三节　舆论引导的态度

2014 年 8 月 18 日，习近平主持召开中央全面深化改革领导小组第四次会议，会议审议通过了《关于推动传统媒体和新兴媒体融合发展的指导意见》，把中央推动媒体融合思想变成了行动指南。习近平在会上强调："推动传统媒体和新兴媒体融合发展，要遵循新闻传播规律和新兴媒体发展规律，强化互联网思维，坚持传统媒体和新兴媒体优势互补、一体发展，坚持先进技术为支撑、内容建设为根本，推动传统媒体和新兴媒体在内容、渠道、平台、经营、管理等方面的深度融合，着力打造一批形态多样、手段先进、具有竞争力的新型主流媒体，建成几家拥有强大实力和传播力、公信力、影响力的新型媒体集团，形成立体多样、融合发展的现代传播体系，要一手抓融合，一手抓管理，确保融合发展沿着正确方向推进。"这是习近平关于媒体融合最全面、最具体的一次表述。

一、自觉、主动的态度

有效的信息公开和舆论引导，能够直接与社会多元主体进行沟通和互动，发挥舆论引导价值，以实现社会公共利益的最大化。因此，建立健全各舆论引导主体协调机制显得非常重要。要理顺各级党组织、政府部门、立法部门和司法部门等公共权力之间的关系，保证舆论引导保持正确的方向。同时，还要探索建立公权力舆论主体非公权舆论主体之间的协同，将各种社会组织、公众人物和社会普通公众纳入评价体系，在系统内实现信息互动、舆论生成，通过有效的沟通和协调，在充分掌握舆情的基础上，推进舆论引导工作有序开展。

二、开放、透明的态度

由政府牵头对各种技术舆论资源进行有效监管的基础上，保持开放、透明的态度对舆论手段和资源进行整合。建立以各级党委或政府为主导的舆论引导总系统。通过政策和制度的保证，设置专门部门实现对技术总系统的科学管理和有效运行。在总系统内部，可根据舆论引导的特殊要求，实现整体协调下的选择性嵌入，从而实现各种技术手段综合使用的利益最大化。强化非公权舆论主体的正向引导力，还应有开放、透明的心态应对非权力舆论引导媒体，充分发挥他们在舆论引导的价值，还应通过新技术引入、专业人员培养，科学使用搜索引擎优化和屏蔽技术等新方法加强对社会舆情的监控和引导，提高对非主流子系统的使用能力。

三、包容、共享的态度

以包容、共享的态度建立第三方绩效评估系统，以方便对舆论引导的效用进行评价。应当看到，在突发公共事件中地方政府往往是利益相关方，其参与信息发布的权威性会受到质疑，也严重影响了舆论引导的效果，因此通过第三方社会主体的参与具有极强的现实意义。

只有对突发事件的解决进程者进行了有效评估，才能保证舆论引导对于将来的借鉴，主要是独立第三方对突发公共事件的参与主体在舆论引导过程中的绩效进行评估。第三方绩效评估系统应把握以下内容：评估主体必须是独立第三方，可由政府人员、专家学者、意见领袖和普通公众组成；评估对象主要针对政府；评估内容主要针对政府在舆论引导中的合法性、合理性和有效性等内容；评估标准和方法在公正、客观的原则上选择和制定；评估结果要面向社会公开。

四、信任、创新的态度

提升各级党组织权威和地方各级政府形象，实现其在信息公开和舆论引导中价值，必须增进政府和社会主体的信任关系。"对于政府来说，如果不信任容易被表达，而且假定的理由容易被公平地评价为有效或者被驳倒，那么由于这种透明性给公民们提供的保证，它就值得信任。"因此，通过法律和政策等制度性保障以民主推动公众参与、以监督推动廉政建设，使公众意见能够有效表达是实现政府认同的途径。

要完善舆论引导的法律和政策体系，强化公众参与，实现政府与公众的有效合作与互动。要加强行政文化建设。地方各级政府部门必须通过确立服务民生的行政价值观，培育科学高效的行政效率观，建立行政伦理评判标准引导政府部门和工作人员的价值导向。通过政府行为实践和媒体宣传引导社会价值导向，从而在社会公众中取得一致化的政府认同。

第四节　舆论引导的方法

习近平在 2013 年 8 月 19 日召开的全国宣传思想工作会议上的讲话中指出，"要把网上舆论工作作为宣传思想工作的重中之重抓紧抓好。"必须要树立守土有责的"阵地"意识，主动占领舆论宣传阵地。要全面更新思维理念，树立大宣传、大舆情、大数据理念，强化信息意识、网络思维、共享观念，不断提高开展新媒体时代舆论引导工作的能力和水平。舆论引导的目的在于对受众的思想和行为产生影响，舆论引导不是公文命令，更不是法律规范，仅仅内容正确还远远不够，必须把握及时有效的时机，坚持正确的舆论引导态度，符合受众的兴趣点和求知欲，增强舆论引导的吸引力和感染力，把握被引导对象的特点和规律，必须采取实事求是、准确及时、设身处地、预见可控的舆论引导方法。

一、坚持正向引导，用充分共情弘扬正能量

舆论引导应当准确及时，服务大局并弘扬正能量。当前应当以实现"中国梦"和"十三五"规划的实际状况和客观要求，而不能脱离实际、超越现实，用空洞的说教强加于人。应当坚持实事求是、实践第一的观点，真实、及时、生动、具体地反映中国特色社会主义和全面建成"小康社会"的伟大实践，而不能脱离实际、闭门造车，用本本和概念去引领舆论，甚至用虚假信息误导受众。应当以扎实的作风、朴实的文风讲实情、说实话、鼓实劲、求实效，而不能搞形式主义，以表面的热闹掩盖内容的贫乏，诱发受众对舆论宣传的逆反心理。

当前社会价值观呈现出多元化和功利化的趋势，更容易被社会非主流价值观所左右。舆论引导要坚持正面引导的原则，即把工作做到受众的心里去，直面受众的实际问题和现实问题，从而引起受众的内部动力。坚持有理、有利、有节的分析，表达适度，引导合理，以解决问题为出发点，正面引导的

过程除了强调问题的分析外，还要注意不要随意压制受众所坚持的不同意见，在正面引导的过程中，要切实注意方法，不搞简单化、一刀切，不以偏概全，更不以势压人，注意全面、科学地分析问题，力争做到以理服人、以情感人。

【典型事例】

2001年9月20日，中共中央印发《公民道德建设实施纲要》。纲要是新的历史条件和社会状态下对中华民族几千年形成的优良传统道德的继承和弘扬。它的颁布，为新时期公民道德建设注入了强大动力，为以爱国主义为核心的中华民族精神的弘扬创造了条件。2015年4月30日，中央宣传部、中央文明办、解放军总政治部、全国总工会、共青团中央、全国妇联在京召开电视电话会议，启动第五届全国道德模范评选表彰活动，推动广泛深入地开展道德模范学习宣传，树立讲道德、尊道德、守道德的良好风尚，为协调推进"四个全面"战略布局提供源源不断的道德力量。第五届全国道德模范评选分为"助人为乐模范""见义勇为模范""诚实守信模范""敬业奉献模范""孝老爱亲模范"五类。

舆论引导的实质是舆论引导主体与受众之间的一种有效说服和交互形式，因此共情和感同身受的心理和价值认同就显得非常重要，要开展形式多样的对话、沟通和交流，防止不分青红皂白"一言堂"式的强势说教，共情和交互奠定了舆论引导的基础。主要体现为"晓之以理，动之以情"，晓之以理是通过讲道理、摆事实来引导受众改变行为和态度，而动之以情是对受众情感的培养，从而让受众产生新的情感认知。晓之以理和动之以情应当充分地结合起来，并根据实际情况来发挥各自的作用。从心理特征来看，有效的共情包括明示和暗示两种，明示如新闻评论等容易引起人们的重视和关注，从而能够确保正确的舆论导向，暗示与明示相比较其优势在于能够让被劝服者在不自觉的情况下受到引导，但是暗示的信息要求具有紧密科学的逻辑关系。从共情的逻辑上来看，树立典型也可以为劝服建立事实，并引导人们去仿效和对照，这种劝服方法规模较大，舆论为典型的树立提供了更加宽广的平台，通过发挥出网络的互动性来进行典型报道，能够使网络舆论引导具有更加浓厚的感染力，使舆论引导内容更加真实与丰富。在"7·23"甬温线特别重大铁路交通事故发生后，《温州日报》作为事故发生地的党报，全体工作人员在第一时间紧急行动起来，以抢险的精神与速度，多媒体联动推出大量专题图文报道，不仅满足了公众的知情权，而且还有效地起到了安抚民心，引导舆论和上下沟通等功能。

二、尊重客观事实，用适应发展引领新常态

深入生活贴近实际，才能不断适应和引导舆论发展的新常态。舆论引导应尊重客观事实，尊重人民群众的创造性，同人民群众心心相印、同频共振。舆论引导既要实事求是地反映客观事实，又要在实践中反映和把握关键问题。在信息爆炸、思维碎片的时代，要保持舆论引导的简单和符合事物的发展规律，才能让受众更快的接收。不可否认，受众又极容易受到暗示和感染，大量而重复的片面话语会让人们信以为真，不去质疑，话语在传播中越来越夸张。在浙江钱云会事件中，网络上首发揭露这一事件的微博称"浙江省乐清市蒲岐镇寨桥村的前任村长今天被车碾死，是政府谋杀……"，另外还有"当地镇长指挥五个武警杀人（指钱云会的死亡）"的说法，这些都是网民不经确认而发布的信息，通过夸张将事件推向政府策划从而引起注意。

舆论引导要尊重人民群众的历史主体地位和主人翁地位，尊重人民群众的知情权和参与权。要虚心听取受众对舆论引导工作的意见和建议，以维护人民群众的根本利益作为舆论引导的出发点和落脚点。要多重视和反映群众心中的感受，多运用群众熟悉的语言和方式，切忌把群众当成舆论引导的主力军，用事实说话，使舆论引导如春风化雨润物无声，让受众感到可亲可信。有些舆情本来发生在我们身边，但由于种种原因，没有及时有效引导，结果引起街谈巷议甚至流言四起，或者被互联网、手机短信或境外媒体炒得沸沸扬扬。

【典型事例】

《人民日报》2015年7月12日以第二版三分之二的篇幅刊登了题为"揭开'维权'事件的黑幕"的文章，称公安部部署行动，"摧毁一个以北京锋锐律师事务所为平台，自2012年7月以来先后组织策划炒作40余起敏感案事件、严重扰乱社会秩序的涉嫌重大犯罪团伙"。文章称，北京锋锐律师事务所

主任周世锋、行政助理刘四新、律师王全璋、黄力群、王宇及推手包龙军等被刑事拘留。"犯罪团伙"包括周世锋、王宇、王全璋、黄力群，以及刘四新、包龙军和吴淦。北京锋锐律师事务所以"维权""正义""公益"为名策划了多起阴谋。他们勾连"访民"，严重扰乱社会秩序，企图达到不可告人的目的。网名"超级低俗屠夫"的网络活动人士吴淦一周多以前因涉嫌"寻衅滋事"和"煽动颠覆国家政权"两项罪名被批准逮捕。

文章指出，吴淦是炒作"庆安事件"的"重要推手"——2015年5月2日，徐纯合在黑龙江庆安被一名警察击毙，引发公众热议，随后吴淦悬赏10万元征集庆安事件现场视频。其他维权律师也被控参与此事。这些律师在法庭内、网上公开对抗法庭，并幕后指使挑头滋事骨干组织访民在庭外、网下声援滋事，内外呼应，相互借力，成为炒作敏感案事件的直接推动力。锋锐律师事务所前职员、网名"超级低俗屠夫"的吴淦已被拘留。

在抗击"非典"的斗争中，党和政府要求新闻媒体对疫情一日一报，个别隐瞒不报的官员还受到了查处。这是舆论引导尊重事实、尊重人民群众具有里程碑意义的起点，也是舆论新常态的开端，我们应该朝着这个方向前进，以增强舆论引导的公信力和竞争力、吸引力和感染力。

三、探索制度保障，用体制机制激发新动力

传统的舆论引导方法已经不能够完全适用于网络传播为主体的舆论引导工作，这对网络舆论引导提出了很大的挑战，尤其是我国网络传播由于发展时间较短并且在人才、法规、技术等方面仍旧处于探索当中，这就导致了我国进行网络舆论引导的水平较低，舆论引导工作者在面对网络平台进行舆论引导工作的经验明显不足，所以在网络呈现出个性化、离散化特点的背景下，积极探索网络舆论引导方法和理论对于支撑网络舆论引导、确保网络社会稳定而言具有必要性与紧迫性。

2014年8月18日，中央全面深化改革领导小组审议通过了《关于推动传统媒体和新兴媒体融合发展的指导意见》，这标志着我国传统媒体和新兴媒体融合发展进入实质运行阶段。舆论引导虽然并不能够决定人们对某一意见或

者事件的看法，但是可以通过安排议题和提供信息来影响人们对哪些意见和事实进行关注的先后顺序；虽然它无法对人们的想法造成影响，但是却可以影响人们想什么。可以看出对舆论进行引导是其本身所具有的重要功能。网络时代信息量十分大，人们在面对热门话题时会感到"公说公有理，婆说婆有理"，缺少慧眼识珠，难以辨清真假黑白或是非曲直。通过正确的舆论引导可以有效地将人们的注意力引导到正确的方向上来，帮助人们在认知环境的基础上实现舆论引导的目的，同时人们对意见或者事件的关注度与意见和事件曝光的频率和强度具有直接的关系。

不可忽视的是，在进行舆论引导时，也存在一些比较尴尬的情况，如用了很大力度进行引导却没有达到预期的效果。在舆论导向过程中，需要考虑的重要方面是尊重受众的主体地位，考虑受众的兴趣和需要，让受众具有选择和接触信息的自主权，在这种情况下，如果受众觉得信息具有价值，那么将会把信息转发给他人，对舆论导向的效果能够产生巨大的推动作用，所以在舆论引导中，加强制度保障机制建设，对受众进行有针对性的研究和科学预测是十分重要的。从而形成上下联动、切实可行的舆论引导制度保障，避免程序过多过滥，又要防止不切实际的程序浪费，改进和加强对突发事件、群体性事件的宣传和报道，开通大道，堵住小道，正确引导舆论。2014年5月1日，11名维吾尔族青年发出谴责暴恐分子制造"4.30"爆炸案的联名信《我们，不会再沉默》，在网上引发强烈反响，成为全国范围内掀起凝聚正能量、谴责暴恐势力活动的发端。

四、坚持疏导结合，用有效监管把握风向标

坚持疏导结合的原则，重视做好网络环境下的舆论传播，特别是对自媒体舆论传播的导引、监督和管理工作。在网络背景下，受众组成的多样性、信息的复杂性加大了舆论引导的可控性和难度，信息的管理和控制应得到的足够关注与重视。对舆论引导而言，如果做不好信息管理与控制，则可能因为虚假信息而造成负面的舆论影响，甚至影响舆论自身的公信力。

改进和加强舆论监督，激浊扬清，扶正祛邪，充分反映广大人民群众的

愿望和要求。舆论引导的有效监管是对舆论中的不良信息进行过滤和组织以及对不良的意见进行调控来避免这些内容误导受众或者造成负面的社会影响，不良和负能量信息和意见传播会形成恶意的诽谤和攻击等，浪费了舆论资源，也对舆论环境产生了破坏和污染。

【典型事例】

新京报记者曾梳理了 2015 年 5 月 2 日庆安枪击案发生之后的舆情转移现象。据当地媒体报道，庆安县副县长董国生在枪击案次日迅速慰问受伤民警，并肯定了民警"坚持与歹徒搏斗的行为"。网友迅速曝出其户籍年龄、学历造假以及妻子在政府机构"吃空饷"等问题，5 月 12 日，董国生被宣布停职接受调查。此后，庆安县检察院干警隋伟忠在网上实名举报该院检察长魏鹏飞超标用车、悬挂假车牌等行为，此事也引发大量网友评论。新京报记者 5 月 13 日晚确认，黑龙江省检察院已对此事展开调查。据不完全统计，目前各大网络论坛发布的信息集中于 5 月 12 日，被举报对象除当地部分主要政府官员外，还有公安、人社、教育、纪检等部门，相关事件已超 10 起。5 月 12 日，庆安县民办教师孙广旭、陈船明等实名举报该县部分官员涉嫌联手倒卖教师编制的帖子走热。帖文反映，庆安县教师编制被明码标价，每个编制"售价"3 万至 5 万元不等。庆安一名政府工作人员告诉记者，目前当地政府部门正面临舆论冲击，大批媒体人士涌入县城，网上舆情也接连不断。其表示，目前当地政府网信办正在积极接收网络此类举报，并及时将有关情况反馈给调查部门。

舆论引导应当重视并做好以下措施：一是推出合理、可行、可应用的舆论传播规则，建立内容提前介入信息预先审查机制和不良或负能量信息和意见预警机制，增加单位或直接关系的责任，定期公开不良或负能量信息发布者的信息等措施，对情节严重者进行禁言处理；二是快速反应，及时联动，删除不良或负能量信息，对已经存在的具有攻击性语言、有损社会风尚等信息的内容予以删除；三是合理地运用监管权限，即对网民的身份或者资格进行适当限制，建立黑名单制度，避免不良信息的出现和传播。

（梁红玉）

第十章 舆情处置机制

舆情机制，就是作为了解民众在一定时间、空间范围内对于国家管理者抱有的社会政治态度的工作机制，主要包括舆情信息汇集、分析、上报制度。舆情处置是指对于网络事件引发的舆论危机，通过利用一些舆情监测手段，分析舆情发展态势，加强与网络的沟通，以面对面的方式和媒体的语言风格，确保新闻和信息的权威性和一致性，最大限度地压缩小道消息、虚假信息，变被动为主动，先入为主，确保更准、更快、更好地引导舆情的一种危机处理方法。

舆情工作是新形势下宣传工作面临的一个崭新课题，也是一项重大而紧迫的战略任务，它不仅需要各个部门的齐抓共管，还需要人民群众的鼎力支持，预防和处置各种舆情只有平时从点滴做起，从便民、惠民、利民的小事做起，坚持及时发布信息、公开决策程序、公正处置结果，才能做到防患于未然，从而引导各种舆情平和、有序、理性发展。

随着网络技术的不断发展和广泛应用，互联网以其强大的思想渗透力、舆论影响力和社会动员力，已成为思想文化的集散地、社会舆论的放大器和意识形态斗争的主战场。如何有效应对网上出现的各种负面信息和重大舆情，是当前各级政府部门及新闻机构面临的一个现实和紧迫的课题。

第一节 舆情工作机制

当前，负面舆情呈现出涉及面广、种类多样，数量增多、高发频发，信息敏感、易热易炒，扩散迅速、危害严重等特点。随着人们网络意识的增强和手机、平板电脑等移动终端的广泛普及，很多网民大事小事都想拿到网上"晒一晒"，特别是遇到新、奇、特的事，都喜欢在网上"围观""转发"和"吐槽"。少数别有用心的人经常捕风捉影，肆意制造谣言，导致一些网民听风跟雨、以讹传讹，企图混淆视听、抹黑政府形象，煽动对立情绪，影响社会和谐稳定。有鉴于此，必须建立监测、收集、研判、处置、服务"五位一体"的规范政府部门新闻舆论信息处理机制，努力消除负面影响，尽可能地把损坏政府部门良好形象的"危机"变成树立政府部门良好形象的"契机"。

（一）舆情监测机制

近年来，网络舆情监测逐渐得到越来越多政府部门的重视。调查发现，舆情监测不仅形成了一个庞大的市场，还成为一门"学问"。从"花钱"到"应对"，很多政府部门在舆情监测领域的作为仍存在不少问题和误区。如何让"监测"不跑偏而变成"监控"，是对建设服务型政府、落实改进作风要求的新考验。

1. 高度重视情监测工作

随着自媒体时代的到来，网民习惯于在微博、微信等社交平台上发表意见，网络反腐、网络实名举报显现威力。中国政府采购网上的信息显示，关于政府采购舆情监测系统的公告信息有近200条。从中央部委到基层市区县，都很重视舆情监测。为了采购相关项目，这些单位的花费一般在十多万元到几十万元不等，有些项目的花费甚至以百万元计。作为潜在的被批评者，政府需要在第一时间了解和判断舆情，于是地方政府纷纷在舆情监测领域加大投入。

建立新闻舆论预测机制，是做好舆情研判工作的必要前提。要成立新闻舆论预测机构，预测新闻舆论未来总体走势，对可能的新闻舆论热点提前做出目标预警，组织有针对性的对应控制。要对各类负面报道出现问题较多的各类晚（早）报、都市报和社会新闻类的电视栏目进行重点联系、跟踪预测。要加强有关负面事件和突发性事件的新闻舆论预测，及时发现热点、焦点问题。对出现或可能出现的负面新闻舆论要采取积极主动、灵活有效的处置措施，力争使负面新闻舆论的影响降到最低程度。

目前，舆情监测市场主要包括以下几类：第一类是软件平台建设，如苏州市委宣传部采购的"舆情监测系统软件"，被描述为"一套适合我市实际的操作平台，包括与苏州相关的舆情词库、数据库和信息处理模块、框架及模式"。建立这样一个平台，对于舆情监测来说几乎是必备的。据了解，这部分的支出往往占相关部门在舆情监测投入中的大头。第二类属于"服务"市场。目前，舆情分析师已成为一个新兴职业，相关培训和对社交媒体等媒介的运用是舆情监测的主要内容。因此，一些地方单位在采购中不仅要买平台，还要购买相关服务。同时，参加相关培训、学习也是购买"服务"的一种。第三是"报告"类舆情分析。一些舆情监测机构会提供针对性较强的《舆情监测报告》，这部分往往和"服务"类"捆绑销售"。厦门市委宣传部购买的"互联网舆情监测服务"中就包括"提供涉及厦门的舆情（周报、月报、季度报、半年报、年报）"等。第四类是灰色地带的"交易"市场。少数舆情监测机构会提供所谓"危机公关"服务，主要通过删帖、屏蔽等手段消除负面新闻。某市一位宣传部门干部直言相告："说白了就是'灭火'，这部分支出上不得台面，但实际操作中花费不菲。一个负面消息，少说也要几万块钱才能搞定。"政府部门的"大手笔"，某种程度上激发了舆情监测产业的火爆。据不完全统计，至2013年底，国内涌现出800多家舆情监测和软件企业，目前这个数字还在不断"疯长"中。

2.把握舆情监测工作的导向

毫无疑问，作为政府部门了解和体察民意的新途径，舆情监测正成为一种趋势，也将成为政府的一种工作常态。从根本上说，其功能是通过了解民意来发现和解决问题，应该成为政府利用网络和科技手段，自觉服务民众、接受监督的一种新途径。近年来不少案例都显示，政府部门不重视、不及时应对网络舆情，往往会在事件处理中处于被动。发生在南京的"护士被打瘫痪"事件就是其中典型一例。当此类消息在网络中疯传时，有关部门并没有立刻发声，等到政府终于发声时，网络舆论早已呈"一边倒"的局面，以至于无论相关部门发表什么声明，还是公布完整视频，都已无济于事。

目前，相关部门虽然对舆情监测热情很高，但在实际操作中仍存在不少问题和误区。这其中,最大的误区就是把舆情监测作为"监控"手段来使用:发现问题后第一时间想到的不是如何正确解决问题,而是如何"灭火"。新华网舆情监测分析中心主任段赛民说:"监测不是监控,删帖更是政府的一种懒政行为。"正确认识网络舆情的发展规律,从而建立网络舆情分析、研判、处置的科学体系,是现代政府需要学习的课程,没有权威的渠道发出权威的信息,常常是引发网络舆情乱象的原因。也正是由于对舆情认识的偏差,让删帖、刷帖等行为形成了产业链。2014年12月北京警方查处的北京口碑互动营销策划有限公司,就是从事有偿删除网络信息服务的专业公司。此外,政府部门购买相关平台和服务的透明度,以及花钱多少的合理性,也是值得关注的问题。某县一位宣传部干部坦言:"这个东西值多少钱我们根本没数,但领导要求必须把舆情监测做起来,我们只能买相对信得过的大企业或者大机构的产品和服务,至于价钱多一点少一点,倒是次要的。"据了解,在少数地方,的确存在利用舆情监测不透明现状中饱私囊、暗箱交易等问题。

3. 防止舆情监测变味跑偏

目前,试水舆情监测市场的既有依托于高校的研究机构和依托于权威媒体建立的舆情服务与监测机构,也有很多专业公司、公关公司涉猎其中。目前的网络舆情培训、服务市场比较混乱。现在提供网络舆情服务的市场门槛很低,很多机构都在做,但市场上缺少对于网络舆情服务的科学认识。很多公司只想着赚钱,难免出现"变味""跑偏"的情况。

江苏镇江在网络舆情应对方面经验丰富,在全国率先建立了政府部门新闻发言人制度。在这些新闻发言人眼中,目前社会上不少舆情监测机构的水平实在有些"拿不出手"。因此,建立舆情行业的技术标准,塑造健康的职业道德伦理,已经成为舆情监测行业迫在眉睫的事。复旦大学社会科学基础部副教授邵晓莹认为,有关部门应该首先建立一个规范,然后还要出台相应法规的配套,她说:"这个步子不能慢,和舆情监测一样,慢了可能会造成更大的被动。"这种规范的建立也需要各级政府部门和舆情监测机构达成一种共识。"什么样的处置措施是科学有效的?哪些又是不合理的?现在很多领导知道删帖没用了,但他们不知道怎么办才有用。"真正具备决策权的人对网络舆情应对是否有科学认识，往往成为网络舆情应对的"胜负手"。

在很多网友看来，政府重视舆情监测是好事，但别"念歪了经"。现在有些基层政府部门遇到网络舆情第一反应是"怕"，第二反应是"捂"。这都不是正常的应对方法，对传闻要予以及时调查回应，对民众的正当诉求要尽快解决，对暴露的问题要及时查证，对造谣中伤要严厉依法打击。只有这样，这条沟通政府和民众的网络渠道才能真正畅通。

【典型事例】

2015 年 9 月，网络上出现"沅陵商人举报县长"的帖子等信息，引发不少网民关注，一些网民议论纷纷，还有网民则为举报者担忧。如在搜狐网上，有湖南网民"我是二班人"发帖："当事人对实名举报进行抓捕，从各个角度看都是存在严重问题的。"有江苏网民"伏波将"发帖："通常是先查举报者，怪？不怪！"有广东网民"一切都过去了"发帖："水很深，王书记出马！"……对此，沅陵所在的怀化市既没有"怕"，也没有"捂"。中共怀化市委网宣办监测到这一舆情后，没有置之不理，而是积极予以回应，在网上做出明确表态："广大网友：近期网络上出现'沅陵商人举报县长'舆情，有关领导高度重视，责成相关部门立即介入，目前正在调查核实之中。调查处理工作将按照依法依规、实事求是、客观公正原则进行。感谢各位网友对怀化的关心支持。谢谢！中共怀化市委网宣办。2015 年 9 月 19 日。"通过快速监测、快速反应，怀化市委网宣办赢得了工作上的主动权。

（二）舆情收集机制

在舆情潜伏阶段，着重建立舆情收集机制。通过浏览、过滤、筛选网络舆情，包括网络新闻报道、网络舆情监测平台、网络论坛、网络博客等，提取、梳理各种舆情，然后通过计算机辅助人工分析，将监控数据和社会因素通盘考虑，坚持日常监测与舆情的危机管理相结合。对重大舆情要坚持跟踪、督察和协调，深入探索舆情的变化规律，研究有效引导控制舆情的长效机制，不断提高应对舆情监控工作的预见性、针对性、主动性、有效性。舆情收集是舆情分析、研判和处置的重要条件和必要前提，必须建立一定的舆情收集机制，确保舆情"下情上传"。

1. 要全面掌握舆情信息现实状态

有关部门要广泛建立纵横联系，不断强化立体收集工作。据新华网网络要情分析，75%的重大新闻事件，网络关注度都是在报道后2至4天内达到最高峰，因此遇有重大情况，舆情研判工作要简洁快速高效。信息监测部门发现网上重大舆情苗头，首要的是坚持网上与网下相结合，迅速摸清底数，弄清网上信息扩散情况。对各主流网络媒体、论坛、微博上有关信息进行全面监测，弄清负面信息主要发布在哪些网站，主要内容是什么，转发量、点击量、评论量如何，注重对信息的链接网址进行逐一梳理，核查网上信息涉及事件。一般情况下，网上负面信息与网下发生事件密切关联，但不排除有个别网民不了解真实情况主观臆断将不实虚假信息误传、谬传，也不排除有个别网民为赢得同情夸大其词，应立即通报有关涉事单位对相关信息的真实性进行核实，弄清事件缘由，初判网上信息危害程度。根据网上监测和网下核查情况，综合分析信息来源是否真实、扩散是否广泛、网民是否关注、性质是否恶劣等，形成基本态势判断，立即向有关部门报告。

2. 要准确评估舆情信息风险等级

根据网上舆情内容性质、扩散范围、危害程度，通常可将舆情划分为一级、二级和三级敏感信息：（1）一级敏感信息。从类型上划分，主要包括：严重政治性问题和政治谣言信息；未经授权发布的新型武器装备技战术参数、阵地部署、军事实力等绝密级和机密级信息；重特大案件事故和群体性事件信息。从扩散程度上划分，主要包括：被全国性门户网站一级频道采录信息；行业和地方重点网站首页采录信息；高人气论坛置顶、加精内容；被千万粉丝级别的微博"大V"转载的负面信息。（2）二级敏感信息。主要包括未经授权发布的国家和军事秘密信息；被全国门户网站二级频道采录的信息；被一般网站论坛和百万粉丝级别的微博"大V"转载的负面信息。（3）三级敏感信息。主要包括未经授权公开报道的一般国家政治、经济、外交、国防、军事信息；被个别论坛、非名人博客、微博发布或转载的负面信息；网民关注不高的个人恶意帖。风险等级一般由业务部门做出评估，重大事件由政府牵头召集有关职能部门综合评估。

3. 要广泛收集并妥善梳理舆情信息

要在立足本地、本单位的基础上，打通各种渠道，逐步建立一些具有辅助功能的舆情信息联系渠道，培养一批专、兼职舆情信息员，从而保证舆情信息渠道来源畅通。舆情信息收集不仅仅局限于各类新闻报道、通讯、评论、调查报告和区域内发生的各种意外事故、群体性事件和紧急公共情况，其重点要放在社情民意方面，尤其是群众对改革发展稳定和涉及民生等工作、政策措施和意见、建议和舆论。要建立合理的舆情信息分流处理机制，对涉及的问题进行认真全面的梳理。要安排专人负责对收集的舆情信息进行分析、归纳和整理，建立舆情信息档案。只有深入分析，才能抓住舆情的本质。分析舆情要注意层次性，关注利益性。舆情的本质是公众对自身礼仪的诉求和表达，其中包括公众的直接物质利益。对群众提出的意见、要求，要及时归口给各分管领导进行处理。对重要的社会舆情，要进行长期的跟踪分析研究，准确判断舆情变化的走势，加强对社会热点、难点、焦点问题的舆情分析、梳理。

4. 要科学预测舆情信息发展趋势

预测发展趋势对于把控舆情信息发展方向，防止形成大规模炒作，具有十分重要的意义。实践中，应注意从三个方面分析预测：首先要从敏感性看关注度。舆情信息越敏感，就越容易引起网民关注。判别舆情信息是否敏感，要看信息涉及事件本身是否违反常规、是否吸引眼球、是否挑战法律和道德底线。还要注意紧贴国际国内政治大环境来评判，比如在当前我党大力开展转作风、纠"四风"的形势下，如果官员顶风违纪被上网，必然会引起炒作。其次要从发布地看影响力。如果信息发布在新浪、腾讯、网易等门户网站，一夜之间就可能传遍互联网。如果发布在天涯、猫扑、中华、凯迪等高人气社区论坛，或者是由百万粉丝的微博"大V"发布的信息，其传播力影响力远远高于一般性论坛和一些不出名的网民。再次要从真实性看吸引力。一般网民都有简短化、直观化的阅读习惯，配有照片、视频的负面信息，网民都认为"有图有真相"，回帖、转发和炒作的概率增大。

（三）舆情研判机制

舆情研判就是对监测得来的舆情信息进行认识、分析、研究和甄别，判断舆情信息的价值。网络舆情研判是网络舆情信息工作和网络舆论引导工作的重中之重，需要更加清醒的思维和运用科学的理论和方法，分清虚实，去粗取精，去伪存真，抓住要害，形成判断。

筛选网络舆情信息，关键是要衡量和判断舆情信息价值的大小，而其价值的大小主要取决于舆情信息的重要性、典型性和危害性。尽管可能因为主体各异，角度不同，对舆情信息价值的判断也不相同，但是有一些总体的判断是相通的。舆情信息的重要性、典型性和危害性并非完全独立、界限分明，而是相互渗透、相互关联的。一是要掂量重要程度，综合判断信息的重要性，看其是否涉及更高层面、具有或导致重大影响或严重后果等。一般来讲，这类舆情信息多为一些涉及国家安全、涉及国内国际重大事件、涉及国家政治经济社会文化环保、涉及国计民生问题等的信息。二是要审视典型与否，主要看它是否具有代表性，如果一个点的舆情信息只代表一个点，那就不具有代表性，但反映一个面的问题，就具有代表性，事实性、意见性舆情都是如此。三是要判断其危害性的大小，对危害性大的要引起高度重视并制定对策预案，防止危害扩大。

构建舆情研判机制，必须在舆情监测和研判的基础上，在经过舆情信息的前期工作搞清楚"有什么"和"怎么样"的基础上，对"怎么办"形成一个基本的判断和初步的结论。提出科学的对策是舆情监测和研判的阶段性目标，也是舆情引导的承前启后的关键环节。为此，要坚持几个基本原则：一是要坚持实事求是原则。构建机制是要解决问题的，必须立足于所掌握的真实情况和扎实的分析研判得出结论，做到不渲染、不遮掩、不夸大、不缩小，杜绝故弄玄虚、主观臆断、信马由缰。二是要坚持有针对性原则，失去了针对性，舆情引导就失去了正确的方向和中心，其效果会大打折扣甚至归零。三是要坚持可操作性原则，不能空对空。四是要坚持积极稳妥原则，做到平稳有序，避免大起大落，从而稳妥应对。

1. 力戒研判滞后而贻误处置时机

一些重大舆情出现后，由于信息监测人员敏感性不高，加上态势评估滞后、上报流程烦琐以及网下调查迟缓等原因，无法迅速做出处置决策，进而错过最佳处置时机。面对舆情，需要信息监测人员有高度的政治敏锐性，凭借丰富的一线工作经验，快速对网上情况进行初步评级和趋势判断，并提出建设性处置意见。各级党委要加强重大舆情应对工作组织领导，研究制定快速研判、快速反应制度机制，确保信息的监测、上报、研判、核查等工作多管齐下、上下协同、快捷高效，为第一时间处置赢得有利时机。

2. 力戒置之不管而造成谣言蔓延

有的涉事单位和人员低估网上舆情形势，总认为事不算大，掀不起风浪，面对网络舆情置之不理，保持沉默，任由其发酵扩散，结果导致网民猜测越来越多，谣言四处蔓延，各种版本的"说法""内幕"相继出现，造成工作极大被动。

3. 力戒回应不当而导致网民声讨

网络舆情回应既要尊重事实，又要讲究艺术。实践中，有个别单位在回应网民疑惑时，因言论措辞不严谨、不妥当，引发网民进一步质疑和声讨，引起"二次炒作"。因此，回答网民疑问，要把基点放在澄清事实上，事实不清，再华丽的语言也不能说服网民。要善于运用平民化、网络化的语言，因势而导，切忌讲官话、讲套话、讲大话，保证舆情处置一次到位、一次平息。

2014 年，中央纪委监察部在其官方网站刊文《如何加强和改进对主要领导干部行使权力的制约和监督》指出，要高度重视运用和规范互联网监督，建立健全网络舆情收集、研判、处置机制和引导、反馈、应对机制，对反映领导干部违纪违法问题的要及时调查处理，对反映失实的要及时澄清，对诬告陷害的要追究责任。文章指出，党的十八大报告明确指出，严格规范权力行使，加强对领导干部特别是主要领导干部行使权力的监督。《中共中央关于全面深化改革若干重大问题的决定》再次强调，要加强和改进对主要领导干部行使权力的制约和监督。我们的权力是人民给的，只能用来为人民谋利益。从实践看，由于权力制约不力、监督乏力，少数主要领导干部把权力作为谋取个人利益的工具，习惯凌驾于班子集体之上、凌驾于组织之上，大搞"一言堂"，甚至一手遮天。

这些年，纪检监察机关查处的腐败分子中，有相当一部分就是主要领导干部，有的还是高级领导干部，如陈良宇、薄熙来、刘志军等，严重损害了党在人民群众中的形象。前几年在党政机关县处级以上所有受纪律处分的干部中，一把手的比例占总数的1/3以上。邓小平同志曾经指出，对执政党来说，党要管党，最关键的是干部问题。这确实切中了要害，而管好主要领导干部又是关键中的关键。习近平总书记在十八届中央纪委第二次全会上指出："反腐倡廉建设，必须从领导干部特别是主要领导干部抓起。主要领导干部也就是一把手，把该负的责任负起来了，把自身管好了，很多事就好办多了。"大量事实也表明，地位越高、权力越大，就越应受到制约和监督，决不允许存在超越于党纪国法之上、不接受监督的特殊党员、特殊公民。因此，必须加强和改进对主要领导干部行使权力的制约和监督，保证一把手位高不擅权、权重不谋私，切实做到为民务实清廉。

（四）舆情处置机制

习主席告诫我们要"主动加强引导"，善于抢占先机，掌握主动。当前，网络舆论引导领域情况复杂、任务繁重，越是如此，我们越要高度重视，投入更大精力，以强烈的责任感和担当精神，积极应对，主动作为。一是要在强化时效性上下功夫。重大敏感舆情特别是突发舆情，一旦发现，应快速判明性质，第一时间及时发布权威信息；快速拿出对策，及时做出客观评论；快速应对处置，及时防止各种谣言传播，以真实的信息和正面的观点影响、引导网上舆论，让正确权威的言论成为网上的"最强音"，最大限度挤压负面舆论空间，避免网络危机事件的恶性蔓延，做到关键时刻不失语，重大问题不缺位，牢牢掌握话语主动权和事态的主导权。二是要在加大攻势性上下功夫。加强网络舆论引导，绝不是简单发几条正面信息、删除几个负面帖子，而是要敢于亮剑，坚决遏制各种负面舆情，旗帜鲜明地表明自己的立场观点，传播好中国的声音；要善于亮剑，正确把握战略战术，既要善于打正规战、阵地战，也要机动灵活，善于打运动战、游击战，针锋相对，出奇制胜。三是要在突出灵活性上下功夫。当前，在把握好网络舆论政策尺度的前提下，以开放、透明、包容的姿态，通过诸如媒体报道评论、专家访谈解读、论坛发帖跟帖、微博微信发布、新闻发言人答问等多种手段，宣传政府工作的正面形象，提高网络舆论宣传的感染力和网络舆论斗争的有效性。

当前，要健全处置机制，有效应对舆情，建立和实行舆情"四期"处置模式：将舆情分为"预防预警期、突发期、持续期和消失期"进行处置，积极采取相应的对策措施，妥善进行处置。

1. 舆情"预防预警期"处置模式

在"预防预警期"，要充分发挥先进技术的作用，建立内容丰富的信息资源网络、应急处理服务的信息管理系统和"标准化"的信息处理模型，按照舆论引导贵在早、贵在快的要求，健全网络舆情处置机制，及时有效处置网上重大舆情。应在第一时间对突发事件发声、第一时间公开事实真相、第一时间回应关注热点，形成"首声效应"。完善新闻发布制度，迅速抢占微博、论坛等互动平台上的舆论制高点，做到网上快回应、网下快处置、结果快公布，为推动解决现实问题营造良好的舆论环境。

2. 舆情"舆情突发期"处置模式

在"舆情突发期"，是舆情从隐性变为显性并且快速扩散的时期，舆情信息内容丰富，真假共存，传播迅速，政府部门要做到快速反应、归口管理、引导舆论，要充分运用信息管理平台，迅速处理舆情信息。

3. 舆情"舆情持续期"处置模式

在"舆情持续期"，该时期事件得到了初步控制但未彻底解决，舆情信息数量依然不小，假信息传播的情况依然存在，政府部门要充分利用自身优势，努力做好预测舆情走向的信息分析工作。

4. 舆情"舆情消失期"处置模式

在"舆情消失期"，事件得到基本解决后，舆情信息的数量一般会明显减少，但并不会完全或绝对地消失掉。政府部门要切实强化事后的追踪、回访、救助和落实，了解有关信息，对突发性、群体性事件进行常备不懈的全程监控，确保长期处置效果。

【典型事例】

2015 年 7 月 22 日，文登青年侯聚森（@侯聚森-侧卫 36）在校门口遭到4 名外地青年的围殴。在围殴过程中，4 名外地青年使用了辣椒喷雾器、甩棍等多种暴力器械，导致侯聚森头部、背后等多处受伤。事发后，文登警方（@文登警方在线）介入调查处置，对外公告称当事双方因意见不合相约见面"理论"，随即发生暴力冲突。警方依据《中华人民共和国治安管理处罚法》，对当事双方皆处以行政拘留处分。原以为通过一纸权威通报可以令事件降温，却未想到因警方具有争议的文字表述和处理决定引发了大量网民的不满，掀起了巨大的舆论波澜。其中以"@种花家的小小兔"为代表的青年网民群体，对警方忽视作案方曾在网络上发布大量反党辱华、丑化中国、抹黑历史等信息，以及涉嫌人身威胁和泄露公民隐私等行为，表现出强烈的谴责和质疑。随后"@山东共青团""@共青团中央""@共青团中央学校部"等官方账号陆续发声，表明支持青年爱国的坚定态度。团线官方账号的表态引发了"@老榕""@假行僧老巩"等网上争议人士的猛烈抨击。随后新媒体、传统媒体、政务微博、"大V"、智库、自干五、警务人员等各色网络活跃力量介入，舆情迅速上升到新的高度。在舆情发展的中后期，"文登7·22事件"中侯聚森是否代表正能量，逐渐沦为次要话题，网上力量对爱国言论的博弈全面代替了事件本身，境外势力、资本力量、媒体资源、舆论平台、舆论"大V"、官方态度，以及自干五、公知、死磕律师、网络义勇军、营销党等云集参与论战，多方角力，网络俨然成为没有硝烟的战场。

"文登7·22事件"成了一场跌宕起伏的经典舆论攻坚战、拉锯战，精彩纷呈，堪称经典。回顾该舆情事件的网上脉络，可以看到有四个关键节点伴随着事件的不断变化、起伏。

[节点一：舆情引爆] 侯聚森遭围殴，网路舆论主基调以声援、谴责和严惩凶手为主。

7月22日14：52，"@侯聚森-侧卫36"发布微博称，自己被"纳吧"的人用辣椒水、甩棍殴打。17：00起，爱国人士"@种花家的小小兔"陆续发布微博，爆料该事件的前因后果，并公开侯聚森曾遭"纳吧"博主"人肉扒皮"、威胁恐吓。随后，"@张忆安-龙战于野""@千钧客""@平民王小石""@老左识途"等自媒体"大V"，"@共青团中央""@山东团省委""@福建团省委"等团线政务微博，以及"@中国青年报""@北京晚报"等媒体官微，表明坚定支持"青年爱国"的态度。舆论主基调以围绕声援侯聚森，谴责网上舆论戾气和网下暴力行径，要求严查幕后主使和施暴者等方面展开。

[节点二：舆论对冲] 舆论场因为对案件内在本质存在看法分歧，形成了是否认同文登警方"依法办案"的不同意见论调。

7月22日20：30，"@文登警方在线"公布案件初步侦查结果。警方的及时出手一度获得网络"点赞"好评，但公告使用"相约"一词，引发了部分网民的质疑，质疑声音持续蔓延引发了舆论浪潮。随后，团中央设置"青年爱国"公共议题关注舆情后续发展，官方的表态被一些网络群体曲解成团中央舆论施压公安处置案情。被网友称之为"公知"的一些账号开始介入舆情，汇聚成强势的舆论谴责声浪，也吸引了正义网民的发声反驳。"@共青团中央""@山东公安""@威海警方在线""@文登警方在线"等官方微博下的评论与转发，逐渐成为舆论阵营"短兵相接"的混战平台，当晚舆论焦点紧紧围绕"青年爱国与青年守法"，网上论战呈现白热化趋势。

在该节点中，"@威海警方在线""@文登警方在线"作为案件管辖地公务账号，表示对该事件的强烈关注，承诺将依法妥善处置。但与积极发声的态度相比较，警方使用的对外公告措辞诟病颇多，给舆情的爆发埋下了隐患。客观地说，若从公安的自身职责来看，事实上并无明显的过错。例如，"@威海警方在线"发布信息"我们为这个社会和谐付出过多少努力……"一度被大量网民解读为叫板团中央，但实际上这更多是"吐槽发泄"，发声虽欠妥，但尚未上升到刻意制造"舆论对抗"的程度。直到以"@老榕"为代表的网上争议人士大量介入，团中央的爱国议题开始受到猛烈抨击，除了被正面驳斥更是遭遇大量谴责谩骂，舆论焦点开始向"爱国与法治孰轻孰重"转变。舆论焦点的争夺，标志着"文登7·22事件"舆情正在逐步脱离案件办理的本身，舆论场的议论焦点被"人为"扭转成对山东警方和共青团网络文明志愿者的攻击与捍卫。

围观该阶段舆情发酵趋向，可以发现以"@钢铁侠""@假行僧老巩""@老榕""@荣剑2001""@报人老罗""@麒哥归来"等为主的网络账号，是否定团中央设置青年爱国议题的主力。上述网民以"约架只是年轻人'闹着玩'""侯聚森不是爱国青年""这只是普通的治安案件"等论调作为主要口径，舆论矛头直指共青团中央，嘲讽、谴责、咒骂"爱国是原罪""侯聚森是五毛"，畸形的舆论基调激起了大量普通网民的不满与愤怒。例如"@钢铁侠"讽刺"共青团中央让一名高中生，一个面临高考的孩子成为自干五，成为所谓的爱国青年，这就是你们所倡导的正能量?"针对上述群体的舆论逼迫，"@点子正""老辣陈香""@孤烟暮蝉""@地瓜熊老六""司马南"等网友相继发声驳斥，引发网友评论的热潮。随后，传统媒体也被吸引介入舆情论战，"@北京晚报"出声反驳"@老榕"称，"没看见'主动'两个字，是不是你自己加的啊? 跟你观点不同的人约你见面就能合理合法的揍你一顿吗?"掀起了第一波舆论对冲的波澜。

7月24日13：26，"@共青团中央"学校部发布长文《谨防中国青少年意识形态出现极端主义思潮》（via@小兵章嘎），首次系统性地分析了该舆情中存在的五大隐患：（1）该舆情是由线上立场争议（爱国与媚日）演变成线下的有组织暴力行动；（2）当事双方皆是青少年，意味着意识形态斗争的低龄化、低门槛化日益严重；（3）随着贴吧信息"防卫省已经在我账户上打了400美元"等一系列信息被曝光，该事件的殴打方疑似与境外组织有联系；（4）该网络舆情的大规模爆发，预示着虚拟社会的"网络人肉搜索"，已经向现实社会的"暴力恐吓犯罪"蔓延；（5）新形势下，某些群体利用特殊文字符号、图片视频等形式传播反华反民族等极端主义思潮，已经成为亟须重视的课题，进一步加强舆论场平台的自我约束和管控迫在眉睫。

该文的刊发，戳中了本次舆情背后的焦点问题，反响强烈。但此举也给团中央带来了很大的压力，反对声音群起攻之，持续向团线账号施加舆论压力，并进一步促进舆论战的升级，网上攻击矛头逐步转向攻击党和国家的政体制度，舆情被引爆到新高潮。"@文登警方在线"同日发布《政府部门依法对"7.22"涉案人员做出处理》，"各打五十大板"的处置决定让大量网友不满，纷纷发表各种意见评论，其中如"@墩墩智囊""@秦师名粤""@老辣陈香""@孤烟暮蝉""@东海老鲲""@林治波""@思想聚焦""@千钧客""@悬壶问茶""@椒江叶 sir""@如皋老猫""@独家网"等账号连续发表舆情短评长文，发表意见观点与态度，舆论争议愈演愈烈。

　　总的来说，当天舆情形势呈现犬牙交错的态势，人民网刊发的《"爱国青年"约架也是法律问题》《媒体评"爱国青年被围殴"：情感比事实清楚》两篇时评文章，为反对方发声增加了砝码，带动了网络上对团线多条战线的"开火"，并且出现大量水军刷屏踪迹，诱导了不知情网民的跟随。而大部分普通网民依旧在纠缠案件本身，舆情呈现出向"警方依法办案""仅是治安案件"等方向发展。

　　[节点三：拉锯起伏] 处在舆论风暴中心的共青团账号从意识形态角度点拨舆论导向，舆情逐渐明朗，舆论场态势趋于平衡。

　　7月25日，"@共青团福建省委"发言，提醒大众"文登7·22事件"已经成为意识形态斗争的标志性事件。随后，"@南平团市委"曝光大量施暴者背后的黑幕，尤其是百度贴吧"纳年纳兔纳些事吧"中辱华灭史的帖文被逐一"扒出"。海疆在线、紫网在线、独家网、正声网、西征网等社会网站紧随其后，深度挖掘并披露网络上一批类似"纳吧"的反动舆论平台。自此，"文登7·22事件"已经完全脱离"侯聚森被打"事件本身，上升到了新的高度，如何看待互联网舆论场阴暗角（贴吧、qq空间等负能量聚集地）所弥漫的极端主义和网络戾气，成了舆论争夺的第一焦点。7月26日，"@大众网"发出重磅采访新闻《大众网独家对话侯聚森父子，详说被打前因后果》，文章详述描述了事件的前因后果。随后，新华、澎湃、新京等大批具有全国影响力的媒体聚焦关注，数十万计的自媒体账号跟进评论传播，舆情发酵态势一度呈现明朗化。此刻，"文登7·22事件"如同过山车一般，从急转直下瞬间转向快速上升。

　　值得一提的是，与"@威海警方在线"同在一地的"@威海边防"突然发言："国家到了最危险的时候，不要被雾霾遮住了眼"，被网民解读为"这才是正能量"。"@威海警方在线"的舆情言论表态和"@威海边防"的政治立场坚定形成了鲜明对比，两者隐含的观点立场之争成了文登舆情大餐又一"调味料"。

　　7月26日深夜，网友"@回浦秀才"发布舆情分析报告，从依法办案等角度深度解读"文登 7·22 事件",并点出"'文登 7·22 事件'将会是中国这几年法治、舆论和意识形态斗争上一个标志性事件"。随后,该舆情事件的重要性被更多网络活跃人士重新认识,"@文艺青年节主编""@青石板上的蜗牛""@团员王凤标""@求是小老虎"等青年网友逐条评论、扩散研读,集聚起一股强大的意见声浪,并形成了较为一致的舆论共鸣。

与此同时,网络上开始传播"江平、贺卫方坐镇山东"的消息,在历次网上舆论事件中,特别是今年连续发生的涉警涉法、死磕律师的舆情事件中,这两个人的发言起到了比较关键的影响作用。观察本阶段舆情的网友立场态度,在支持"爱国言论"的网友内部,开始出现了舆论观点分歧,有的猜测官方主流将介入对山东警方案件处置的力挺,有的着重点转向批评侯聚森网络言论中的不当成分。少数以"理中客"自居的网友也开始出现明显的意见分化倾向,其中包括舆情初始阶段力挺文登警方,但在后期否定自己评论意见而公开道歉的著名海外网络时评人"@李牧"。特别值得一提的是,代表官方权威声音的认证账号"@紫光阁"此刻发出了声音,称将关注"文登 7·22 事件"背后的"纳年纳兔纳些事"。随后,屡屡使用恶俗脏话攻击他人的"@老荣成人""@伍毛乱华"等账号被关闭,"纳吧"也被关闭,"@老榕"等账号开始删帖,种种迹象预示着舆情正在朝向一个新的阶段发展。

[节点四:逐渐明朗] 舆论的跌宕起伏,刺激着各方的关注神经,媒体的扩散与角度显示了对舆情走势的强大影响能力。

7 月 27 日,"@浙江团省委"刊发署名"@牧键"的长篇评论《威海文登可记得"甲午之殇"》。文章发布后,一石激起千层浪,"@老榕""@光远看经济""@何兵""@报人老罗""@一夫极""@钢铁侠""@作家沙光""@袁裕来律师""@周泽律师""@朱孝顶律师"等账号云集浙团官微引发热议。另外,在"@浙江团省委"的官微下方可见大量水军小号刷屏踪迹。信息的辐射吸引了各路网友云集,浙江团省委一时成了舆情辩论的主战场。其中人民网早期刊发的两篇时评文章占据了有利位置,其文章观点被批评青年爱国言论者广泛引用,信息扩散量巨大,对冲舆论声音逐渐被分割与淹没。傍晚,新华网云南等多个子站登载《爱国青年被围殴四"美分"围攻一"五毛"》,

人民网又转载《威海文登可记得"甲午之殇"》一文，通过活跃网友的评论与转发，支持爱国言论的意见与之前批评爱国言论发声形成了对冲，舆论形势呈现平衡之势。但随后新华、人民纷纷删文删帖，让不少网友深感疑惑，舆论场再次陷入僵局。当天"@紫光阁""@思想火炬"再次发声表明支持爱国力量的坚定态度，称"舆论斗争要敢于亮剑"，来自官方两大微博的发声，起到了一定作用。当天，出现了一批较大影响力的时评文章，典型代表如"@我的威海"的《什么是叫爱国青年？与@山东共青团@共青团中央商榷》，以及大河报发布的署名秦川的《约架斗殴的莫以爱国的名义》。而另一方的经典反驳文章，有"@如皋老猫"的《威海警方，我已经看不懂你了!》、"@深察智库"的《安生："文登7·22"事件与颜色革命》、"@安崇民"的《罔顾事实、不依法律，威海7·22案处理完了?!》、"@郑则"的《对山东文登"约架斗殴"事件的一点分析与看法》、"@墩墩智囊"的《别急，真相还刚起步》、"@孤烟暮蝉"的《没有比这更冷的笑话》、"@华夏麻辣烫"的《请@威海警方在线释疑》、"@团员王凤标"的《请加速胜利的脚步》、"@司马平邦"的《关于侯聚森案的提问与忠告》，以及"@老左识途""@台山客""@司马南""@点子正""@张忆安-龙战于野""@健康媒体王炎""@眉中王""@进击的熊爸爸""@那世钢"等人发布的评论观点，从证据与逻辑上形成有质量、有实际影响力的意见。胶着的舆论对抗，实际上传递出了普通网民对警方案件办理的质疑，以及对青年爱国言论的"反质疑"。

从舆论场整体态势来看，批评共青团中央的声音占据了一定优势，但是言论质量不高，似是而非。而普通网民发表的反驳声铿锵有力，显示出了新媒体时代"人人麦克风"的强大意见倾向，仔细观察，此舆情态势实际已经渐渐明朗。这其中，"@老辣陈香"给本次舆情的定性与定论最具代表性：

[纳吧] 不能把发生在校门口的围殴事件，与发生在纳吧里面的缘由分开。只有全面侦破纳吧，才能给围殴事件予以定性处理。纳吧里的一切，文登公安你们掌握吗？纳组织成员、纳思想意志、纳资金来源、纳泄密信息、纳团伙计划、纳警用器械……公安不懂来国安，队伍不行来纪检，省市不力来中央！此事没完！

[定性] 小侯在纳吧里面，是少数敢于站出来为捍卫国家利益发声的孩子！正因如此，才受到纳吧控制的网络黑势力的围攻（盗号、谩骂、人肉、侵犯），直致网下受定点攻击、人身袭击！警方断这个案，无视这些，一是不懂网络，二是丧失政治。至于有什么背后，谁敢谁晒出来吧，让世人看个究竟！

从此刻起，"文登7·22事件"舆情发展已从胶着转向明朗。

7月29日，著名网友"@叙岚"发表网文《"纳吧"的前世今生》称，"纳年纳兔纳些事贴吧被封，只是掀开冰山一角。互联网是青年接收信息主渠道。'纳吧'聚集的网络黑恶势力，诱导心智尚不成熟的青少年，甚至将暴力延伸到网下，早已突破了法律底线"。文章被"@共青团中央""@中国青年网"等百余家政务微博、网络媒体转载。7月31日，中国青年报头版刊登海外网友"@雷希颖"时评文章《别让青少年身处"人人自危"网络环境》，反响强烈。"@独家网"连续数日披露"疯狂的贴吧1、2、3……季"，揭露"纳吧"大量辱华媚日、威胁恐吓、营销炒作的信息，舆论为之愕然。至此，"文登7·22事件"舆情风波脉络已经清晰，网民基本对该事件有了充分了解和正确认识，持续攻击共青团中央的声音趋弱。

8月3日，"@公安部刑侦局"转载"@共青团中央"《清除网上黑恶势力事关国家安全》一文。同日，中国最大的互联网舆情研究智库"人民网舆情监察室"负责人祝华新发布文章《从〈小兵张嘎〉说起：批评就是爱护》，文章试图以"就观点说观点""就论点辩论点"来说服大众"文登7·22事件"是一件单纯的法治事件，字里行间影射那些力挺"青年爱国"的官方账号，个中意思值得玩味。8月4日，求是网发表署名文章《坚持依法治国加强意识形态工作反对网络暴力》，经多家智库观察，一致认为上述网文可能是官方对"文登7·22事件"的深度剖析与解局方案。同日傍晚，网络上最具争议的人士之一"@老榕"微博账号被销号，立即掀起规模性舆论高潮，其公司官方微博"@6688网站"随后发布信息，辩称"老榕先生没事啊，现在还在跟技术部门加班开会，安排突击手机网站卖葡萄的事儿"。虽然受到"@公民叶海燕""@张晨初艺术空间""@北京厨子新号"等"大V"的力挺声援，但明显不具备充足说服力，网友一致认为"@老榕"被销号原因与出言不慎、舆论炒作有关。该舆情在收尾阶段释放出如此明显的信号，获网友拍手称快。

　　该舆情历经半月有余，吸引了大量网民关注。至今，评论不断。部分团线官微、公安官微、死磕律师、主流媒体、网络媒体、社会网站、思想类官微、舆情智库、营销群体等一大批力量参与，多方角力形成了舆情大讨论的局面。包括媒体、网民等看客在内，各方舆论圈子表现出了明显的"厌倦感""乏力感"。总的来说，"文登7·22事件"正在自我降温。

　　[未来影响] 观察"文登7·22事件"舆情发酵总势，可以看到中国互联网"去意识形态化"这一反动思潮历经多年的渗透，正在逐步演变成"看得见"的舆情事件侵入并影响我们的生活、我们的工作、我们的思想。"去意识形态化"的本质，是某些势力妄图借用互联网去除马克思主义主流价值观，这在"文登7·22事件"中已经有所体现。更能看出，网络上社会主义主流意识形态存在被边缘化、污名化的危险，诋毁党、社会主义和国家的幕后势力、利益群体正在呈现出组织化的态势。在该事件中，我们隐约能看到网上多股势力正在相互纠缠，它们对意识形态领域的围攻、抢夺不断加剧，罔顾事件背后的真相，掩盖青少年真正的观点态度，刻意以"就观点说观点"进行"死循环"。

　　在每一个历史转折的关口，并不是每一个身处其中的人都能见微知著，敏锐地把握历史前进方向。相反，更多时候，人们大多是人云亦云、随波逐流。"文登7·22事件"是注定写入中国互联网舆情发展史册的一个事件，虽然其意义和影响在当时并没有马上显现，但总有一天，当人们回过头来重新审视21世纪初的中国的时候，就一定能够了解到这起事件对中国社会有着怎样深刻的影响。21世纪初的中国，互联网舆论生态到底是怎样的一个现象，社会意识形态危机到底到了何种程度，都可以在这起事件中找到答案。所以，本着对历史负责的态度，我们有必要给历史留下真相。

　　"文登7·22事件"是中国互联网舆情史上浓墨重彩的一笔，为今后互联网政治、法治、生态、环境治理和管理都做了典型样本。"文登7·22事件"是一次互联网发展历史挑战，更是历史机遇，相信在更多舆情观察者、智库智囊团、传媒研究院，尤其是官方互联网管理者的深度剖析下，真相会完完全全、整整齐齐的曝光在阳光下，所有的阴霾终将成为历史！

（五）舆情服务机制

2008年，我国互联网得到快速发展，网民数量达到2.53亿人，首次跃居世界第一。北京奥运会、汶川地震等重大事件，在互联网中引起了广泛讨论，带来网络舆情井喷现象，成为舆情服务行业兴起的催化剂。舆情服务开始走进公众视野，大批舆情服务机构兴起，提供网络信息的监测、分析、研判服务。经过几年的发展，舆情服务市场格局形成，主要包括四类机构：以新华网、人民网为代表的权威网络媒体；从事舆情监测平台开发的技术公司；侧重于舆情研究的高校及科研机构，以及主要提供舆情应对处置服务的公关公司。舆情服务市场已迅速完成了从"出道"到"走红"的过程。从市场规模看，2013年有报道显示，舆情软件行业规模约10亿元，舆情信息服务业则已达到百亿元。尽管当前尚无最新的公开数据，但不可否认的是，舆情服务市场仍在发展壮大。从机构发展来看，不少舆情服务机构的从业人员数量从数十人发展到数百人，更有舆情服务公司挂牌上市，成功走进了资本市场。

舆情服务行业"走红"的同时，也实现了从粗放到集约的发展蜕变。集约式发展直接体现在市场主体及服务对象对舆情服务认知的变化。行业发展之初，舆情的定义较为狭窄，甚至有认知偏差，由此催生删帖、"水军"等不规范操作及乱象，在一定程度上导致了舆情行业的污名化。经过几年的市场发展及培育，公众对舆情的认知逐步成熟，舆情的内涵及外延有所扩展，舆情服务也从单一的负面舆情监测、处置，转向网络民意的日常性调研，一方面为研判、预警等各环节提供依据，另一方面为公共决策提供参考。

1. 引导舆情服务行业的健康发展

舆情服务行业从"出道"到"走红"，从粗放到集约，缘起于庞大的市场需求，得益于互联网及大数据的发展，也离不开政府的重视和推动。实际上，在舆情行业进入社会化发展之前，舆情已开始在政府工作中发挥作用。2004年，舆情工作首次见诸中共中央全会工作报告。中共十六届四中全会在《中共中央关于加强党的执政能力建设的决定》中强调："要高度重视互联网等新型媒体对社会舆论的影响",并提出"建立舆情汇集和分析机制,畅通社情民意反映渠道"。这时,政府对互联网舆情的管理还处于摸索阶段。

2005 年到 2009 年,网络事件接连不断,舆论"大 V"开始出现,网络舆情的激增引起政府高度重视。2006 年 11 月,《中共中央关于构建社会主义和谐社会若干重大问题的决定》指出,要健全社会舆情汇集和分析机制,完善矛盾纠纷排查调处工作制度。到了微博时代,网络舆论持续繁荣和活跃,舆情管理与处置日益复杂。2009 年 8 月 14 日,新浪微博测试版上线,微博在中国随之兴起。各级政府纷纷开设官方微博,宣传城市品牌形象,加强官民互动。2011 年,微博发展提速,政务微博也成为政府了解社情民意、回应社会关切的重要平台,尤其是在突发事件中的信息传播和舆论效应影响力日益凸显。之后,移动互联网迅猛发展,"两微一端"等移动新媒体的应用,使得党和政府充分认识到新媒体的重要作用,并逐渐学会建设好、运用好和管理好互联网。一大批诸如"国资小新""共产党员""12306APP"等集权威发布、信息查询、政务服务等功能于一身的政务新媒体"大号"受到网民热捧。

2. 把握舆情服务为民意调查机制带来的新方向

海量、复杂的网络民意为政府的民意调查机制带来挑战,而舆情服务则恰好契合这一需求,为传统的民意调查机制带来有益补充。传统的民意调查机制由于样本数量不足,且容易造假,经常被诟病为"以偏概全"。大数据时代的到来,使民意的表达窗口革命性地转向海量的数据更新和多平台发布,传统的民意调查很难在第一时间反馈民意测评结果,并且在多平台数据收集方面力不从心。目前,舆情监测工具被试用于重大政策颁布的民意测评,在时效性上弥补了传统民意调查手段的不足,在政策颁布前后第一时间反馈舆论动向,且反馈方式更加灵活和直观。同时,全互联网收集方式也让民意调查的数据来源更为全面,可借鉴性增强。除此之外,舆情服务机构所提供的舆情信息监测、舆情研究报告等,通过系统化梳理,实际上也是网络民意的阶段性反映,具有较高的决策参考价值。尤其伴随着大数据挖掘技术的发展,舆情服务机构也在探索网民行为、群体特征等多维度交叉分析,力求分析结果的客观性、准确性,可在一定程度上弥补舆情作为民意调查手段的样本代表性模糊问题。但是，用舆情监测技术进行民意调查也存在不足。网民表达的情绪化、非理性及群体极化等现象，为民意调查的应用增加了难度。这就需要舆情分析师具有丰富的舆情研判经验，结合政策背景、舆论环境等因素进行有效的观点提纯分析，消除非理性民意对政府决策的冲击。新华网等长期从事体制内舆情报送的单位，在这一方面具有明显优势。此外，由"意见领袖"主导的舆情传播"中心化"、舆情聚焦短期效应而导致的"民意污染"、网络调查的网民代表性不足等问题，都是舆情应用于民意调查所需克服的短板。

众所周知，网络民意不完全等于真实民意。然而，舆情立足于对舆论社会态度和观点的客观反映，这一点与传统意义上的民意调查不谋而合。未来，随着大数据挖掘技术的发展，舆情服务行业或可通过技术手段，整合线上、线下资源，实现网络舆情分析与线下民意调研的结合，从根本上提高研判准确性，走出"纸上谈兵"的尴尬。而伴随着大数据时代所带来的数据交流与数据共享，立足于全互联网大数据的民意调查智库或将应运而生。大数据运营商、媒体、舆情研究机构、调查机构都会被纳入新的民意调查机制，助推政府公共治理的现代化。

2011年，对舆情服务机构来说，是客户日趋成熟化的一年。"这个舆情平台有哪些功能？监测及时吗？价格怎样？多长时间完成？"……如此"专业"且开门见山的咨询已十分常见。简单资料汇集型的舆情报告已经很难赢得客户，舆情服务从告诉受众"是什么"，发展到解答"为什么"和"怎么办"。对于一些处于舆论漩涡中的个人和机构而言，听听专业舆情分析师和危机专家的点评和建议，熟悉网络舆论背景和新媒体传播规律，进而决定"怎么做"，变得越来越重要。

我国舆情服务业的发展，借助了政策"东风"。2004年，党的十六届四中全会提出，"建立舆情汇集和分析机制，畅通社情民意反映渠道"。目前，我国正处在重要战略机遇期，由于利益冲突和矛盾多元化，曝光于网络的突发事件也随之增多。2011年，越来越多的政府机构和企业公开招标，增加对舆情工作的投入。网民数量的突飞猛进也是舆情产业迅速升温的重要推力。

2012 年 1 月 16 日，中国互联网络信息中心发布最新报告，截至 2011 年底，中国网民达到 5.13 亿，全年新增网民 5580 万；互联网普及率较上年底提升 4 个百分点，达到 38.3％。中国网民平均每人每日上网超过 2.67 个小时。手机网民 3.56 亿，增长 17.5％。我国互联网将长期保持网络舆论磁场世界第一的地位。

3. 推进舆情服务规范化制度化

我国网络舆情服务产业，正经历着从无到有、从小到大、从粗放到规范的过程。对于舆情监测市场规模的猜测，从舆情软件市场 10 亿元，到舆情信息服务业 100 亿元，依然众说纷纭。在百度中搜索一下，近一年，有 190 万条和"舆情监测"相关的网页，和"舆情"相关的则高达 1180 万条。通过检索发现，舆情产业已经形成了政府、媒体、教育科研、软件和商业五大背景的行业格局。党政机关依托党政宣传思想工作系统，下设职能部门或企事业舆情服务机构，开展舆情信息汇集和分析，汲取社情民意，为决策提供参考，具有很强的政策性和现实意义。同时，媒体对业界政务舆情研究的成果大量涌现，为党政部门、企业和社会团体组建舆情监测队伍提供实用指南。

涉足舆情产业的高校教育和科研院所也各展所长，如天津社科院、中国人民大学、复旦大学等高校均设有舆情研究机构。中国传媒大学、上海交通大学、武汉大学舆情成果，也在市场上大量出现。同时，大量舆情软件公司和市场调查公司高速发展，如"拓尔思""方正""邦富""军犬"等，以技术见长，善于抓取网络舆情数据，成为舆情服务业重要的技术型方阵。截止到 2012 年 1 月 16 日，全国共有约 68 款经过工信部软件司认定登记颁证的"舆情"软件，市场上还存在大量未经认证的同类软件。但宏观看产业，微观看职业，社会公众对于舆情服务业的理解并不清晰和准确。特别是长期以来，大量商业网站、广告、营销与公关公司等，也纷纷涉足舆情业务，"网络删帖""网络水军""网络打手""网络病毒"和恶意炒作等屡见不鲜，不仅伤害了健康的舆论生态，也使外界对舆情行业形成很多误解。

社会各界也呼吁推动舆情服务业的透明化、规范化。国内最早涉足舆情领域的人民网，不仅形成了舆情平台、报告、咨询建议等完整的产品链条，还在 2008 年开创了舆情专业路线的工作思路，提出培养专业"舆情分析师"的职业概念。在《网络舆情分析师手册》一书中，作者向外界全面展现了"舆情分析师"的工作内容、实用技能和日常状态，反映出舆情职业对人的素质的要求和提升。

事实上，我国已进入"众声喧哗"和网络社交传播的新时代，信息公开和制度透明逐渐成为社会共识。为维护社会稳定、促进社会进步推波助力，舆情服务业方兴未艾。舆情行业正在不断细分，更深入、更专业、更科学的舆情管理呼之欲出，并将创造更多、更大的市场机遇与规模。

第二节　舆情保障机制

政府部门新闻舆论引导工作，关乎政府部门及其工作人员的形象，关乎社会关系和谐，关乎政府机关的公信力，关乎各项政府工作的顺利进行。在实际工作中，要大力强化政府部门新闻舆论引导，充分发挥新闻宣传树立政府形象，构建舆情保障机制，为各项政府工作任务的顺利完成提供强有力的舆论支持和智力保障，不断促进社会和谐与稳定。针对舆论宣传和维护稳定面临的新情况、新问题，要及时掌握带倾向性、苗头性的敏感问题，引导媒体坚持正确的舆论导向，必须建立完善的舆情保障机制，，防止和杜绝对群体性事件、突发性事件和重大、敏感案件的恶意炒作，健全突发公共事件报道的规范管理措施，进一步规范政府新闻报道工作，不断提高主流媒体的舆论引导能力。

一、舆情处置的疏导结合机制

舆情信息工作不是一报了之，舆情的收集与梳理是为了发现问题，最终妥善解决问题。问题的发生或出现了倾向性趋势，就必须迅速反应加以解决，而不能久拖不决。解决人民群众的生产、生活问题是政府的职责，这也是做好舆情工作的目的和意义所在。对于舆情信息中反映的问题，涉及的部门要实事求是地展开调查、处理，做到不回避、不护短、不掩盖。确因条件限制无法马上解决或根本解决的，要耐心说明原因，做好解释疏导工作。对于个别失实或夸大的信息报道或披露，也要以积极的姿态做好沟通交流工作。对于虚假的网络舆情，要建立与之相匹配的正面引导力量，培育一支政治素质高、有影响力的网络评论员队伍，积极组织评论员参与网上跟帖和网上讨论，扩大网上的主流声音，增强舆情控制力，积极影响公众，正面引导舆情。

二、舆情处置的稳妥快速机制

建立新闻舆论监督的法律体系和制度机制，通过立法明确媒体报道的内容、报道的界限，以及恶意报道应当承担的法律责任，同时规范对新闻舆论监督，使传媒对政府工作及其活动的新闻报道实行资格认证制度。政府部门要本着合作双赢的原则，以主动积极的态度促进与新闻媒体的联系与沟通，建立和谐融洽的合作关系。积极与媒体合作，有效利用新闻单位的人力、物力优势，"借船出海""借水行舟"，开辟政府新闻专刊、电视专栏、广播专题等宣传阵地。政府部门要注重与网络媒体打交道技巧，按照"三步走"步骤处置模式妥善快速处置突发舆情。提升政府部门与网络媒体打交道的能力和技巧，要注重平时工作的沟通与协调，以便在突发涉警舆情之际，按照"一回应—二表态—三处置"步骤，妥善快速进行处置。在信息发布上做到及时跟进，力争在第一时间形成主流、占取主动。在沟通交流上做到畅通无阻，结合公众关注的焦点、反映的热点、倾诉的疑点，用好"人民论坛""官方博客""官方信箱""民情聊天"等网络互动专区，开展交流互动；在资源运用上做到灵活机动，通过"加精""置顶""过滤"方式，放大主流观点，提高网上民意认可度，理直气壮讲好大道理。要通过劝解、驳斥、冷处理、定向覆盖等方式，最大限度挤压负面信息传播空间。

三、网络舆情的联动应急机制

舆情处置的联动应急机制，是指政府管理部门及其他相关职能机构，对网络舆情尤其是负面舆情的监测预警与控制，从而实现有效化解网络舆论危机的目的。它应该包括舆情监测、舆情预警、舆情应对三个环节。在舆情监测环节，有关人员和系统要对网络舆情的内容、走向、价值观等方面进行密切关注，将最新情况及时反映到有关部门；在舆情预警环节，有关人员和系统要对舆情内容进行分析、判断和归纳，对这些正在形成的、可能产生更大范围影响的舆论进行筛选，为接下来可能发生的网络舆情走向做好各种应对准备；在舆情应对环节，当网络舆情变化为现实的网络舆论危机事件后，有关政府部门要采取具体的应对行动，化解危机，消除不良影响。这三个环节的有机结合，从整体上构成网络舆情的联队应急机制。

四、舆情处置互动反馈机制

不论是政府机关的日常工作还是基层舆情机制的运行，互动反馈机制都是亟待建立的重要环节。互动反馈机制的重要意义在于维系了政府工作中最基础的信任。如果政府事务在获得社会公众的热情参与后最后却没有任何回应或者即便回应也没有任何实质性的改变，那么政府威信将会一点点在这种"空头支票"中被蚕食殆尽。同时，社会公众也很容易将这种不信任感转嫁到终极对象——政府，长此以往政府将不可避免地陷入"塔西佗陷阱"。具体说来，互动反馈机制应当包含两个方面：一是信息的反馈；二是行动的反馈。信息的反馈是指基层舆情信息以及居民诉求"上报到了哪个部门？该部门是否受理？若不受理原因是什么？若受理将采取怎样的行动？"等相关信息应当及时反馈给社会公众；而行动的反馈则是指相关部门针对社会公众所反馈的问题所采取的实实在在的行动，这种行动应当是能够切实或者说在相当程度上能够促进相关问题的解决。

五、舆情处置的公民权利保障机制

作为社会主义国家政治发展成果和政治生活状态的政治文明，其核心是政治民主。充分发扬民主，保证人民真正享有管理国家和社会的权力，保证人民享有广泛的权利和自由，是社会主义民主政治的重要内容。扩大包括新闻舆论监督在内的公民的民主监督，是扩大公民有序政治参与的手段，也是依法治国基本方略的必然要求。可以说，新闻舆论监督是社会主义民主政治的重要内容，又是社会主义政治文明的重要标志。在我国，人民群众依法享有表达权，新闻舆论监督是人民群众行使社会主义民主权利的有效形式，其主要监督方式有报道、评论、讨论、批评、发内参等，但其核心是公开报道和新闻批评。因为舆论监督的实现需要两个环节：一是提供足够的舆论信息，即可以形成舆论的事实和情况，使人们对经济生活、政治生活及社会生活有充分的了解；二是在拥有信息的情况下，对各种政治、经济和社会现象及有关人员进行理性的、坦率的评论。在信息丰富的情况下，舆论批评显得越来越重要，通过人们对普遍关心的问题进行论辩、辩驳乃至争论，即众多个体意见的充分互动，最终达到某种一般人普遍赞同，且能够在心理上产生共鸣的一致意见，从而推动社会的民主平等与文明进步。

【典型事例】

2008 年 5 月 12 日地震后发生的"范跑跑"事件就是一起典型的由网络舆情引起的突发事件。从 5 月 22 日起至 12 月 30 日事件结束，整个网络舆情突发事件的全过程可以依照生命周期原理划分为几个阶段。5 月 22 日范美忠在天涯论坛写下了《那一刻地动山摇——"5·12"汶川地震亲历记》，引起网民铺天盖地的批评与谩骂，从而标志着网络舆情突发事件进入酝酿阶段。随后 5 月 25 日范美忠又在天涯论坛发表《我为什么写"那一刻地动山摇"》，致使大量批判性的文章在天涯论坛内部层出不穷。在这一阶段，网络舆情基本限制在天涯论坛范围内，且网民观点各异，呈散点分布。5 月 26 日，北岸在凤凰博客上发表文章《范美忠：给教师抹黑，让北大丢脸》，标志着事件影响范围开始扩大，网络舆情突发事件进入形成阶段。在此时期里，各大媒体评论和意见领袖都陆续参与事件讨论，针对事件发表一系列评论，关注人群也开始增多，舆论快速发展。6 月 7 日，凤凰卫视中文频道《一虎一席谈》播出"范美忠不顾学生逃跑是不是失职？"专题节目，标志着网络以外形式的媒体加入事件讨论，同时"郭跳跳"的出现导致网络舆情出现两极分化，这也标志着网络舆情突发事件进入高潮。在这一阶段，电视、报纸等媒体纷纷加入事件的讨论，进一步扩大了事件的影响范围，关注热度急速升温，且舆情逐步向两个对立的中心聚集，即一方认为"范跑跑"有发表言论的自由，且言语真诚，另一方认为他是恶意炒作，寡廉鲜耻。6 月 16 日，时任教育部新闻发言人的王旭明声明教育部未发表任何关于解聘范美忠的通知，网络舆情开始转向理智地讨论"范跑跑"事件的处理问题，这也标志着"范跑跑"事件逐渐稳定下来，关注热度开始稳定，关注人群不再快速上升。6 月 25 日教育部提出"我们可以不崇高，但是不能允许无耻"的定论，随后又公布新修订的《中小学教师职业道德规范（征求意见稿）》，将"保护学生安全"列为第一条。此后，"范跑跑"事件有了处理结果，得到了根本性的控制，也标志着该事件进入衰退期，但"范跑跑"一词却成为无责任感与道德感的代名词。

（袁金明、俞振宇）

参考文献

［1］曹劲松，庄传伟．政府新闻发布［M］．南京：江苏人民出版社，2009．

［2］王彩平．危机应对：政府如何发布新闻［M］．北京：国家行政学院出版社，2012．

［3］蒲红果．网络舆论引导与舆情应对［M］．北京：新华出版社，2013．

［4］孟建．国家形象建构与中国政府新闻发布制度［J］．国际新闻界，2008（11）．

［5］王月金．中美突发性危机事件新闻发布比较研究［D］．北京：中国传媒大学，2008．

［6］罗欢．浅谈突发公共事件的新闻发布与舆论引导问题——以贵州省安顺市"6.30事件"为例［J］．全国商情：理论研究，2010（17）．

［7］叶龙，吕海军．管理沟通——理念与技能［M］．北京：清华大学出版社·北京交通大学出版社，2006．

［8］叶皓．政府新闻学［M］．南京：江苏人民出版社，2006．

［9］任贤良．舆论引导艺术［M］．北京：新华出版社，2010．

［10］王敬波．公共危机管理案例［M］．北京：研究出版社，2009．

［11］新华网舆情监测分析中心．追踪与剖析网络舆情管理60例［M］．北京：电子工业出版社，2015．

［12］于魏华．浅论突发事件中政府的新闻发布［J］．新闻传播，2015（1）．

［13］刘建明．新闻发布概论［M］．北京：清华大学出版社，2006．

［14］李媛．我国政府应对危机事件的新闻发布研究［D］．北京：北京林业大学，2011．

［15］陈卫星．传播的观念［M］．北京：人民出版社，2004．

［16］王晓军．舆情信息汇集分析机制研究［M］．北京：学习出版社，2006．

［17］全国人大常委会法制工作委员会经济法室．中华人民共和国突发事件应对法［M］．北京：中国民主法制出版社，2007．

［18］赵丽江．论提高地方政府的公信度［J］．湖北行政学院学报，2003（5）．

［19］王天意．网络舆论引导与和谐论坛建设［M］．北京：人民出版社，2008．

［20］罗伯特·帕特南．使民主运转起来：现代意大利的公民传统［M］．王列，等译．南昌：江西人民出版社，2001．

［21］彭兰．媒介融合方向下的四个关键变革［J］．青年记者，2009（6）．

［22］李凌凌．网络传播理论与实务［M］．郑州：郑州大学出版社，2004．

［23］罗兰·德·沃尔克．网络新闻导论［M］．北京：中国人民大学出版社，2003．

［24］陈先红，何舟．新媒体与公共关系研究［M］．武汉：武汉大学出版社，2009．

［25］杜江．新闻发言人制度理论与实务［M］．成都：四川大学出版社，2005．

［26］段丽杰．德国企业新闻发布会的会话机制［M］．上海：复旦大学出版社，2011．

［27］丁海晏．新闻发言人与媒体：沟通策略与技巧［M］．北京：中国传媒大学出版社，2009．

[28] 国务院台湾事务办公室. 新闻发布会集 (2010 年度) [M]. 北京: 九州出版社, 2011.

[29] 国务院台湾事务办公室. 新闻发布会集 (2011 年度) [M]. 北京: 九州出版社, 2012.

[30] 龚铁鹰. 美国政府如何与新闻媒体打交道 [M]. 北京: 五洲传播出版社, 2010.

[31] 胡泳. 众声喧哗: 网络时代的个人表达与公共讨论 [M]. 桂林: 广西师范大学出版社, 2008.

[32] 郎劲松. 新闻发言人实务 [M]. 北京: 中国传媒大学出版社, 2005.

[33] 曹爱民, 靖鸣. 瑞典政府新闻发布制度的独到之处 [J]. 新闻与写作, 2006 (11).

[34] 程曼丽. 中国政府新闻发布的专业化转型 [J]. 现代传播: 中国传媒大学学报, 2012, 34 (1).

[35] 黄河. 政府新媒体传播——直面新媒体带来的挑战与机遇 [M]. 北京: 光明日报出版社, 2012.

[36] 叶皓. 政府新闻学——政府应对媒体的新学问 [M]. 南京: 江苏人民出版社, 2006.

[37] 苏云, 韩晶. 政府职转变中的地方政府形象重塑与传播创新研究 [J]. 甘肃社会科学, 2015 (1).

[38] 姜明安. 论法治国家、法治政府、法治社会建设的相互关系 [J]. 法学杂志, 2013, 34 (6).

[39] 谢耘耕. 中国社会舆情与危机管理报告 (2012) [M]. 北京: 社会科学文献出版社, 2012.

[40] 谢耘耕. 中国社会舆情与危机管理报告 (2013) [M]. 北京: 社会科学文献出版社, 2013.

[41] 谢耘耕. 中国社会舆情与危机管理报告 (2014) [M]. 北京: 社会科学文献出版社, 2014.

［42］郑琳．首席舆情官：2013—2014 热点舆情响应百例［M］．北京：电子工业出版社，2015.

［43］曾胜泉．突发事件舆情应对指南［M］．广州：南方日报出版社，2012.

［44］姚昌义．良好政府形象的公关行为分析［J］．社会纵横，2012，17（6）．